U0113388

· **资助项目：**北京第二外国语学院新教工科研启航计划——
构建与"一带一路"建设相适应的对外直接投资（OFDI）税收制度研究

"一带一路"背景下加强我国
"走出去"企业税务管理研究

Tax Administration of Chinese "Going Global"
Enterprises Against the Background
of the Belt and Road Initative

应 涛/著

中国经济出版社
CHINA ECONOMIC PUBLISHING HOUSE
北 京

图书在版编目（CIP）数据

"一带一路"背景下加强我国"走出去"企业税务管理问题研究／应涛著．--北京：中国经济出版社，2022.3

ISBN 978-7-5136-6832-3

Ⅰ．①一… Ⅱ．①应… Ⅲ．①企业管理-对外投资-税收管理-研究-中国 Ⅳ．①F812.423

中国版本图书馆 CIP 数据核字（2022）第 033247 号

责任编辑　叶亲忠
责任印制　马小宾
封面设计　华子图文

出版发行　中国经济出版社
印刷者　北京艾普海德印刷有限公司
经销者　各地新华书店
开　本　710mm×1000mm　1/16
印　张　14.5
字　数　210千字
版　次　2022年3月第1版
印　次　2022年3月第1次
定　价　68.00元

广告经营许可证　京西工商广字第 8179 号

中国经济出版社 网址 www.economyph.com 社址 北京市东城区安定门外大街 58 号 邮编 100011
本版图书如存在印装质量问题，请与本社销售中心联系调换（联系电话：010-57512564）

摘要
Abstract

　　企业"走出去"，即对外直接投资，不仅能够促进国内产业升级、提升生产效率，而且有利于改善国内外居民福利水平、实现"惠民生"等多方面的好处，更标志着国家综合国力和企业全球竞争力的双重提升。由此，我国先后提出了"走出去"战略和"一带一路"倡议。经过改革开放四十多年以来的快速发展，我国经济已经深度国际化，在国际分工和世界经济格局中占据了重要地位，企业"走出去"已经成为普遍现象，近年来对外开放新格局的构建和"一带一路"倡议日益得到国际社会的普遍响应，为我国企业"走出去"提供了难得的历史机遇，具有全球化视野、采用国际化经营已成为越来越多企业的重要发展战略。但是，我国相关的税务管理工作并没有跟上企业"走出去"的步伐，主要是由于改革开放以来"引进来"即招商引资是各地政府工作的重心，国际税收管理工作主要着眼于境内外资企业的征收管理，而对于境外中资企业的税务管理涉及较少，相关税收政策和征收管理服务体系发展存在滞后的问题。

　　目前，我国企业"走出去"已经取得了很大的发展，资本输出流量指标表明我国已是位居世界前列的对外投资大国，但由于对外投资的历史不长，不管从资本输出存量，还是对外投资占 GDP 的比重来说，我国与世界主要资本输出国家还有着一定差距。投资发展周期理论告诉我们，我国当前正处于由投资大国向投资强国转化的历史性阶段，亦处于"走出去"战略和"一带一路"倡议不断走向纵深发展的关键时期。

　　众所周知，税收因素对企业"走出去"有着重要影响，对外投资过程中的税负高低直接影响着企业"走出去"的区位选择和企业的国际竞争力，并且我国企业"走出去"目的地除了传统的发达国家之外，还越来越多地包括了广大发展中国家。发展中国家情况相对复杂，会增大企业投资的税收风险，也对维护国家的税收权益提出了新要求。另外，当前国际税收规则体系正经历着"百年未有之大变局"，旧体系已不能适应经济全球化的深入发展，但新体系还未得到完全确立，这为我国推动国际税收规则变革，实现"走出去"企业税务管理中国家与企业利益的统一提供了良好机遇。因此，深入研究现阶段企业"走出去"税务管理的问题，不仅有利于为"走出去"企业提供更好的税收服务，通过促进"走出去"实现产业结构升级、生产效率提升和增进国际社会民生福祉的目标，而且对于我国宏观税负的稳定、合理税收权益的维护、国际税收领域话语权的增强都大有裨益。

本书首先从税收影响企业"走出去"的投资决策作用机理出发，分析了母国税务管理对企业跨国投资的基本问题，通过归纳总结国家间竞争关系和现行国际税收规则的特点，发现各国既竞争性地利用税收政策鼓励企业"走出去"，又为了维护各自税收权益不得不开展合作，进而认为在"走出去"企业税务管理中，对内应采取具有竞争力的税收措施和制度安排来鼓励企业的投资积极性，并提供高质量的税收管理和服务以消除企业"走出去"的后顾之忧，提高其纳税遵从度；对外需扩大我国国际税收领域影响力，推动各种层面的国际税收合作，在竞争中推进国际税收规则的协调统一。其次，总结我国企业"走出去"的现状、特点和未来发展前景，以及"走出去"和相关税务管理的历史发展沿革，认为当前我国正处于"走出去"的关键时期，理应发挥税收政策的积极作用。再次，通过横向比较当今主要资本输出国家，揭示我国现有"走出去"税务管理中存在的问题，如税制竞争力不足、税收征管和服务存在缺陷、对国际税收规则变革的影响力不够等。最后，根据"走出去"税务管理的目标和原则，提出完善现阶段"走出去"税务管理的总体思路和具体政策措施。

本书的主要研究结论、创新点和不足之处如下：

首先，以税收影响企业"走出去"的作用机理为逻辑起点，分析企业跨国投资所形成的跨国纳税关系，表明国际双重征税的消除、母国税收激励、税收服务和反避税措施等方面会影响到企业对外投资的资金成本和投资回报，并进一步揭示这些影响主要来源于缺乏统一的国际税收规则。国际税收规则的不统一和不具备强制性，使得各国的竞争关系延续到国际税收领域。为了促进企业对外投资，各国都对其税收政策体系进行了竞争性的调整。但鉴于过度竞争又会反过来损害本国税收权益，各国为此又不得不展开合作。因此，我国税务管理需要在内外两方面同时发力，既增强国际税收规则变革中的话语权，又鼓励更多的企业"走出去"，实现和维护我国税收权益。

其次，介绍了我国企业"走出去"的发展现状、特点和"一带一路"倡议对企业"走出去"的影响。并根据投资发展周期理论认清我国企业"走出去"所处的阶段，横向比较美、英、法、德、日、韩等主要对外投资大国的对外投资情况，最终认为虽然我国当前"走出去"所处阶段还大幅落后于以上各国，但正处于阶段性突破的关键时期。税收作为影响企业"走出去"的重要因素，应鼓励和支持企业积极走向海外，造福世界各国人民。同时，通过纵向对比我国企业"走出去"的历史发展阶段和相应税务管理的发展沿革，发现税务管理与"走出去"之间存在着相互影响、逐次推进关系。虽然我国相关税务管理体系的建设往往滞后于企业"走出去"的步伐，但税务管理的每一次进步都极大地调动了企业对外投资的积极性。但我们也应看到，"走出去"企业增多尤其是更多地走向税制差异大、反避税建设相对落后的发展中国家，也给我国税收权益的维护带来一定的压力，由此，"一带一路"倡议逐步推进的新局面既为企业"走出去"提供新机遇，要求税收做好服务工作，也对税收管理工作提出新挑战。

再次，通过与主要资本输出国家的比较，发现现阶段我国企业"走出去"税务管理还存在诸多不足：一是我国的经济实力地位还未转化为相应的国际税收领域的话语权,对推动国际税收规则变革的影响力不足;二是我国"走出去"税制国际竞争力不足,不管是对国际双重征税的消除效果还是税收激励政策都严重滞后于主要资本输出国家,不利于企业在投资目的国展开公平竞争;三是我国的"走出去"企业税收征管和服务也都存在缺陷,不仅税收协定网络覆盖面不够、落实宣传不足、税收争议机制还需完善,国内税收征管体系建设和国际征管协作机制也亟须完善。

最后,根据"走出去"税务管理的目标和原则,我们提出了从推动国际税收规则变革、"走出去"企业税收制度、税收征管三个方向加强"一带一路"背景下"走出去"企业税务管理。宏观国际层面,需要增强我国在国际税收领域的话语权和影响力,推进国际税收规则的统一和协调。中观政策层面:一是要通过改革现有消除国际双重征税制度,构建兼具普惠性和导向性的税收激励政策体系,提升我国"走出去"企业税制的国际竞争力,鼓励更多的企业积极对外投资;二是在"走出去"企业征管机制上,既要保障"走出去"企业税款的征收,又要加强对外投资服务工作,还应在国际税收情报交换和税款国际追偿协助以及在国际税收争议解决中适时引入国际仲裁条款。在微观企业层面,企业应充分认识到"走出去"税收风险的危害性,主动防范投资过程中的税收风险,并在税收争议发生后,积极向我国税务部门请求援助。

本书的创新之处主要体现在以下四个方面:①由于企业"走出去"对于相互竞争中的国家具有积极意义,而税收能够影响企业对外投资决策,各国都采取各种税收手段鼓励和帮助企业向外投资,因此提出在企业"走出去"中也存在国际税收竞争问题,并在后续的研究中基于相互竞争的角度对利用税收工具鼓励和促进我国企业"走出去"展开研究;②基于"一带一路"倡议的提出,综合比较了我国企业"走出去"的发展阶段和相关税务管理的发展,发现税收和企业"走出去"之间存在相互依存、相互促进的关系,从而突显新时期税务管理应有所作为的必要性；③根据"一带一路"沿线国家的具体税制情况，总结了各国差异较大的征税标准对企业在"走出去"各阶段带来的税收风险，提出企业在"走出去"的同时应做好相应的防范工作，实现企业顺利"走出去"，利用"走出去"发展壮大；④提出在竞争中推动国际税收规则朝着统一和协调的方向产生变革，从而实现国家利益和"走出去"企业利益的有机统一。

　　本书不足之处和未来的研究方向：①"一带一路"背景下加强"走出去"企业税务管理是一个系统工程，尤其是在推动国际税收规则变革、增强国家的国际税收话语权和影响力方面，涉及面广，本书对其的政策建议还分析得比较粗浅，且比较主观，有待进一步深入研究。②由于国家没有对"走出去"企业税收数据做专门的统计，带来相关数据的缺失；同时，各国税法差异较大，对企业所得的定义存在一定区别，这都导致对税务管理影响企业微观行为的论证不够，未来需加强对这方面的研究。

目录
Contents

第1章 绪论

1.1 相关概念的界定

1.1.1 "走出去"与"引进来"

"走出去"与"引进来"是一组相对应的概念，是我国在改革开放中为促进经济发展提出的两种战略。改革开放初期，国内发展基础薄弱，缺少资金和技术，于是"引进来"战略得到大力实施，通过相对优惠的条件吸引各种国外资源进入国内，助力经济实现快速增长。"走出去"是对"引进来"的继承和发扬，在前期"引进来"的基础上，我国企业已逐渐适应市场竞争，具备一定国际竞争力，应走向更加开阔的天地，利用广阔的国际市场实现自身的更大发展；同时"走出去"也有利于保障国家的资源安全和战略发展空间的拓展。总体来说，"走出去"和"引进来"是我国在改革开放不同时期为适应不同的发展情况相应提出的发展战略，适应了我国的不同发展阶段，"走出去"是"引进来"的 2.0 版本，是新形势下改革开放升级换代的发展战略。

对外开放的基本国策要求企业"走出去"，通过统筹兼顾"引进来"和"走出去"，通过在更深程度上参与经济全球化，保障开放领域的扩大和结构优化，在内外联动的基础上提高开放质量，实现与世界各国的互利共赢和共同发展。具体来说，企业"走出去"有三种主要形式：一是对外直接投资，这是我国企业"走出去"的主要形式；二是对外承包工程，随着我国基建能力的加强和"一带一路"建设提速，目前对外承包工程占据着企业"走出去"的重要地位；三是对外劳务合作，这是"走出去"初期的主要方式。

纳税人通常可分为人员（自然人）和企业（法人），"走出去"中也就包含人员"走出去"和企业"走出去"，由于本书研究的是"走出去"企业的税务管理问题，下文中出现的"走出去"，如无特殊说明，均指我国企业"走出去"；同时，由于对外直接投资是企业"走出去"的主要方式，下文中的企业"走出去"，一般是指企业的对外直接投资。

1.1.2 "一带一路"倡议构想

为共同面对纷繁复杂的国际形势，实现国际社会共同发展，在 2013 年 9 月和 10 月对我国古代国际往来的大通道——"丝绸之路"沿线重要国家的访问途中，国家主席习近平先后提出共建"丝绸之路经济带"和"21 世纪海上丝绸之路"的重大倡议，得到国际社会的高度关注和普遍回应；在同年举行的中国—东盟博览会上，国务院总理李克强再次强调："铺就面向东盟的海上丝绸之路，打造带动腹地发展的战略支点。"推进"丝绸之路经济带"和"21 世纪海上丝绸之路"建设共同组成"一带一路"倡议总体构想，这是国家为适应改革开放的新局面、增强国家的综合国力和国际影响力、促进区域乃至世界经济共同发展的顶层设计；通过立足于我国与区域相关国家现有的双（多）边合作平台，继承并发扬光大古代丝绸之路互利共赢的精神，在和平发展的旗帜指引下，积极扩大与沿线国家的经贸往来、人员交往，推进区域经济合作与相互融合，最终形成政治上高度互信、经济上深度融合、文化上相互包容的责任共同体、利益共同体和命运共同体，从而造福于世界各国人民。

"一带一路"倡议的提出与建设，是一项系统工程，坚持共商、共建、共享原则，积极推进沿岸发展战略的相互对接，让古丝绸之路焕发新的生机活力，以新的形式使亚欧非各国联系更加紧密，互利合作迈向新的历史高度。[1]

---

[1] 国家发展改革委员会，外交部，商务部. 推动共建丝绸之路经济带和 21 世纪海上丝绸之路的愿景与行动. http://www.xinhuanet.com/world/2015-03/28/C-1114793986.htm.

1.1.3 税务管理

财税是国家治理的基础，税收通过筹集财政收入为维持国家存在，发挥其社会、经济管理功能提供经济基础。国家为取得财政收入，通过征税参与社会产品的分配，并对各社会主体进行经济利益的再分配，其税款征纳过程充满矛盾及矛盾运动。为保证税收征收过程的有效实施，充分发挥其中的筹集财政资金、调节经济、维护社会公平、弥补市场失灵等职能，国家不仅通过立法设立税收制度，还必须对整个税款征纳过程实施有效税务管理。其中，税收制度是税收法律体系的总称，是税款征纳双方依法征税或依法纳税的法律依据和工作规范，也是实现税收职能的法律保障，包含国家制定的各项税收法令及其征税办法。在社会主义市场经济条件下，各项税收职能的顺利实现，关系到国家取得经济资源支配权、使用权的大小，决定了国家贯彻社会政策、实施经济调控的力度和影响力。鉴于税收的无偿、强制等特点，税收职能并不能自发实现，高效的税务管理能力为按照税收制度立法初衷实施税收政策、完成既定目标与任务、实现国家长治久安提供了保障。

税务管理，顾名思义，就是对税收的管理，是税务机关统筹安排人员、机构等资源投入对税收这一国家参与国民收入分配与再分配的活动所进行的一种组织行为或管理活动。很明显，税务管理是一种系统管理，由多层次、多环节的子系统组成，保证税收政策的顺利实施、发挥税收职能作用、实现征管效率优化、调节征纳双方权利与义务等是其管理的主要目标。但与一般的税务管理不同，"走出去"企业税务管理属于国际税收征管的范畴，需要在现行国际税收规则下，将税收征管链条延伸到境外，通过国际税收合作来实现税务管理的目标。

《新税收征收管理办法及其实施细则释义》将税务管理做了广义和狭义的区分。① 为了改进、完善我国跨境税收管理体制，适应并服务国家改革开放发展战略，支持、帮助"走出去"企业解决境外税收困难，本书立

---

① 国家税务总局征收管理司. 新税收征收管理办法及其实施细则释义［M］. 北京：中国税务出版社，2002.

足于广义税务管理概念，基于税收制度、税收征管制度和推动国际税收规则变革能力等角度，对提高国家对国际税收规则的影响力、完善"走出去"税收制度体系和征管体制、改善赴海外投资企业税收服务质量、提高跨境税源监管能力等目标展开论述与分析。但由于作用对象是"走出去"企业，虽然其跨境税收中涉及增值税和关税等流转税，但由于保持本国商品和服务竞争力需要，国家对增值税实行出口退税制度；并且各国在 WTO 规则下日益降低关税壁垒以促进国家经贸往来，因此，为提高问题讨论的精确度，下文所用的"税收制度"和"税收征管制度"，如无特殊注明，一般指企业所得税或公司所得税和企业所得税征收管理。

1.2 选题的背景和意义

1.2.1 选题的背景

从我国企业"走出去"的情况来看，自改革开放伊始，中国的经济发展即开始与国际市场接轨，在大力引进国外资金、国际先进技术和国际化人才的同时，开启了本国企业"走出去"的道路。在 20 世纪 90 年代前后都还处于规模小、层次低、形式单一、地域狭窄的初级、自发阶段。但随着改革开放进程的不断深入，出于提高企业经营效率、提升国际技术水平、调整产业结构、在世界范围内整合资源和市场、缓解外汇储备压力等多方面的考量，国家先后提出"走出去"战略和"一带一路"倡议，鼓励和支持有比较优势的各种所有制企业对外投资，推动我国由单向的内流式开放走向双向的平衡式发展，以提升我国的对外开放水平和国际竞争力。以此为契机，中国企业"走出去"实现了跨越式发展。并且，"一带一路"倡议相关建设的持续推进与深入发展将给我国企业"走出去"带来更大的历史机遇，"走出去"的企业数量将会越来越多，步伐将会越来越快。

但是，企业在"走出去"的同时，并不能完全适应国外陌生的投资环境，在税收上遭遇了很多困难，例如，国内外税制差异大，国外税收执法不规范、随意性强，对我国与东道国签订的税收协定不了解，难以享受东道国给予的税收优惠待遇，等等。同时，由于海外税收信息收集不完善、跨境税源监控困难及税企沟通不畅，我国税务机关难以有效地开展"走出去"企业税收监管和税收服务工作。

从国际税收当前主要发展趋势来看，自 2008 年美国金融危机后，世界各国财政支出压力陡增，鉴于世界经济全球化的深入发展为跨国公司的国际避税提供了广阔的舞台，国际社会日益重视与保护各自的正当国家权益和国际征税权，提出了加强国际税收合作的需求。同时数字经济、互联网生态等新经济形态的蓬勃发展都要求重构国际投资、贸易规则，与之相关的已实行近一个世纪的现有国际税收基本规则与框架也面临巨大冲击与挑战，变革的呼声越来越强烈。当前，国际税收规则到了亟须变革、必须要有所创新的时代，加强合作与协调得到国际社会普遍认可并达成广泛共识，国际税收领域是有效增强我国国际影响力的关键突破口。贡献"中国智慧"、提出"中国方案"，加强"走出去"企业税务管理有助于增强我国在国际税收领域的话语权，使税收能够更好地为"走出去"企业服务，主动适应改革开放战略升级换代的要求，主动服务于中华民族的伟大复兴事业和"中国梦"的实现，当然也是推进国家治理体系和治理能力现代化在国际税收领域的具体体现。

1.2.2 选题的意义

跨国投资、跨国经营企业的税收问题是一个世界性的研究课题，中外理论界和实务界人士都倾注了巨大的热情，并取得了丰硕的研究成果，对各国的经济体制建设发挥了重要的指导作用。传统观点认为，国外资本的流入有利于国内的资本形成，而以对外直接投资为代表的企业"走出去"则会使国内资本外流，不利于经济发展。但已经有学者研究发现事实并非如此，例如，Hejazi 和 Pauly（2003）的研究就说明了对外直接投资的快速增长是建立在本国经济发展成功的基础上，而没有对国内经济产生负面影响。目前，随着"一带一路"建设的持续推进，我国以对外直接投资为代表的企业"走出去"的迅速增长不仅说明了中国经济正实现在全球产业链中的地位提升，还反映了中国企业整合全球资源、克服国内发展"瓶颈"的能力得到迅速提高。随着中国"走出去"战略的深入实施和"一带一路"倡议的提出，加强对中国企业"走出去"税务管理问题的研究，不仅具有深远的理论意义，也具有重大的实践意义。

（1）理论意义

目前，国内外理论界特别是国内理论界对于加强"走出去"企业的税务管理已有相当成果，认识到我国企业"走出去"的税收管理还存在很多不足，从完善税收制度和改进税收征管体系方面提出了一些加强我国"走出去"企业的税务管理的建议，但目前形势有了新变化：国际税收领域比以往更强调合作与协调；数字经济的蓬勃发展要求对已实行近一个世纪的国际税收基本框架进行变革，"一带一路"倡议影响力的日益扩大助推企业"走出去"的规模和意愿。这要求我们切实解决我国跨境税务管理中监管能力不足和服务水平不高的问题，再结合我国企业是主要纳税人的实际情况，从理论上论证税务管理对企业"走出去"的影响和作用、国际税收合作与税制协调在加强跨境税源监控和国际反避税中的作用和地位，系统开展国际重复征税消除制度的比较分析、税收激励的作用机制和运作原理、提高税收服务水平满足"走出去"企业客观需求等问题的研究，已成为重要的理论课题。

（2）实践意义

"走出去"对我国经济发展和产业升级的促进作用已得到诸多研究的验证，如蒋冠宏、蒋殿春（2014）研究发现，对外直接投资具有出口效应[1]并促进企业生产率的进步；[2] 毛其淋、许家云（2014）的研究揭示了中国企业对外直接投资与企业创新之间的关系。[3] "走出去"战略和"一带一路"倡议是我国未来经济转型发展的重要支撑，也是中国利益与世界各国利益的相互融合，是"共赢"与"多赢"。特别是"一带一路"倡议的提出和实施有助于我国内陆沿边地区开放，促进经济发展方式转变和结构

---

[1] 蒋冠宏，蒋殿春. 中国企业对外直接投资的"出口效应"[J]. 经济研究，2014（5）.

[2] 蒋冠宏，蒋殿春. 中国企业对外直接投资与企业生产率进步[J]. 世界经济，2014（9）.

[3] 毛其淋，许家云. 中国企业对外直接投资是否促进了企业创新[J]. 世界经济，2014（8）.

战略性调整；有助于打开国际新兴市场和发展中国家市场，在化解国内过剩产能的同时提升我国在国际分工体系中的地位和影响力；有助于加强陆海统筹、东西互济，既改善我国外部经济环境，又极大地拓宽国际战略空间；有助于在更大范围、更广领域和更深层次上促进相关国家、地区的全方位良性互动，寻求共同发展的最大公约数；有助于实现国内规则与国际规则的高标准接轨，在化解国际经贸规则变动的现实挑战基础上抢占国际规则先机、赢得主动。

目前虽然我国企业"走出去"在短时间内取得了很大的成绩，我国已经成为资本净输出国家，在世界对外投资版图上占据了一定的地位，但与发达国家尤其是世界上主要对外投资大国相比，还存在着较大的差距。"走出去"企业在境外也受到了许多税收问题的困扰，企业"走出去"对国内经济转型升级和提升各国民生福祉方面有着极为重要的意义，因此，税收必须为"走出去"企业提供完善的服务，尽量解除其在税务方面的后顾之忧。但"一带一路"背景下我国企业"走出去"的新局面也给国家维护税收权益的工作带来了新挑战。随着"一带一路"倡议的影响力逐渐扩大，会有越来越多的企业走出国门并参与发展中国家的建设，这些国家情况相对复杂，不仅给企业造成了税收方面的困扰，国家也面临着税收收入流失的风险。同时，企业发展壮大需要一个公平竞争的境外投资环境，国家也需要通过国际税收合作来促进各国税收规则的相对协调与统一，减少跨国企业利用税制差异逃避我国纳税义务的空间。鉴于我国90%以上的税收来源于企业的缴纳（高培勇，2015），加强"走出去"企业税务管理对于国家宏观税负的稳定、国家合理利益的维护、国际税收领域话语权的增强都大有裨益；对于帮助"走出去"企业化解国际税收风险、提升企业乃至国家的竞争力、带动落后国家和地区发展、惠及沿线国家民生福利、促进国际合作与共同发展无不具有重大意义。

从实践上看，新形势下在我国企业"走出去"的过程中，需要对我国企业"走出去"税收制度和政策的现状、存在的问题，我国税收管理与服务体系中存在的不足与缺陷，以及加强国家推动国际税收规则变革的能力建设等方面，进行系统性阐述和分析，为加强我国企业"走出去"税收管理和纳税服务，完善我国资本输出的税收制度，从而为变革中的国际税收规则贡献"中国智慧"、提出"中国方案"提供有价值的参考。

1.3　研究思路和研究方法

1.3.1　研究思路

在厘清研究思路前，首先要弄清楚税务管理与"走出去"企业之间的关系，由于税收因素对企业"走出去"投资决策具有重要影响，在企业"走出去"的过程中母国税务管理能够有效激发企业的积极性，但企业"走出去"又会给居民国带来保障税收收入的税收征管问题。"一带一路"倡议在助推企业"走出去"的同时，让加强相关税务管理的研究充满了紧迫性和时代性。一方面，虽然企业"走出去"发展很快、前景光明，但仍需鼓励，税收应为企业扫清"走出去"的障碍，激发企业"走出去"的积极性，同时提高企业的纳税遵从度，保证国家税款的征收；另一方面，由于历史的原因，我国企业所得税的税务管理侧重于境内税收事务，没有跟上企业"走出去"的步伐，税收制度不利于企业在东道国开展公平竞争，税收管理和服务工作也存在不足。

为了构建与企业"走出去"新形势相匹配的税务管理体系，我们必须要研究税收影响企业"走出去"投资决策的作用机理，同时，由于"走出去"企业税务管理受到国际税收规则的制约，因此需要研究国际税收规则的变革机制，在利用规则的同时创造规则，找到在现有国际税收规则中加强"走出去"企业税务管理的关键因素和着力点，并根据"一带一路"倡议对"走出去"企业税务管理提出的新要求，通过与主要资本输出国家的比较，发现我国企业"走出去"税务管理的差距与问题，从而提出相关政策建议。

总体而言，本书的结构安排如下：

第1章为绪论。首先，通过界定相关概念，对研究主题进行了明确；其次，介绍了本书选题的背景和意义、研究思路和方法、可能的创新与不足等。

第 2 章为国内外相关研究综述。主要对国内外相关文献的研究状况进行梳理和评述。

第 3 章为税收与企业"走出去"相关性理论分析。首先利用新古典投资模型分析了税收与企业"走出去"决策之间的作用机制,找到了企业"走出去"所形成的跨国纳税关系中税务管理的基本问题。其次说明了在支持企业"走出去"中同样存在着国际税收竞争,但竞争过度会危及财政收入,因而形成了竞争(支持"走出去")与合作(打击国际避税)的国际税收态势,只有通过在竞争中推动国际税收规则走向统一和协调,才能真正实现国家和"走出去"企业利益的一致。

第 4 章为"一带一路"背景下我国企业"走出去"税务管理实证分析。首先介绍了"一带一路"背景下我国企业"走出去"的现状、特点和意义;其次运用国际直接投资理论判断我国企业"走出去"的历史发展阶段,并通过与当今主要资本输出国家的阶段比较,为下一步找出我国在"走出去"企业税务管理中的不足打下基础,并通过我国企业"走出去"和相关税务管理的历史发展沿革比较,指出税务管理应跟上企业"走出去"的步伐。

第 5 章为"一带一路"背景下我国企业"走出去"税务管理问题。首先分析了目前我国"走出去"企业税收制度的国际竞争力问题,通过与主要资本输出国家的比较,发现我国税收制度既不能很好地消除国际双重征税,也缺乏相应的税收激励措施,国际竞争力严重不足;其次发现我国"走出去"企业的税收征管机制在日常管理、反避税制度、国际税收征管协作等方面存在缺陷,对"走出去"企业的服务也有待加强;最后分析了我国推动国际税收规则变革的能力建设中的不足,并通过其他国家扩大国际税收话语权的实践得出对我国加强国际税收话语权建设的启示。

第 6 章为加强"一带一路"背景下"走出去"企业税务管理的政策建议。针对目前我国"走出去"企业税务管理中存在的问题,根据企业"走出去"税务管理的原则与目标,提出"一带一路"背景下加强"走出去"企业税务管理的总体思路和具体政策建议。

1.3.2 研究方法

本书拟在研究中具体运用以下方法：

（1）规范和实证研究相结合

实证研究主要通过对经济事实和经济行为进行描述，来回答"是什么"的问题，要求站在客观的立场上对现实经济关系进行说明；规范研究则主要解决"如何做"的问题，往往需要进行价值判断。本书综合利用了这两种研究方法，例如，对于税收如何影响企业对外投资决策的作用机理、消除国际双重征税不同税制设计的效果比较、国际税收竞争给企业"走出去"带来的影响等理论研究侧重于规范研究；对于我国企业"走出去"相关税收制度和征收管理与服务现状及其问题的分析，属于实证研究；而对于如何增强国家推动国际税收规则变革能力建设、完善我国企业"走出去"税收制度、加强征收管理与优化服务的分析，则属于规范分析的范畴。

（2）定性和定量分析相结合

定性分析，往往是指根据过往我们在生活和学习中积累的经验，凭借受到训练的逻辑思维能力对社会经济现象进行研究，从中发现或推导出经济事务、经济行为发展的一般规律。定量分析是指在得到一定过往历史数据的基础上，运用各种数理统计方法，来研究并论证社会经济活动中各种变量之间的相互影响或作用关系。虽然两种研究方法在通常情况下能够得到一致的研究结果，但有时会出现过往经验规律在新形势、新局面下不适用的情况，使得定性分析的结果出现一定的误差，因此，我们需要应用定量分析来对其进行修正，综合运用两种方法寻找真实的规律所在。本书的研究过程中将结合运用定性和定量分析两种方法。例如，在对推动国际税收规则产生变革的研究中，我们通过定性分析发现国家参与国际税收规则制定和变革的着力点，并通过与收集的相关国家具体实践进行比较，发现我国的不足与缺陷；通过定量分析收集了国内外关于"走出去"企业现状和税务管理的大量数据和资料，通过比较发现我国不仅在企业"走出去"发展阶段上存在一定差距，相关税务管理尤其是税收制度的国际竞争力方面也严重不如当今主要资本输出国家，由此提出改进的具体政策建议。

（3）比较与借鉴相结合

本书从资本输出国的角度，以美、日、英、法、德、韩等典型国家作为比较对象，通过对外投资发展阶段的比较为后续的促进"走出去"税制比较打下基础，从而探讨了我国"走出去"企业所得税制的国际竞争力，同时借鉴发达国家对外直接投资和企业跨国经营税收制度和管理的国际经验，为解决我国企业在"走出去"中遇到的税收障碍和税收问题提供解决思路；为完善我国对外直接投资和企业跨国经营相关税收制度、强化相关税收管理、优化相关纳税服务提供实践参考；此外，还比较借鉴了美、英的"领导型"和韩、日的"追赶型"国家在国际税收规则竞争中的实践经验，为我国增强国际税收话语权、推动国际税收规则向有利于我国获得更好的竞争态势发生转变提供经验参考。

1.4　可能的创新与不足

1.4.1　可能的创新和特色

本书的创新之处主要体现在以下四个方面：①由于企业"走出去"对于相互竞争中的国家具有积极意义，税收作为能够影响企业对外投资决策的工具手段，各国纷纷应用各种税收工具来鼓励和帮助企业对外投资，因此提出在企业"走出去"中也存在国际税收竞争问题，并在后续的研究中基于相互竞争的角度对利用税收工具鼓励和促进我国企业"走出去"展开研究；②基于"一带一路"倡议的提出，综合比较了我国企业"走出去"的发展阶段和相关税务管理的发展，发现税收和企业"走出去"之间存在相互依存、相互促进的关系，从而凸显新时期税务管理应有所作为的必要性；③根据"一带一路"沿线国家的具体税制情况，总结了各国差异较大的征税标准对企业在"走出去"各阶段带来的税收风险，提出企业在"走出去"的同时应做好相应的防范工作；④提出在竞争中推动国际税收规则朝着统一和协调方向产生变革，从而实现国家利益和"走出去"企业利益的有机统一。

1.4.2 不足之处与未来的研究方向

"一带一路"背景下加强"走出去"企业税务管理是一个系统工程，尤其是在推动国际税收规则变革、增强国家的国际税收话语权和影响力方面，涉及面广，本书对其的政策建议还分析得比较粗浅，且比较主观，有待进一步深入研究。同时，由于国家没有对"走出去"企业税收数据做专门的统计，带来相关数据的缺失，并且各国税法差异较大，对企业所得的定义存在一定区别，这都导致对税务管理影响企业微观行为的论证不够，未来需加强对这方面的研究。

第2章　国内外相关研究综述

2.1　国外相关文献综述

2.1.1　税务管理的思想和原则

在古典经济学的著作中，就体现了学术界对税务管理的研究，由于征税的同时会产生征税的成本，因此有必要在探讨税收原则时对其进行论述，这就为后来关于税务管理的研究提供了指导性的理论基础。

从17世纪开始，英国学者托马斯·霍布斯、威廉·配第和德国学者尤斯蒂相继就税收原则发表了各自的看法。威廉·配第认为，政府征税应秉持"公平、简便、节省"的三大原则，其中的"节省"原则就体现了节约征税费用的思想；① 尤斯蒂提出的六大课税原则也包含了税收简便、节时省费的要求，这些税收原则的表述都开展了对税收成本的研究。

到18世纪，亚当·斯密基于威廉·配第和尤斯蒂的研究，通过著作《国民财富的性质和原因的研究》，论述了征税的四大原则，即平等原则、确实原则、便利原则和最少征收费用原则。② 这四大原则中的确实、便利和最少征收费用都体现了税务管理过程中应实现税收负担最小化和征税费用合理化等效率方面的要求，即政府征税时需要对交税的日期、方法、数额进行明确，尽量简化手续，降低税收的征收成本，从政府的征收成本方面对税务管理进行了理解和论述。

19世纪后期，德国学者阿道夫·瓦格纳的研究扩大了对税收原则的理

---

① 威廉·配第. 赋税论 [M]. 邱霞，原磊，译. 北京：华夏出版社，2013.
② 亚当·斯密. 国民财富的性质和原因的研究 [M]. 北京：商务印书馆，2016.

解，其税收原则思想从政府财政收入、国民经济运行、社会民生福利、政府行政效率四方面展开论述，提出的税务行政原则包括确实、便利和最少征收费用三项具体原则。通过对亚当·斯密关于征收费用的认识进行扩展，发现除税收征管稽查费用等政府负担的部分外，税款征收费用还应包括纳税人承担的纳税费用。由此，对税务管理的理解就不仅局限于政府的征收成本，还包括纳税人的遵从成本，从理论上实现了对早期关于税收征管效率应主要降低政府征税费用的认识的重大突破。此后，美国学者马斯格雷夫通过对自亚当·斯密时期之后所有税收原则进行总结，归纳了六条税收原则，其中就包含了要求在一定的目标前提下尽量让税收管理和征收费用得以降低的税收原则。

2.1.2　国际直接投资理论的形成和发展

20世纪60年代以来，国际直接投资理论得到重大发展，这以 Hymer（1973）创立的垄断优势理论为标志。首先得到发展的是对外直接投资的微观理论，主要运用微观经济理论来研究欧美早期跨国公司的发展，从企业或行业的角度来理解跨国公司向海外投资的决策基础，典型代表有垄断优势理论、国际生产折中理论等。此后，随着企业跨国投资越发受到国际经济形势的影响，对外直接投资的宏观理论也逐渐建立，主要是从母国与东道国的整体宏观经济背景出发，来研究考察跨国公司的对外投资行为，主要代表有比较优势理论、投资发展周期理论、产品生命周期理论等。

Gerschenkron（1962）通过研究后发优势理论发现，虽然发展中国家在工业化发展方面落后于发达国家，但其具有向发达国家学习相关发展经验，避免走进发展误区，从而实现跨越式发展的后发优势。这也体现在发展中国家企业通过投资发达国家，发挥对外直接投资的桥梁作用，利用当地资源研发或引进先进技术，实现经济的快速发展，并由此而形成落后国家企业"走出去"的动因。[①]

英国学者 Dunning（1981）在其国际生产折中理论的基础上，从动态

①　Gerschenkron A. Economic Backwardness in Historical Perspective ［M］. Cambridge：Harvard University Press，1962.

角度解释了投资母国的经济水平对境外投资规模的影响，提出了投资发展周期理论。他认为，所有权优势、内部化优势和区位优势三种优势奠定了企业跨国投资的基础，在国际经济活动中，如果某国企业没有同时具备这三种优势，就只能采取进口、出口等贸易方式融入世界经济体系。在此基础上，依据人均 GDP 将一国的经济发展水平分成四个阶段，相对应的该国企业拥有的所有权优势、内部化优势和区位优势呈现由低到高排列，从而实现资本输出从无到有并逐渐超过资本输入的动态过程。

Wells（1983）提出的小规模技术理论从动因和条件两个方面研究了发展中国家小企业的对外直接投资。他指出由于发展中国家部分企业拥有一定的小规模生产技术，能够凭借较低的生产成本取得相对价格竞争优势；由于国内对于某种特点商品的需求有限而拥有小规模生产技术的企业能够利用较低的成本和价格赢得竞争，因而这些并不算先进的生产技术让企业在层次丰富的国际某细分市场上取得一定的竞争优势，而必须建立海外分支机构才能发挥这些优势，才能进行对外直接投资或打开海外市场。此外，Wells 还认为由于发展中国家"走出去"企业的产品大多是采用成熟技术生产的标准化商品，所以劳动力价格是决定其对外直接投资的主要因素。[①]

Tolentino（1993）在他所提出的技术创新与产业升级理论中指出，技术创新是发展经济的核心力量，发展中国家有其特有的技术创新路径，即通过实践来学习和积累经验进行技术创新。其理论的基本思想是在静态的基于资源禀赋比较优势的基础上，强调比较优势的动态化。Tolentino 发现有三个阶段存在于发展中国家的对外直接投资的区域转移中：刚刚起步时，首先，往往选择周边国家，最好是文化相似或来往比较密切的国家；其次，逐渐开始向与本国不相互接壤的发展中国家进行投资，主要选择制造和服务性行业；最后，在经过一段时间发展，获得一定竞争实力后，企

---

① Wells L. J. Third World Multinational: The Rise of Foreign Investments from Developing Countries [M]. Cambridge: MIT Press, 1983.

业开始逐渐投资于发达国家或与其距离较远国家。①

Ozawa（1992）在其提出的动态比较优势理论中指出，国内企业在通过一段时间的发展后，积累了一定的竞争优势，帮助发展中国家逐渐由外国直接投资（FDI）流入国转变为对外直接投资（OFDI）输出国。他从动态发展的角度解释了这种竞争优势的获得，即通过积极引入国外资金和先进技术，并逐渐消化吸收，发展中国家得以发展出适合自身需要的技术创新，从而提高本国乃至企业的国际竞争优势，同时为了获取国内发展所需的战略资源，通过向外投资积极地进行国际化扩张，最终成为对外投资输出国。②

2.1.3 母国税收制度对对外直接投资的影响

母国税收制度对税收的影响因素有很多，相关研究主要围绕税率、消除国际双重征税方法、税收激励政策等方面展开。

传统上，相关研究往往基于企业对外投资获得的税收实际收益率对税收如何影响企业对外直接投资展开分析，这在一定程度上忽视了母国税收政策与对外直接投资之间的关系。Hartman 是研究母国税收制度对对外直接投资影响的先驱，其系列研究（1981，1984，1985）揭示了母国税收制度是如何影响对外直接投资的，其实证模型既考虑了东道国税收政策对对外直接投资的影响，也加入了母国税收政策的影响因素。③④⑤ 他以母公司是否对外国子公司注入资金为标准，将外国子公司分为两类：一类是外国子公司相对"成熟"，能够自我造血而不需要母公司的持续投资；另一类则是难以依靠自身利润实现发展，需要母公司对其注入资金，即所谓"不

① Tolentino P. E. Technological Innovation and Third World Multinationals [M]. London & New York: Routledge, 1993.

② Ozawa T. Foreign Direct Investment and Economic development [J]. Transnational Corporations, 1992, 1 (1): 27-54.

③ D. Hartman. Domestic Tax Policy and Foreign Investment: Some Evidence [R]. NBER Working Paper No. 784, 1981.

④ D. Hartman. Tax Policy and Foreign Investment in the United States [J]. National Tax Journal, 1984 (37): 475-488.

⑤ D. Hartman. Tax Policy and Foreign Direct Investment [J]. Journal of Public Economics, 1985 (26): 107-121.

成熟"外国子公司。"成熟"企业大多利用未分配利润进行再投资，而"不成熟"企业由于利润不足或没有产生盈利，因此在进行投资时需要母公司向其转移资本。这就与之前税收对对外直接投资影响的研究产生了重大区别，过往研究通常假设外国子公司对母公司每年股息分配率保持固定或认为子公司没有通过保留利润进行投资，这样就使来自母公司的转移资本被认为是子公司的所有资金来源。但实际情况却是，如果子公司利用未分配利润进行再投资，那么母国的征税行为就不会影响到边际投资决策；相反，如果母公司向外国子公司的注入资金是子公司投资的主要融资渠道，则母国采用属人税制且母国税率高于东道国的情况，就会使得投资者从毛收益率出发进行投资决策。Hartman 不仅发现 FDI 与税后收益率之间存在正向相关关系，还通过对美国境内子公司的投资是利用未分配利润还是外国母公司转移资本的实证研究发现：税后收益率每变化 1%，则美国境内子公司利用保留利润进行投资的外国资本流入量相应变化 1.4%；而利用外国母公司转移资本进行投资的外国资本流入量则变化 0.5%，显然，美国税收对利用利润再投资的外国资本影响更大。

（1）母国税率对对外直接投资影响的研究

税率有法定税率和有效税率之分，有效税率又包括有效边际税率（EMTR）和有效平均税率（EATR）。在 Hartman 之后的研究成果中，分别利用这些不同的税率作为变量进行了研究。

Slemrod（1991）基于 1962—1967 年美国 FDI 流入数据，研究了有效边际税率与美国 FDI 流入之间的关系，发现美国税收与 FDI 流入显著负相关。通过对 FDI 变量进行分解，发现美国境内子公司投资资金来源于外国母公司转移资本的 FDI 与税收之间的关系更大，这与前人的研究结论截然相反；并且，Slemrod 并没有发现有证据能有效地证明"来自属地税制国家的 FDI 比来自属人税制国家的 FDI 对美国税收的变化更为敏感"这一假设前提。[1]

---

[1] J. B. Slemrod. Tax Effects on Foreign Direct Investment in the United States: Evidence from a Cross-Country Comparison [R]. NBER Working Paper No. W3042, 1991.

虽然 Devereux 和 Griffith（1998）的研究模式只考虑单边国家因素，但其研究结果显示公司所得税有效平均税率会显著影响美国跨国公司在欧洲境内的选址，而且这种影响似乎比有效边际税率对外国直接投资的影响更加强烈，但是不同国家的 EATR 对 FDI 流入的影响大小也有所不同。[①] 此后，Gropp 和 Kostial（2000）的研究综合考虑了法定税率对资本流入和资本流出的影响，[②] 通过利用 OECD 国家数据，考察跨国资本流动与法定税率和包括预期经济增长率、预期真实汇率、经济开放指数、外资总量等其他宏观经济变量之间的关系，发现跨国直接投资流动与法定税率变化密切相关，即法定税率产生 10% 的变化，如果以 FDI 占 GDP 比重来衡量的话，就会导致外国直接投资流入反方向变化 0.3%，同时带来对外直接投资流出同方向变化 0.2%。

除单边税率外，近来也有研究从母国和东道国双边税率角度来展开研究。Egger 等（2007）提出，相比从单边有效税率出发，对单边和双边有效税率加以综合考虑将更好地显示税收与对外直接投资的关系。他们利用 OECD 国家间的相互投资数据和双边有效税率，对经济发展与合作组织（简称经合组织或 OECD）国家间双边有效税率如何影响这些国家相互之间的直接投资展开研究，发现母国和东道国的税收负担越高，则母国对东道国直接投资越多；母国与东道国之间的双边有效税率越低，则两国间的直接投资数量越大。[③]

此外，还有一些研究综合考虑了税率与其他税收政策的相关关系。Jun（1994）的研究在消除国际双重征税方法不同的基础上考虑了法定税率对对外直接投资的影响，通过采用 10 个外国投资者 1980—1989 年对美国投资的数据，发现母国实行属人税制即对来自国外投资所得征税时，母国法定税率与对外直接投资之间存在着显著的负相关效应；但如果母国实行属

---

① Devereux M. and R. Griffith. Tax and the Location of Production-Evidence from a Panel of US Multinationals [J]. Journal of Public Economics, 1998 (68).

② R. Gropp and K. Kostial. The Disappearingr Tax Base: Is Foreign Direct Investment Eroding Income Taxes? [R]. European Central Bank Working Paper No. 31, 2000.

③ P. Egger, S. Loretz, M. Pfaffermayr and H. Winner. Bilateral Effective Tax Rates and Foreign Direct Investment [R]. Oxford University Centre for Business Taxation Working Papers No. 802, 2007.

地税制即对来自外国所得免税，则母国的法定税率对对外直接投资没有显著影响①。总体说来，基本所有的研究都报告了母国税率与对外直接投资之间存在着负相关关系。

（2）母国减除国际重复征税的方法对对外直接投资影响的研究

Hines（1996）通过比较来自抵免法和免税法国家的投资者在美国高税州和低税州分布的不同，发现来自免税法国家的投资者比来自抵免法国家的投资者更容易受到税率变化的影响，如果州之间的税率发生1%的变化，相比抵免法国家投资者，免税法国家投资者的投资份额就会下降7%~9%。② 也有研究成果显示扣除法比抵免法更能促进对外直接投资，Bond和Samuelson（1989）通过研究母国与东道国之间的动态博弈，发现税收竞争会使得抵免法不仅无法消除双重征税，而且会引发两国竞争性提高税率彻底阻碍资本流动的情况。其结论是扣除法要优于抵免法，因为如果两国都实行扣除法，将会避免两国实行抵免法带来的两国博弈零资本流动的结局。③ 而Davies和Gresik（2003）虽然并不否认抵免法不利于对外直接投资，认为就刺激对外直接投资来说，扣除法比抵免法更好，但也认为母国并不会轻易提高税率，也就不会出现Bond和Samuelson研究结果所显示的局面。④

此外，还有研究揭示了综合限额抵免法和分国（分项）限额抵免法对对外直接投资的不同影响。Haag和Lyon（2004）就报告了当企业同时对高税国与低税国进行投资时，母国实行分国（分项）限额抵免法会带来资本配置效率低下的情况，在其构建的单期模型中，超额抵免和不同限额抵免法对资本配置效率影响至关重要，如果没有超额抵免，则综合限额抵免法将实现资本最优配置；但超额抵免的存在将会导致综合限额抵免法和分

① J. Jun. How Taxation Affects Foreign Direct Investment（Country-Specific Evidence），The World Bank［R］. Policy Research Working Paper 1307，1994.

② J. Hines. Altered States：Taxes and the Location of Foreign Direct Investment in America［J］. American Economic Review，1996，86（5）.

③ Bond E. and Samuelson L. Strategic Behavior and the Rules For International Taxation of Capital［J］. Economic Journal，1989（99）.

④ Davies R. and Gresik T. Tax Competition and Foreign Capital，International Tax and Public Finance［J］. Springer，2003，10（2）.

国（分项）限额抵免法都无法实现资本最优配置，并且两种不同限额方法下的经济福利可能会存在较大差异。[①]

（3）税收激励措施对对外直接投资影响的研究

Velde（2005）考察了英国与欧盟鼓励资本输出的相关政策措施，发现母国实施的包括税收手段在内的对外投资激励措施有效地刺激了对外投资。具体说来，母国政府对对外直接投资的鼓励体现了四个方面的好处：一是有利于弥补东道国尤其是发展中国家中存在的市场失灵；二是可有效降低对外直接投资风险；三是能消除对外直接投资中的信息不对称；四是关于利润汇回的母国特殊税收政策会影响到投资区位的选择。[②]

母国为促进对外直接投资采取的税收激励措施一般包括税收饶让、迟延纳税或提供税收优惠等，大多数研究分别针对某一项税收激励措施进行了分析，比如 Hines（1998）、Kaewsumrit（2004）、Azémar 和 Delios（2007）、Azémar 等（2007）的研究就揭示了税收饶让与对外直接投资之间的关系；而 Ault 和 Bradford（1990）、Leechor 和 Mintz（1991）、Scholes 和 Wolfson（1992）等主要研究了迟延纳税对对外直接投资的影响；Jun（1994）、Hines（1994）、Velde（2003）等报告了对外直接投资受到税收减免优惠的鼓励。

第一，关于税收饶让与对外直接投资之间的关系，大多数研究结果都支持税收饶让的存在会鼓励和支持资本输出国的对外直接投资。比如 Hines（1998）通过比较美日对于税收饶让的不同态度（但两国都实行抵免法的制度），发现如果实行税收饶让，能够让东道国多吸引 140%~240% 的外国资本流入；[③] 在其基础上，Azémar 等（2007）利用 1989—2000 年日本对外直接投资的数据，研究发现日本与发展中国家签订税收协定中的税收饶让条款不仅使日本向这些国家的投资年均增速达到 3%，而且日本跨

① M. Haag and A. Lyon，Optimality of the Foreign Tax Credit System：Separate VS. Overall Limitations，http：//ssrn. com/abstract＝497382.

② D. Velde. OECD（UK&EU）Home Country Measures and FDI in Developing Countries：A Preliminary Analysis，Case Study Commissioned by the Department for International Development，UK，A Contribute to WDR 2005 on Investment Climate，Growth and Poverty.

③ J. Hines. Tax Sparing and Direct Investment in Developing Countries［R］. NBER Working Paper 6728，1998.

国公司更倾向于投资与日本达成税收饶让协议的国家，并以此推断出发达国家对外直接投资增长受到税收饶让的鼓励。[1] 此外，有的研究考察了税收制度对税收饶让刺激作用的影响，比如 Kaewsumrit（2004）通过将是否存在税收饶让条款融入其所构建的联立方程模型，来说明发达国家对发展中国家的投资是否受到税收饶让的影响，[2] 研究发现税收饶让对对外直接投资的刺激作用与资本输出国家采用的税收抵免限额的计算方法有着直接的联系，比如英、德、意三国在计算税收抵免限额时采用分国不分项制度，而日本实行综合抵免制度，分国不分项制度比综合抵免制度会有更大的可能性导致出现超额抵免的情况，超额抵免会降低税收饶让的刺激作用，因此日本的税收饶让激励效果要优于英、德、意三国。由于日本采用抵免法而法国实行免税法，并且两国都对外承担税收饶让义务，Azémar 和 Delios（2007）就通过比较两国的对外直接投资数据，发现抵免法国家投资者在进行对外直接投资区位选择时会受到税收饶让的影响，但免税法国家投资者在进行对外直接投资区位选择时不会受到税收饶让的影响。[3]

第二，很多在消除国际双重征税中采用抵免法的国家都建立了迟延纳税制度，这对于设立外国子公司进行对外投资的跨国公司有着重大影响。Ault 和 Bradford（1990）指出，如果母国对纳税人来自全球的收入征税，这时外国分支机构就必须对其未分配利润履行母国纳税义务，但外国子公司可以通过利用母国迟延纳税规定实现就未分配利润的迟延纳税权利。[4] Leechor 和 Mintz（1991）的研究结论显示，鉴于许多国家有着可以境内外分支机构的盈亏互抵的规定，那么在对外投资的初期也就是最容易发生亏损的时间段，设立分支机构对外投资对跨国公司是最有利的，但当经营进入正轨、扭亏为盈的时候，跨国公司应将境外分支机构转变为外国子公

① Azémar, Desbordes and Mucchielli. Do Tax Sparing Agreements Contribute to the Attraction of FDI in Developing Countries［J］. International Tax Public Finance，2007（14）.

② P. Kaewsumrit. The Effect of Tax Sparing Credit on Foreign Direct Investment，Paper at 2004 Public Choice Society and Economic Science Association Sessions.

③ C. Azémar and A. Delios. The Tax Sparing Provision Influence：A Credit versus Exempt Investors Analysis，Discussion Paper 2007-31，Department of Economics，University of Glasgow.

④ Ault J. and D. Bradford. Taxing International Income：An Analysis of the U. S. System and Its Economic Premises，Taxation in the Global Economy，1990.

司，通过享受迟延纳税带来的好处实现利益最大化。① 与外国子公司相比，境外分支机构的税前扣除标准更为严格，Scholes 和 Wolfson（1992）的研究表明，这往往是出于防范转让定价避税的考虑。② 当然，迟延纳税规定也会带来一定弊端，Hines 和 Hubbard（1990）就从 1954 年只有 16% 的美国海外子公司向国内汇回利润的情况出发，得出美国跨国公司会利用迟延纳税规定来推迟纳税或逃避纳税义务的结论。③ 但是，Atshuler 等（1995）的研究成果显示，鉴于现实中母国会对海外汇回利润征税税率进行调整，若跨国公司预计母国将提高汇回利润的征税税率，为避免在未来利润汇回时被多征税，就会在近期更多地向国内分配利润，而不是通过保留利润来继续投资。④

第三，母国是否采用税收减免优惠也能对对外直接投资发挥刺激和鼓励作用。Jun（1994）的研究就揭示了对外直接投资受到母国的税收优惠的激励作用，但他也同时指出，由于母国一般不会在税收政策上优待向海外投资的国内企业，这就会引发以投资于国内代替投资于国外的"替代效应"，国内企业应在综合考虑母国和东道国的税收激励因素基础上，进行投资国内还是国外的决策选择。⑤

第四，一些研究综合考虑了母国税收制度与对外直接投资之间的关系，发现母国的税收激励与消除国际双重征税方法一起发挥着对对外直接投资的影响作用。由于美国在实行抵免法的同时允许境外子公司迟延纳税，Hines（1994）就在美国 1984 年数据基础上研究了税收激励与境外子公司向境内母公司汇回利润的关系，发现：在抵免法和迟延纳税制度下，

① Leechor C. and J. Mintz. Taxation of International Income by a Capital-Importing Country: The Perspectives of Thailand, Tax Policy in Developing Countries, The World Bank, 1991.

② Scholes M. and M. Wolfson. Taxes and Business Strategy: A Planning Approach Englewood Cliffs, NJ: Prentice Hall, 1992.

③ Hines J. and G. Hubbard. Coming Home to America: Dividend Repatriations by U. S. Multinationals, Taxation in a Global Economy, 1990.

④ Altshuler R., Newlon T. S. and Randolph W. C. Do Repatriation Taxes Matter? Evidence from the Tax Returns of U. S. Multinationals, 1995.

⑤ J. Jun. How Taxation Affects Foreign Direct Investment (Country-Specific Evidence), The World Bank, Policy Research Working Paper 1307, 1994.

境外子公司为将利润留在海外，会利用迟延纳税延期向母公司汇回利润，但东道国的税收政策也会影响到母子公司之间的利润分配，同时还发现税收优惠对美国公司在低税国的投资影响作用非常明显。① 此外，各国为吸引外来投资展开的税收竞争导致各国竞相降低税率。Wijeweera 等（2007）利用 1982—2000 年英、法、德、日等 9 个发达国家对美国的投资数据，通过比较母国采用的消除国际重复征税办法的差异和母国与东道国之间公司所得税税率的高低，得出如下结论：首先，母国较高的税率会刺激企业对外投资，但如果东道国的税率也较高，就不利于对外国投资；其次，东道国税率变化对免税法国家投资者的影响大于抵免法国家投资者；最后，除市场规模、劳动力成本、双边贸易、汇率等因素外，公司所得税税率也发挥了非常重要的影响力。

2.1.4 双边税收协定对对外直接投资的影响

有研究显示母国与东道国之间是否有双边税收协定的存在，对母国企业向东道国进行投资有着重要的影响。Ronald（2004）的研究通过在双重征税模型中融入税收协定因素，为从理论上分析税收协定影响企业对外直接投资提供了研究基础。其研究结果显示：由于现有税收协定中都采用抵免法或免税法来消除国际双重征税，税收协定的存在能够实现资本流动效率的提高，并发挥促进国际资本流动的作用；但国家间对税收协定的修订产生的调整因素，会对投资者的预期产生干扰，从而给外国资金流入带来冲击。此外，Ronald 的研究中还包括了对税收协定与外资流入的影响效果、税收协定如何影响发达国家与发展中国家的关系以及税收协定在多边框架下的运用等问题的考察。②

Egger 等（2009）在考虑存在双边税收协定的情况下，通过设计并计算出的有效税率（有效平均税率、有效边际税率），对双边税收协定、东道国税率、居住国税率以及投资形式所综合形成的有效税率与国际资本流

---

① J. Hines. Credit and Deferral as International Investment Incentives ［R］. NBER Working Paper 4191，1994.

② Ronald D. Tax Treaties and Foreign Direct Investment：Potential versus Performance，International Tax and Public Finance，2004.

动之间的关系展开研究，发现居住国的高税率将导致本国资本向外流动；而东道国税率越低，越会吸引更多的外国资本流入；即使存在着双边税收协定，东道国的高税率也会导致外国资本流入的减少。[①]

在 Joseph 等（2015）的研究中不仅按照融资模式的不同将美国的对外直接投资进行了区分，还根据税收协定具有的避免双重征税和避免双重不征税的双重特性，综合考虑了美国对外税收协定签订的时间、数量等因素，对税收协定与美国对外直接投资之间的关系进行考察。他们发现了以下三个方面的影响：第一，不管企业对外投资采用何种融资模式，总体上美国与东道国的新签署协定和已有税收协定会导致东道国对外国资本的吸引力下降，但东道国对外签署税收协定总数量越多，越会吸引更多的美国资本流向该国；第二，这个结论对于企业对外投资的融资模式是基于再投资收益和股权资本的情况，仍然成立；第三，如果是以债务融资来进行对外投资的，美国与东道国之间存在税收协定会让东道国对美国资本的吸引力上升，而新签署税收协定和东道国协定总数量还未显示出对美国资本的流动产生显著变化的吸引力。[②]

2.1.5 国外研究述评

从上述研究成果来看，尽管税务管理的研究与论述早已展开，但西方学者对税收与企业对外投资的研究是随着发达国家资本输出逐渐开始的。这些研究主要从东道国的税收因素角度来研究税收对企业对外投资的影响，对于母国税收因素对企业对外投资影响的研究相对较少，至于从税收竞争角度系统研究对外直接投资税务管理的著作更是寥寥无几。著名国际税收专家坦兹（Tanzi）曾说过，"专门研究税收管理方式的人非常少"，此外，加拿大税务专家理查德伯德也认为"税收管理的范围应该被置于税收改革的中心地位而非次要地位"。

同时，国外现有研究成果显示，母国实行不同的税收政策以及国家之

---

① P. Egger, S. Loretz, M. Pfaffermayr, H. Winner. Bilateral Effective Tax Rates and Foreign Direct Investment, International Tax and Public Finance, December 2009: 822-849.

② Joseph P. Daniels, Patrick O'Brien and Marc B. von der Ruhr. Bilateral Tax Treaties and US Foreign Direct Investment Financing Modes, Int Tax Public Finance, 2015.

间是否存在税收协定会直接影响到本国企业的对外直接投资决策。具体而言，母国采用不同的方法来消除国际双重征税、母国是否采用税收饶让政策让企业享受到东道国税收优惠带来的好处、对境外企业利润汇回的不同税务处理、是否采用差异性的税收优惠政策来区别对待投资于国内还是国外、国家之间是否签订税收协定以及协定的数量、新旧等因素，都会直接影响到企业对外投资的积极性和对投资产业、投资区位、融资形式的选择。但由于现有对外投资大国基本都是发达国家，著名跨国公司也主要来自发达国家，因此现有的相关研究大多站在发达国家立场，利用来自发达国家的数据资料，对发展中国家的资本输出情况和税收关系的研究还显得很不够。目前我国企业"走出去"发展战略已成为普遍现象，"一带一路"建设走向深入将为企业走向海外提供更多的机遇，我们应统筹兼顾"引进来"的税收政策与"走出去"的税收政策。为此，应加强对我国企业"走出去"税务管理的理论与实证研究，既提高企业对外投资资本配置的效率，又改善国家福利水平。

2.2　国内相关文献综述

2.2.1　中国企业"走出去"

对我国企业"走出去"的研究是随着我国企业走向海外的规模不断扩大而逐渐展开的，我国学者论述了企业"走出去"对我国经济、社会发展的巨大意义，对中国企业走向海外，充分利用国外资源和市场做了大量的研究，揭示了对外投资对提高国民收入、促进产业升级换代、增强综合国力、扩大国际影响力等的重要性。

李钢（2000）较早地开展了对我国企业"走出去"全面、系统的研究。他回顾与总结了我国对外投资的历史和现状问题，分析了"走出去"的内涵，介绍了我国实施"走出去"战略的必要性和紧迫性，着重就我国"走出去"的重点行业和部分企业的案例展开调查分析，并相应提出"走出去"战略的指导原则、战略规划及配套的政策体系建设。[1]

成思危（2001）立足于我国对外投资的现状，从战略和管理两个角度剖析了我国对外投资中蕴含的问题。其研究以经济全球化与世界跨国公司的发展情况为背景，对各主要对外投资国家如何设计与调整各自的对外投资政策进行介绍，不仅对中国企业境外投资的战略选择进行探讨，还深入分析和考察中国企业投资于境外的环境和实力状况，从而就中国企业境外投资的战略目标发表看法，并对应采取的主要措施提出建议。[2]

李海舰（2002）研究提出，可分别从"引进来"和"走出去"两个层面来认识我国企业的国际化战略，"走出去"企业国际化战略包括对外投资型战略和生产能力转移型战略。他就如何提高企业国际化经营水平提出如下建议：①应正确处理"引进来"和"走出去"的关系；②需要从国家发展的战略高度来认识"走出去"企业建设；③企业国际化战略的重点是无形资产；④持续提升我国企业国际化经营层次；⑤应采取"通过与国外跨国公司捆绑在一起，实现企业国际化发展"的国际化经营战略及其具体对策。[3]

江小涓（2008）回顾了我国改革开放 30 年的历史，对外开放是我国的基本国策，使我国能够通过对国内外两种资源、两个市场的利用，实现资源配置效率的提高，从而推动经济、社会发展和扩大就业。通过 30 年来的对外开放，我国的改革取得了举世瞩目的成就，我国经济总量和人均收入得以大幅提高，在国际分工方面的比较优势和外部环境有了巨大改善。作者认为我国正在进入一个崭新的发展阶段，既需要对自身情况变化有充分的认识，也要把握全球化的最新动向，积极参与全球经济事务，通过"走出去"实现资源全球配置，不断提高全要素生产率；并且推动国际沟通合作的持续扩大，实现国际社会的利益融合，从而共同应对世界性的经济社会难题，营造符合我国根本和长远利益的外部环境。[4]

① 李钢. 21 世纪"走出去"战略丛书 [M]. 北京：中国对外经济贸易出版社，2000.
② 成思危. 中国境外投资的战略与管理 [M]. 北京：民主与建设出版社，2001.
③ 李海舰. 中国的企业国际化战略 [J]. 新视野，2002（2）.
④ 江小涓. 中国开放三十年的回顾与展望 [J]. 中国社会科学，2008（6）.

2.2.2 中国企业"走出去"的影响因素

李卓等（2006）在建立了发展中国家跨国公司实施国际化战略的内生性模型基础上，对影响企业国际化战略选择的贸易成本、要素禀赋优势、市场容量等因素进行了考量，研究发现，发展中国家跨国公司在通过"走出去"实现国际化战略时不能完全照搬发达国家经验，只是应当大体遵循发达国家跨国公司国际化的一般原则。[①]

林治洪等（2012）通过实证分析中国 2003—2009 年省级 FDI 数据，发现宏观调控力度和政府参与企业程度会对 FDI 产生直接影响，并且政府资源配置能力会对 FDI 产生间接影响。[②] 这一结论有助于解释中国企业在缺乏所有权优势的情况下，仍然能够参与对外直接投资的现象。

戴翔（2013）对 2004—2010 年我国行业面板数据应用计量方法分析了生产率与我国企业"走出去"之间的关系，发现存在着中国企业"走出去"的生产率悖论，但行业外向型发展程度、行业规模优势、政府参与及政策支持对"走出去"具有显著的正面影响，从而得出在目前阶段，应充分发挥我国具有的出口优势和出口行业的规模优势，以及政府扶持优势来促进企业"走出去"。[③]

王永钦等（2014）以中国"走出去"企业 2002—2011 年 842 笔对外直接投资为研究样本，分析了不同制度因素给企业"走出去"带来的影响。研究发现，中国企业在向海外投资时受东道国的政治制度和政治稳定度影响不大，而更加注重政府效率、监管质量和控制与打击腐败等因素，此外，是否能够避税和是否能够获取资源也是企业对外投资决策追求的重要目标，但东道国的制度能给企业带来的好处与避税收益之间存在着替代

① 李卓，刘杨，陈永清. 发展中国家跨国公司的国际化战略选择：针对中国企业实施"走出去"战略的模型分析 [J]. 世界经济，2006（11）.

② 林治洪，陈岩，秦学志. 中国对外投资决定因素——基于整合资源观与制度视角的实证分析 [J]. 管理世界，2012（8）.

③ 戴翔. 中国企业"走出去"的生产率悖论及其解释——基于行业面板数据的实证分析 [J]. 南开经济研究，2013（2）.

关系。①

杨宏恩、孟庆强等（2016）构建了中国双边投资协定指数，使用2003—2013 年我国对 109 个国家的投资数据，分析了双边投资协定和我国对外直接投资的关系，发现双边投资协定对我国 OFDI 影响明显但存在一定的异质性，即双边投资协定可对投资目的国的制度环境产生替代性，从而使得我国与发达国家签署的双边投资协定对我国向发达国家的 OFDI 影响不显著，但对发展中国家的 OFDI 有着显著影响。②

2.2.3　税收对中国企业"走出去"的影响

尹音频（2009）认为税收激励政策能给企业带来降低相对成本、提高盈利潜能、降低投资风险等好处。在此基础上，提出进一步优化我国对外直接投资税制的路径，其基本思路如下：一是要总体规划我国的对外直接投资未来发展，通过立法确立税收激励政策的地位；二是要强化包括双边税收政策和国内税收政策的税收激励与规范作用。同时，作者还提出了化解对外投资负面影响的对策，包括防止激励性税收政策被滥用、预防产业空心化等。③

在我国企业"走出去"的过程中，由于面对陌生的投资环境，税务风险和税收问题完全不同于国内。深圳"走出去"企业税收服务研究课题组（2010）对深圳"走出去"企业税收问题和服务需求进行了调研，发现"走出去"企业面临的主要税收问题如下：一是海外税收环境信息非常重要，但企业往往难以及时、全面、准确地掌握；二是部分东道国税务管理不规范、不透明；三是部分东道国税收检查和反避税调查中不合理、不合法的情况较为突出；四是企业还没有充分享受税收协定规定的各项权益。作为我国"走出去"企业对外投资的重要平台，我国内地税务机关与我国香港地区的税收合作内容较为单一，企业难以通过香港税务部门便利地了

---

①　王永钦，杜巨澜，王凯.中国对外直接投资区位选择的决定因素：制度、税负和资源禀赋［J］.经济研究，2014（12）.

②　杨宏恩，孟庆强，王晶，李浩.双边投资协定对中国对外直接投资的影响：基于投资协定异质性的视角［J］.管理世界，2016（4）.

③　尹音频."走出去"，税收激励与制度优化［J］.涉外税务，2009（3）.

解世界各国税制情况及税收环境；双方部门间避免双重征税的信息交换渠道不够畅通，税收情报交换机制还不够有效。①

朱青（2012）在分析了中国企业"走出去"的几大动因基础上，对中国企业"走出去"所面临的税收问题进行了详细说明。② 他认为，中国企业"走出去"主要是为获得更大利润向产业链的上下游扩张、用投资带动商品出口、弥补国内自然资源缺口、维持产品低成本优势和建立在明显比较优势上向国外发展等。由于企业"走出去"会涉及多个国家的税收制度和法律，使得这些企业面临的税收问题比单纯在国内经营要更加复杂，主要体现在以下方面：一是"走出去"企业能否享受到税收饶让待遇；二是能否享受我国对外签订的税收协定中提供的股息预提所得税优惠；三是能否进行外国税收抵免。

陈文裕（2016）通过对主要是民营企业的漳州市 15 家"走出去"企业进行调查研究，发现存在企业"走出去"战略不清、涉税风险控制能力不足、国际税收协定执行缺位、企业"走出去"投资准备不足、境外涉税环境不容乐观、征纳互动力度有待加大等问题，并通过与北京、广东、福建、浙江、江苏等省市的"走出去"企业调查结果进行横向比较，对"走出去"企业的涉税风险提出了四点启示：一是"走出去"企业存在风险，这是共性问题；二是企业"走出去"利大于弊，需要引起重视；三是"走出去"企业风险控制，决定发展前景；四是"走出去"企业税收服务，重在沟通互动。③

何倩（2007）认为我国已初步建立包含境外所得税收抵免政策、全球税收协定网络、出口退税政策的企业对外投资税收框架，但在鼓励和规范我国企业对外投资方面仍存在一些税收问题：一是税收政策不完善、操作不规范、企业难以适从，例如，国内、国外税法不衔接；缺少间接抵免和分国不分项的直接抵免，计算复杂导致抵免制度不完善；对境外所得判定

---

① 深圳"走出去"企业税收服务研究课题组. 对"走出去"企业税收服务现状及需求的调查与思考［J］. 涉外税务，2010（4）.

② 朱青. 中国企业"走出去"面临的税收问题［J］. 涉外税务，2012（2）.

③ 陈文裕. "走出去"企业涉税风险的现状与应对［J］. 税收经济研究，2016（3）.

和费用扣除存在境内外会计差异等。二是税收管理乏力，税务机关对企业跨国经营监控不到位，致使企业境外所得存在少申报甚至不申报现象。三是纳税服务不够规范，企业缺乏主动寻求税务救济的意愿，利用税收协定维护企业利益的观念淡薄。[①]

崔志坤、孟莹莹（2009）认为长期以来，我国税收制度激励的重点着眼于吸引外国投资，在支持企业"走出去"方面存在很多缺陷，主要表现在以下方面：相关税收法律体系不健全；税收优惠政策导向不明，形式单一；税收抵免规定不合理；税收服务跟不上企业"走出去"的步伐等。[②]

廖体忠、冯立增（2010）从税收管理当局的角度为"走出去"企业提出了应关注相关国际税收问题的建议。[③] 他们建议：一是了解投资目的地国家的税收制度。二是掌握我国促进企业对外投资的税收制度，其中包括货物和劳务税的出口退税、营业税的纳税地规定等；所得税为消除国际重复征税而实行的抵免方法；关税的出口免征等相关税收优惠政策。

魏志梅、刘建（2011）提出，企业所得税境外抵免制度是鼓励企业参与国际经济合作与竞争、消除和减轻国际重复征税、实现跨国经营税负公平、协调国际税收权益分配的重要手段。其研究在回顾和总结中国境外所得税制形成与发展历程基础上，揭示了中国现行境外所得税制度存在的如抵免政策需进一步细化、抵免政策和征管措施需更加完善等问题，在借鉴发达国家境外所得税制理论与实践基础上，根据有利于提高资源配置效率、有利于提高我国企业竞争力、有利于我国简化税制降低税收成本、有利于维护国家税收权益的原则提出相应的改革建议。[④]

2.2.4 税收对"一带一路"投资的影响

继 2013 年秋天习近平总书记首次发出"一带一路"倡议后，中国政府于 2015 年 3 月制定并发布《推动共建丝绸之路经济带和 21 世纪海上丝绸之路的愿景与行动》，标志着我国第三次对外开放进入实质性实施阶段，

① 何倩. 关于鼓励和规范我国企业对外投资税收问题的思考 [J]. 税务研究，2007（10）.
② 崔志坤，孟莹莹. 激励企业"走出去"，税收制度有所作为 [J]. 地方财政研究，2009（3）.
③ 廖体忠，冯立增. "走出去"企业需关注哪些税收问题？[J]. 中国税务，2010（6）.
④ 魏志梅，刘建. 中国境外所得税制的回顾、借鉴与展望 [J]. 税收研究，2011（7）.

同时也对我国加强"走出去"企业税务管理和服务提出了更高的要求。

由于"一带一路"倡议涉及亚非欧相关区域 60 多个国家，这些国家中既有发达国家，又包括众多发展中国家和转型国家，各国国情迥异、税制设计大不相同。刘鹏（2016）深入研究了"一带一路"沿线国家的公司税收制度，从纳税标准、应税所得、扣除规定、税率设计、税收减免优惠、征收管理六个方面详细比较了"一带一路"沿线国家公司税制的税收要素。①

王文静（2016）对"一带一路"沿线国家公司所得税法和国际税收协定相关法律规定进行了对比分析，发现沿线国家公司所得税名义税率普遍低于我国，"一带"与"一路"沿线国家的税收法律体系存在显著差异，我国"一带一路"税收协定网络具有国别差异化等特征。提出应逐步确立"一带一路"辐射区域内的多边跨境税法协调原则；针对"一带""一路"区域各自的税法特征，应用不同的跨境协调思路；就税收征管问题积极推动与沿线国家的双多边合作关系。

倪红日（2015）指出，"一带一路"倡议的实施标志着我国由引入外资的国家向对外投资大国转变，这对我国税收工作提出了五大挑战：一是人才挑战，中层和基层税务机关及企业界缺乏通晓国际税收人才，需尽快培养一批税收征管人才和"走出去"企业税收筹划人才；二是税收制度挑战，包含国际税收规则特点的转变、各国税收制度出现一定程度的趋同化倾向、既要适应国际趋势又要兼顾本国国情等对我国税制提出的挑战；三是在从引进外资到对外投资转变的大环境下，对税收政策的提出选择与调整的要求，既不能袖手旁观，又不宜过度运用税收优惠政策进行特殊支持；四是纳税服务挑战，对外投资规模的扩大要求我国纳税服务向国际水准看齐；五是税收征管挑战，经济全球化深入要求我国更加对外开放，这就要求税收征管的技术性和信息化达到更高标准。

中国国际税收研究会课题组（2015）认为我国现行税制在采取了如关税减让、谈签税收协定、加强税收征管合作、优化纳税服务等一系列开放

---

① 刘鹏. "一带一路"沿线国家的公司税制比较［J］. 上海经济研究，2016（1）.

型税收措施的情况下，已基本适应开放型经济发展的要求，但又同时认为不同税种在鼓励企业"走出去"方面，还存在不少问题。其中国内税制方面有：企业所得税的境外所得抵免不彻底、企业境外投资成本费用调整工作量大、缺失海外投资风险准备金、境外亏损弥补限制过严，增值税的出口退税不彻底、政策变动频繁等问题。税收协定问题主要表现在：税收协定网络不全面、税收协定内容不完善、税收协定利用不理想等。税收征管和服务问题主要有：基本征管制度尚不健全、征管基础工作比较薄弱、征管基层建设有待加强、涉外纳税服务内容薄弱等。课题组提出如下建议：一是完善国内税制，适应外向型经济发展要求；二是强化税收协定的作用，提升国际税收话语权；三是加强涉外税收征管，优化涉外纳税服务；四是因地制宜地加强税收协调。

漆彤（2015）提出，以海外基础设施建设为主的"一带一路"倡议正在为我国对外投资开辟一个崭新的时代，贯彻实施"一带一路"倡议，解决好国际税收问题是其中重要环节。在推进"一带一路"倡议的实施过程中，我国应当把握历史机遇，就区域税收法治环境的建立与完善，推动沿线国家加强国际税收合作；既要做好税收优惠政策清理工作，又必须审慎出台税收支持政策；进一步优化税收抵免程序和纳税申报制度，完善税收管理和服务安排，使之能更好地服务于"一带一路"倡议。

赵书博、胡江云（2015）通过对我国"一带一路"现行相关税收政策的评估，认为在税收协定、关税协调、征管合作等方面已采取一系列促进政策，但仍存在着尚需加强税收协定的谈签和宣传、自贸区的税收协调尚不深入、尚未出台国际征管协作的操作指引等不足，最后从加强税收协定的谈签、深化与自贸区成员国的税收合作与协调、出台与其他国家进行税收征管协作的操作指引三方面提出了政策建议。

杨志勇（2015）从我国已进入资本输出时代的背景出发，认为"一带一路"倡议的实施需要有对应的税收制度和政策，提出在借鉴发达国家经验和世界新秩序的约束下，在短期内应注重从提供"走出去"目的地税务信息、加强税收协定宣传与优化、发挥市场中介机构力量等方面加强纳税服务，通过完善国际税收情报交换和企业与居民的纳税申报来加强跨境税源管理，优化完善税收抵免制度，在国际税收管理政策上采取更加灵活的策略；从长期制度建设上，则需要加强税收立法，加强企业、行业、税收等多系列数据库建设，探索国际税收经济分析新方法，促进包括国地税业务全面融合和税务部门内设机构优化的税务组织的现代化。

2.2.5 完善"走出去"税务管理

李彩娥等（2011）通过分析当前我国"走出去"企业税收征管存在着税收服务落后于企业"走出去"步伐、管理机构不够清晰、税收征管制度不完善、企业境外投资信息难掌握、税收协定落实不到位等问题，在借鉴国际经验的基础上，建议设立专门机构、分清职责；建立第三方信息共享制度，多渠道获取企业境外投资信息；以税务登记制度和纳税申报制度为突破口来构建规范的"走出去"企业税收征管制度；通过国际合作，实现对境外投资的有效监管，防范避税；通过提高管理水平和服务水平加强"走出去"企业税收服务工作，提高纳税遵从度；完善包括税收抵免制度、营业税制度、境外投资风险准备金制度在内的税收政策体系。[①]

霍军（2013）认为从国际税收管理的视角，税收服务和税收执法两大要素构成了"走出去"企业税收管理。通过总结"走出去"企业税收管理的国际启示，分析中国"走出去"企业税收管理的实践，提出从战略高度把握企业"走出去"的相关税收服务与执法、为"走出去"企业提供优良的税收服务、强化"走出去"企业的税收执法管理、加强跨境税源的国际税收管理合作与协作等改进"走出去"企业税收管理的设想。[②]

宋康乐（2013）对近年来"走出去"战略的财税支持政策进行了分析和评价，认为我国已初步形成了具有中国特色的企业境外投资税收管理制度和相互协商秩序，并对进一步完善"走出去"战略的财税支持政策提出了建议与展望。他提出除进一步加大重点领域重大项目的财政支持力度、进一步完善专项基金支持企业"走出去"的方式等建议外，税收政策上应尽快制定包含对外直接投资税收条款的海外投资基本法，从产业和区域两

---

① 李彩娥，王献军．加强我国"走出去"企业税收征管的思考［J］．山西财税，2011（4）．
② 霍军．"走出去"企业税收管理：税收服务与税收执法［J］．涉外税务，2013（5）．

个角度制定导向明确的对外直接投资税收激励政策，进一步完善税收抵免制度，规范和加强对外投资税收征管与纳税服务等。①

2.2.6 国内研究评述

国内现有研究成果对我国企业"走出去"开展了大量研究，充分论述了企业"走出去"对国家发展的战略意义，并相应提出促进更多企业走向海外的发展目标。同时，在探寻对"走出去"的影响因素上，研究大多集中在制度因素、东道国自然资源禀赋等方面，税收因素作为制度因素的其中之一，或者说是政府扶持手段选项之一也受到了一定的重视，但基于东道国的税收因素的研究相对较多。国内现有研究主要是在国家提出"走出去"发展战略后开始的，随着"一带一路"倡议设想的提出和推进，"走出去"成为我国企业的普遍选择，相关理论研究也开始逐渐得到重视，研究成果逐渐增多，并提出了较为系统地促进企业"走出去"的税收制度和政策、加强对"走出去"企业税收征管等方面的改进建议。

但较为遗憾的是，虽然现有研究中提出了促进企业"走出去"的税收政策改革建议，但还没有上升到国际税收竞争的理论高度，对通过税收制度和税收政策来保持我国"走出去"企业的国际竞争力还研究不够；此外，国内研究中还没有注意到国际税收规则的变革能够给"走出去"企业和国家同时带来好处，增强我国对国际税收规则的话语权和影响力，推动国际税收规则的相对统一和协调，从而既减少各国税收制度差异给"走出去"企业带来的困扰，又有利于维护国家税收权益。

---

① 宋康乐."走出去"战略的财税支持政策体系研究 [J]. 财政研究，2013（2）.

第3章 税收与企业"走出去"相关性理论分析

3.1 税收影响着企业"走出去"

3.1.1 税收影响企业"走出去"的作用机理

税务管理尤其是税收制度中的公司所得税在企业"走出去"过程中发挥了重要的影响作用，主要是以资本边际回报率和资本成本为中介产生影响的。

（1）公司所得税对资本边际回报率的影响

当政府没有对企业征收所得税时，企业对外投资的边际回报率为：

$$b = r_1 \tag{3-1}$$

当政府对企业征收所得税时，企业对外投资的边际回报率为：

$$b = r_2 = r_1 (1-t) \tag{3-2}$$

其中，r_1 是企业的税前投资回报率，r_2 是企业的税后投资回报率，t（$0 \leqslant t \leqslant 1$）是公司所得税税率。

比较式（3-1）和式（3-2）可知，因为 $0 \leqslant t \leqslant 1$，所以 $r_1 \geqslant r_2$，即企业的税前投资回报率大于其税后投资回报率，很明显，政府对企业征收所得税造成企业的对外投资回报率下降，从而抑制了企业的对外投资行为。

（2）企业所得税对资本成本的影响

Jorgenson（1963）、Hall 和 Jorgenson（1967）等构建的新古典投资模型告诉我们，企业通过一定条件下的最优资本积累，可以实现其资本净值的最大化；[1] 预期投资回报率、价格和税收可以影响企业的对外投资决策。也就是说，企业在某一特定的时期内，在资本的边际回报（最后一单位投资的回报）等于资本的使用成本（资本的全部经济成本）之前，将持续积累资本并进行投资。这时，融资成本、折旧成本等成本共同构成资本的使用成本。

首先，当政府没有对企业征收所得税时，资本使用成本可表述为：

$$c=q(r+\delta) \tag{3-3}$$

其中，c 是资本的使用成本，q 是资本商品的价格，r 是市场利率，δ 是折旧率。

其次，当政府对企业征收所得税时，资本使用成本可表述为：

$$c=\frac{q(r+\delta)(1-tz-ty)}{(1-t)}=q(r+\delta)\frac{1-t(z+y)}{(1-t)} \tag{3-4}$$

其中，t 是公司所得税税率，y 是一个单位资本的利息扣除现值，z 是一个单位资本的将来折旧扣除现值。

比较式（3-3）和式（3-4）可知，当 $1-tz-ty>1-t$ 时，或 $z+y<1$ 时，政府征收公司所得税使得企业的资本使用成本大于政府不征收公司所得税时的企业资本使用成本，这时公司所得税的征收抑制了企业的对外投资；相反地，当 $1-tz-ty<1-t$ 时，或 $z+y>1$ 时，政府征收公司所得税使得企业的资本使用成本小于政府不征收公司所得税时企业的资本使用成本，此时公司所得税的征收鼓励了企业的对外投资。此外，无论 $z+y<1$ 还是 $z+y>1$，公司所得税的征收抑制或鼓励企业的对外投资决策，因此都不是中性的；但当 $z+y=1$ 时，公司所得税的存在对于企业资本的使用成本没有影响，从而对企业的对外投资决策是中性的。当然，如果①直接注销（Immediate Write-off），即在投资刚一发生时就将其扣除，使得不会有利息产生；和②实际折旧（True Depreciation）以及利息完全扣除（Full Interest Deductibility），即准许企业将其资本存量按照实际进行折旧并扣除相应的利息，这两种税收上的特殊措施被采纳，也将使得 $z+y=1$，这时公司所得税对投

---

① 郭庆旺，苑新丽，夏文丽. 当代西方税收学［M］. 大连：东北财经大学出版社，1994.

资决策的影响仍然是中性的。

（3）税收影响企业"走出去"

综上所述，我们可以看到政府征收公司所得税分别从资本的边际投资回报率和资本成本两方面对企业的对外投资决策产生影响，即征税使得投资回报率下降进而抑制企业的投资意愿和征税使得资本成本发生变动影响企业投资决策。所以，当其他条件没有变化时，如果税收（有可能是政府的税收政策，也有可能是对外投资中遇到的税收问题和税收风险）使得投资回报率下降或资本使用成本上升，将对企业的对外投资产生抑制作用；而若政府实行一定的税收激励措施或税收优惠政策使得企业的资本使用成本下降，则将会对企业的对外投资产生激励和刺激作用。

3.1.2 母国税务管理影响企业"走出去"决策的基本问题

虽然企业"走出去"的形式多种多样，但都涉及两个或两个国家之间的跨境征税行为和税收利益分配，由此形成了企业对外投资带来的国际税收关系。"走出去"企业不仅需要接受东道国的来源地税收管辖权，还要接受母国的居民管辖权。因此，东道国和母国之间的税收协调对企业的投资回报率和资本成本有着重要的影响。

在图 3-1 中，母国 A 企业通过投资在东道国设立了 B 企业，这时 A 企业对母国需要履行无限纳税责任，既要就 A 企业在母国的所得纳税，还要就 B 企业的投资汇回利润缴纳所得税；B 企业在向东道国纳税后，其向 A 企业的汇回利润还需向东道国缴纳预提所得税或利润汇回税。因此，如果不考虑 A 企业"走出去"发生的融资成本，其为在东道国设立 B 企业而付出的投资金额就构成了 A 企业的投资成本，B 企业向其汇回的利润就形成了 A 企业的投资回报。我们就分析母国 A 企业向东道国 B 企业的投资税收关系，总结出母国税务管理影响投资的回报率和资本成本的基本问题：

第一，母国和东道国都对 B 企业汇回的投资回报征税就导致了国际双重征税问题，国际双重征税若不能消除会直接降低 A 企业的投资回报率。

第二，母国税务部门提供完善的纳税服务可有效降低 A 企业的投资成

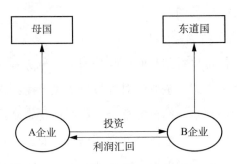

图 3-1　"走出去"企业国际税收关系

本。这些纳税服务可包括投资之前的东道国税制和征管信息的提供、投资中东道国纳税义务争议的及时解决等，此外，母国对企业"走出去"实行的税收激励措施可起到既降低投资成本（例如风险准备金的计提、递延纳税等）又增加投资回报率（例如税收减免优惠、税收饶让等）的作用；当然，东道国为吸引外来投资设立的税收优惠政策也有助于提升对外投资的回报率，但这与母国采用的消除国际双重征税方法有关，如果母国实行抵免法，则需要在投资回报汇回纳税时得到母国税务部门的认可（税收饶让）。总之，这其中包含了提高纳税服务水平和实施税收激励两类基本问题。

第三，由于 A、B 企业在母国和东道国之间的税收负担和纳税标准不同，A、B 企业之间可能通过内部化交易将利润转移到较低税负的国家，达到少交税甚至不交税的目的，进而实现企业利润最大化，由此形成了税务管理中的国际反避税问题。

第四，总结以上三类问题，都是由于国家间税制不统一、税收征管水平存在高低不同形成的。国际税收问题的解决往往依赖于国家间的谈判，由于国际税收领域不存在一套统一且具有强制力的税收规则，如果一国利用自身实力（包括经济实力和国际影响力），使一定的税收规则能够被国际社会广泛认可、普遍接受，就可营造出本国企业"走出去"的良好国际税收环境，减少上述三类问题对企业投资回报和资本成本的负面影响，因此，提升本国经济实力，扩大本国国际税收话语权和影响力，推动更大范围的国际税收合作与协调，既有助于减小反避税工作压力，也是关系到企业对外投资的根本性问题，虽然各国税收主权的权威性导致世界税制的统一短时间内还难以做到，但毕竟是我们努力的方向。

由此，我们初步总结出母国税务管理对企业"走出去"的四类五种基本问题，其中国际双重征税的消除和税收激励政策的实行是税收制度的设计与安排中的事项，而反避税管理和纳税服务则涉及税收征管制度的构建；另外，由于国际税收的竞争态势，推动国际税收规则变革、实现规则的统一与协调是加强"走出去"税务管理的根本性问题，由此我们将"走出去"企业税务管理的问题分为三个具体方面，即税收制度、税收征管和国际税收规则的变革。

3.2 税收与企业"走出去"——国际税收竞争视角

3.2.1 对国际税收竞争的再认识

3.2.1.1 国际税收竞争的由来

（1）竞争的概念及其理论发展

所谓竞争，是指包括个人、集团和国家等各行为主体之间的角逐。[①]竞争在我们的世界广泛存在，无论是自然界还是人类社会，竞争都是推动竞争主体得以不断进步的原始动力，这点早为我们人类思想发展的先哲所认识和验证。例如，英国博物学家达尔文提出的物竞天择理论，就充分论证了人类的起源正是依赖于人类祖先和其他物种之间的竞争，通过竞争战胜其他物种实现自身的发展和进步，最终成为"万物之灵"并占据对地球乃至其他星球资源的支配地位。

竞争既然无处不在、无时不有，在经济领域也必然存在。资源总是有限的，而人类的欲望或者说需求没有止境或难以看到边界，这就导致竞争的出现并将长期持续，各个利益主体为实现各自利益诉求必然对能够改善自身福利情况、提高自身心理或生理满足水平的各种资源展开竞争。从经

---

① 伊特韦尔，等. 新帕尔格雷夫经济学大辞典［M］. 北京：经济科学出版社，1996.

济学科的历史发展进程来看，我们一般认为经济学是一门研究资源配置的科学，通过提高资源配置水平来实现资源配置效率的提升，但各种资源配置的改变必然导致各个经济主体福利水平的变化，正是各个经济主体为改善自身福利水平展开竞争来有效配置资源，因此，经济学科的研究离不开对竞争的分析。

根据供给和需求各自参与者数量的多寡，经济学科研究者通常将竞争分为完全竞争、垄断竞争、寡头竞争和完全垄断竞争等不同竞争形态，虽然不同竞争形态下各经济主体采用的策略和方法不同，但最终目的都是通过付出最小的成本实现自身利益的最大化，并尽量获得更有利的竞争地位。进而，根据竞争参与者的能力高低或实力不同，人们也将竞争区分为对称竞争与不对称竞争、均衡竞争与非均衡竞争等基本形式。通过对这些竞争基本形式的划分，经济研究者就可以对不同条件下竞争与博弈的各种表现形式和特征进行研究和考察，进而归纳总结竞争和博弈的后果及其对资源配置的影响。然后，人类社会不断发展的竞争理论反映了人们对竞争行为理解和认识的持续进步，从最初的自由竞争理论发展到均衡竞争理论，再到博弈竞争理论以及创新竞争理论，这些理论体系的发展进步有助于我们对特定竞争行为开展研究。

（2）国家具有相互竞争的天性

国家是由人组成的，和人具有趋利避害的本性一样。国家由于代表着各种利益，是各种利益群体的组合体，当然也会具有维护自身权益、保护本国利益不受损害的天性。在经济往来中，通常经济学把作为研究对象的人认为是理性的；同样，在国际事务交往中，国家会从自身功利角度出发，尽量付出最小成本以争取最大利益，获得最多收益，因此可以认为国家与"理性人"类似，同样具有理性。

既然我们可以认为：国家是具有"理性"的，这种理性驱使国家在国际交往事务中趋利避害，尽可能实现成本最小化和收益最大化的目标。由于不存在超越国家之上的超级政治力量，理性国家之间为争夺有限的发展资源必然展开竞争，只要国家这种形态存在一天，国与国之间的竞争就一天都不会停止。面对有限的发展资源，各国为实现各自的发展目标会展开全方位的激烈竞争，这些竞争与较量在经济领域表现得最为常见，并且各国企业之间的竞争常常奠定了国家间竞争优势高下的基础。也可以说，国家之间的竞争一直存在，正是竞争形成了国家的优胜劣汰，推动整个人类社会不断向前发展。

（3）国际税收竞争是国家竞争在税收领域的延伸

国家间的竞争是全方位的竞争，国际税收作为国际交往、国际经贸往来的一个分支，其间自然会充斥着国家间的相互竞争。首先，一国政府为了获得竞争优势会利用税收工具进行竞争，税收对资本运作与企业盈利具有显著影响，企业与资本也对税负的变化高度敏感，特别是那些在国际范围内进行投资与经营活动的企业更是极为重视由税收所导致的成本变动，最近发生在我国的"曹德旺事件"就是很好的证明，政府为吸引外来资本流入或促进对外投资都通过税收工具展开竞争；其次，国际税收竞争会使得一国税制变得复杂、引发对税收公平的担忧，也可能减少财政收入、降低公共产品供给，还存在由于对资本减税而对劳动力过度征税致使就业减少等问题。

从生产要素跨国流动并产生跨国所得开始，无论是投资目的国还是投资人居住国都认为本国有权对这些所得征税，从而在其国内税法中规定相应的征税条款。综观当今世界，几乎所有国家都同时行使来源地管辖权和居民管辖权（个别国家还行使公民管辖权），以保护自己的税收权益、防止税收流失；同时，各国为扩大其国内税源、提高财政收入、促进国内经济发展竞相采取减税等税收优惠吸引流动性跨境税源；不仅如此，当今各国越来越认识到对外直接投资在经济发展中的重要作用，不约而同地采取各种扶持国内企业"走出去"的优惠政策，通过企业实现世界范围内的大发展进而带动国家在竞争中占据有利地位。

3.2.1.2　国际税收竞争的研究综述

西方理论界和我国学者对国际税收竞争已经进行了大量的论述，一般认为，Diamond 和 Mirrlees（1971）的"最优税制理论"奠定了对国际税收竞争的研究基础。虽然该理论没有直接针对国际税收竞争问题展开讨论，但其关于税制对经济行为主体决策的作用机制的论述奠定了国际税收竞争的理论基石。[1] 在此基础上，产生了三个方向的研究成果：第一，在所得税协调原则方面，学者们试图比较两种所得基本课税原则和相应的所得税国际协调具体税制的优劣：Gordon（1992）认为根据世界资本市场的主导者在国际资本流动中地位的不同，会导致不同的均衡结果，但由于现在没有哪个国家能在国际资本市场中占据主导地位，资本所得课税的未来发展无法判断；[2] Bond 和 Samuelson（1999）的研究假设资本只在两个国家之间流动，通过两国之间在采取不同消除重复征税方法时形成的博弈结果比较，发现扣除法比抵免法更能促进国际资本流动。[3] 第二，在税负分布影响生产要素流动方面，研究了国际税收竞争影响不同流动程度的生产要素的作用机制及其产生的效应，发现国际税收竞争会对不同国家公共物品的供给产生影响。Willson（1986）认为在缺乏国际税收交流和协调的情况下，母国由于对国外税源的征税过高而难以对其实施监控，税收竞争会导致公共物品供给不足；[4] Rasin 和 Sadka（1991）认为政府的最优选择应是放弃对流动资本征税而对土地和劳动等流动性较小要素进行课税。[5] 第三，对国际税收合作的研究，Rasmussen（1999）认为，国际税收合作的可能性是建立在由国际税收竞争导致的产出无效率或低效率基础上，但国际税收合作是基于参与合作国家的均衡产出高于非合作状态下的均衡产出的前提，合作也包括税收情报交换、税收管辖权和税率协调等内容在内的全方位的合作。[6] 此外，Janeba（1998）的不完全竞争市场中的税收竞争模型

---

[1] Diamond P. and J. Mirrlees. Optimal Taxation and Public Production, I: Production Efficiency [J]. American Economic Review, 1971 (61).

[2] Gordon H. Can Capital Income Taxes Survive in Open Economics? [J]. Journal of Finance, 1992, 47 (3).

[3] Bond E. W. and L. Samuelson. Strategic Behaviour and the Rules for International Taxation of Capital [J]. The Economic of Journal, 1999 (99).

[4] Willson J. D. A Theory of Interregional Tax Competition [J]. Journal of Urban Economics, 1986 (19).

[5] Rasin A. and E. Sadak. Efficiency Investment Incentives in the Presence of Capital Flight [J]. Journal of International Economics, 1991 (31).

[6] Rasmussen B. S. On the Scope of International Tax Cooperation: The Role of Capital Controls [J]. Open Economics Review, 1999 (10).

开创性地将国际经济学和国际税收学的研究方法予以交叉运用，得出国家间为吸引外来资源达成多阶段博弈均衡的税收竞争结论，具有相当的理论意义。[①]

如何从概念上来定义国际税收竞争？有人认为，国际税收竞争是各国为吸引国际间流动资本而纷纷针对这类资本采取减税措施，进而在国际间引发的减税竞争；[②] 也有人认为，只有在经济全球化的环境下才能产生国际税收竞争，某些国家或地区利用各种税收手段，如实行税收优惠、对国外所得免税等措施，通过减轻纳税人税负以增强对国际间流动性资本要素的吸引力，达到促进本国经济增长的目的。[③] 靳东升（2003）根据《辞海》中对竞争的定义，认为国际税收竞争扩大和延伸了人们对竞争概念的理解，是一种政府的自利行为，即利用税收手段，增加本辖区对流动性经济资源的吸引力，从而加速资源的流入来促进辖区内经济发展。[④] 邓力平（2009）认为国际税收竞争是指主权国家或地区通过一系列税收手段或制度性安排行为来吸引别国或地区具有较强流动性的税基的一种行为。[⑤]

3.2.1.3　国际税收竞争概念的再定义

上述研究和论断反映出，目前对国际税收竞争的认识还局限于一国（地区）政府通过税收手段吸引外来流动性生产要素，以促进本国（地区）发展方面，即只是对"引进来"的国际税收竞争，虽然不完整，但契合了当时各国以吸引国际投资为主的政策设计出发点。我们同时也应看到，国际资本流动具有流入和流出两方面，一国（地区）在吸引外来投资的同时也可能进行对外投资，现代国家之间的竞争是全方位的竞争，一国的对外直接投资在促进就业、产业升级、促进创新、提高劳动生产率等方面都具有十分重要的作用和意义。这点已在现有中外研究成果中得到证明，例如

---

① Janeba E. Tax Competition in Imperfectly Competitive Markets [J]. Journal of International Economics，1998（44）.

② 谷口和繁. 国际税收竞争与 OECD 实施对策 [J]. 顾红，译. 税收译丛，1999（1）.

③ 国家税务总局教材编写组. 税收基础知识 [M]. 北京：中国税务出版社，2002.

④ 靳东升. 论国际税收竞争与竞争性的中国税制 [J]. 财贸经济，2003（9）.

⑤ 邓力平. 国际税收竞争：基本分析、不对称性与政策启示 [M]. 北京：经济科学出版社，2009.

Blomstrom 等（2000）发现 FDI 能显著促进日本的产业结构调整；Branstetter（2000）的研究报告了日本企业在美国投资后，其专利申请数量显著增加，说明日本企业的技术得以提升；李磊等（2016）利用中国企业的微观数据研究发现国内就业水平的上升与企业 FDI 之间存在显著的正相关关系；[①]毛其淋等（2014）发现企业的 FDI 能显著促进企业创新，并保持逐年递增的趋势；[②]蒋冠宏等（2014）的研究报告了企业 FDI 显著提升了企业生产率。[③]

各资本输出大国为鼓励对外投资特别是本国企业的对外直接投资，不仅较彻底地消除本国跨国公司的国际双重征税问题，还在本国资本走出国门的初期就积极向这些企业提供诸如海外投资风险准备金、实行税收饶让，让企业享受到投资目的国提供的税收优惠、采取各种灵活的税收减免等，比如日本从 20 世纪 60 年代就为鼓励企业"走出去"系列性地陆续推出规模庞大、时间持久、效果明显的风险准备金项目，外加对外积极承担税收饶让义务，这些措施对日本企业大规模走向海外发挥鼓励和刺激作用。即使是对税收饶让不认可，也没有风险准备金，实行抵免制的美国，为了保证其跨国公司的竞争力，长期实行迟延纳税制度，即只要美国公司的海外子公司不向国内母公司分配利润，就暂时不用就该部分利润承担美国纳税义务，相当于美国政府为企业提供了一笔无息贷款，往后推迟汇回利润的时间越长，享受无息贷款的时间成本就越低，即使是受到财政上的压力，美国也仅仅是通过设立 CFC 规则对跨国公司的迟延纳税进行限制而没有将其完全取消。主要资本输出国家鼓励企业"走出去"政策一览见表 3-1。

---

① 李磊，白道欢，冼国明. 对外直接投资如何影响了母国就业？——基于中国微观企业数据的研究 [J]. 经济研究，2016（8）.

② 毛其淋，许家云. 中国企业对外直接投资是否促进了企业创新 [J]. 世界经济，2014（8）.

③ 蒋冠宏，蒋殿春. 中国工业企业对外直接投资与企业生产率进步 [J]. 世界经济，2014（9）.

表 3-1 主要资本输出国家鼓励企业"走出去"政策一览

国家	税收鼓励企业"走出去"政策
美国	允许国家间盈亏互抵的综合抵免、高达 6 层间接抵免、迟延纳税、境内外亏损弥补、亏损弥补可向后结转 20 年、关税减免、部分国家免征预提税
英国	海外分支机构汇回利润免税、无限层级间接抵免、亏损可向后无限期结转、对发展中国家税收饶让、高新技术企业向外转让专利"专利盒"制度（税率 10%）、欧盟范围内免征预提税
法国	海外收入免税、风险准备金、迟延纳税、亏损可向后无限期结转、对发展中国家税收饶让、跨国公司总部优惠、高技术企业向外转让专利"专利盒"制度（税率 15%）、欧盟范围内免征预提税
德国	来自签署税收协定国家的收入免税（无协定综合抵免）、公司税税率仅为 15.83%、风险准备金、亏损可向后无限期结转、对发展中国家税收饶让、向发展中国家投资税收减免、欧盟范围内免征预提税
日本	海外分支机构执行排除亏损国的综合抵免、来自海外股息免税、风险准备金、亏损可向后结转 7 年、对发展中国家税收饶让、迟延纳税、部分国家免征预提税
韩国	允许国家间盈亏互抵的综合抵免、海外股息税收减半征收、风险准备金、对外投资 10 年免税期、投资发展中国家税收饶让、双重减税

数据显示，各国鼓励企业向海外投资的税收措施十分有效，各国的对外直接投资都得到了迅速增长，虽然企业对外直接投资数量增长有其他因素的作用在内，但税收刺激政策的鼓励作用也不可磨灭（如图 3-2 所示）。这些税收措施有力地帮助各国的企业不仅"走出去"，而且发展壮大，有效缓解了由于陌生的他国投资环境而带来的生存压力，不仅扩大东道国的就业水平、造福当地居民，也显著增加了企业和母国的国际影响力。综上所述，国际税收竞争不仅存在于"引进来"领域，在"走出去"领域同样有着国际税收竞争。

因此，我们可以归纳总结出国际税收竞争的定义，即国际税收竞争（International Tax Competition）是一国（地区）政府为促进本国（地区）经济发展，在吸引外来国际投资和鼓励本国（地区）对外投资两方面采取税收手段进行鼓励和刺激的一种税收调控行为，这些税收手段包括税收政策的调整、消除重复征税制度的设计以及提供优质的纳税服务。

同时，国际税收竞争自身发展也经历了一个动态过程，在其初级阶段，国际税收竞争主要是通过各国设置关税壁垒等手段以关税竞争的形式出现；后来随着关贸总协定、世界贸易组织等平台的出现，关税竞争逐渐

（百万美元）

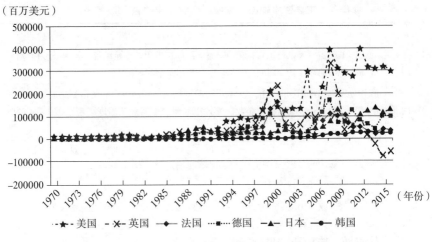

图 3-2　1970—2015 年主要资本输出国 FDI 输出增长情况

数据来源：联合国贸发会议（UNCTAD）数据库。

被各国对外国流入资本给予税收优惠待遇所取代；当国际社会渐渐认识到对外直接投资具有战略意义后，国际税收竞争开始向"走出去"企业提供税收激励和优质纳税服务。可以肯定的是，国际税收竞争将随着国际间竞争的需要不断进化发展。

按照不同的标准，我们可以对国际税收竞争进行区分。第一，由于竞争对税制变化和资源配置的影响不同，存在正常的国际税收竞争和有害的国际税收竞争的区别，正常的国际税收竞争会促进国际税制的优化和资源有效配置，有害的国际税收竞争则会抑制国际税制的优化和资源的有效配置；第二，由于参与竞争间国家综合国力的不同，可将国际税收竞争分为对称国际税收竞争和不对称国际税收竞争两类，但基本上不对称国际税收竞争才具有现实和研究意义；第三，竞争也有主动和被动之分，一国在主动采取国际税收竞争时也必然会在客观上对没有实行竞争措施的他国产生外部性。

3.2.2　现行国际税收规则：国际税收竞争与国际税收合作并存

3.2.2.1　国际税收规则的起源与现状

（1）国际税收规则的起源

"经济决定税收，税收反作用于经济。"现行国际税收基本规则伴生于跨国往来、跨国贸易的逐渐发展和兴盛，随着世界各国经济普遍得到发展、专业化社会分工得以实现，各国国内市场已不能满足其商品劳务的生产制造能力，向其他国家进口原材料、出口工业制成品成为各国的天然选择和必然冲动。由于各国在国际分工的初步阶段大多是采用从别国或殖民地进口原材料同时向他国出口工业制成品的模式，为了鼓励出口、限制进口，关税的作用普遍受到各国重视，因此，早期的国际税收规则主要是国际商品进出口税收尤其是关税的协调。直到"二战"后关贸总协定的签署，商品进出口的国际税收规则得以确立并普遍被国际社会所接受和遵守，消除关税壁垒和商品出口退税成为各国的通行做法。但由于进出口税收往往只涉及国际经贸关系而非国际税收权益分配，现行国际税收规则主要转向对跨国所得和财产的税收协调，其中，跨国所得的税收处理问题是核心和重点。

对跨国所得的国际税收协调是随着资本输出的流行和所得税成为资本输出国家的主要税种而逐渐发展起来的。20世纪初，国际资本随着主要发达国家进入高度垄断阶段逐渐开始在国家间流动，国际社会慢慢认识到对跨国所得进行税收协调的重要性。20世纪二三十年代，现代国际税收基本规则被确立下来，一般认为1923年国际联盟所发布的《关于双重征税的报告》是现代国际税收基本规则的理论基石。[①] 该报告通过设立国家与国家（来源地国和居住地国）之间分享税收权益的原则论述了国际双重征税的后果、划分国际税收管辖权的一般原则及一般原则的运用。虽然经历了"二战"后国际形势的重大变化（发展中国家纷纷独立、国际资本由主要流向发展中国家转变为发达国家相互投资额剧增、跨国公司迅猛发展等），但该报告所奠定的这些规则被沿用至今。

（2）现行国际税收规则

①现行国际税收规则的主要内容

现行国际税收规则主要是对跨国所得征税进行国际协调，首先各国依据各自的税收管辖权对跨国所得进行征税，但当两个（或以上）国家都认

---

① 张泽平. 数字经济背景下国际税收管辖权划分原则［J］. 学术月刊，2015（2）.

为本国对同一纳税人的同一笔所得有权征税时，就会产生国际重复征税问题，国与国之间一般通过谈判签订双多边国际税收协定来消除国际重复征税，大多数国家授权国际组织制定的两大税收协定范本就在税收协定的签订中发挥了规范与参考的作用；此外，为应对跨国公司利用国家间税制的漏洞和差异性实现双重不征税或少征税的问题，国际社会共同推出了税基侵蚀和利润转移（BEPS）行动计划。因此，现行国际税收规则的主要内容包括各国对跨国所得征税的权力即税收管辖权、国际税收协定及其范本和最新发布的 BEPS 行动计划。

第一，税收管辖权。即国家在税收领域的主权，是一国政府行使主权征税所拥有的管理权力。[①] 税收管辖权既然是一国的主权，其行使不受任何外来力量的干扰，对什么征税、采取什么标准等由主权国家自行决定，目前也还没有任何一部国际法和国际公约对各国的税收主权具有约束力。但税收管辖权却又受到国家政治权力范围边界的现实约束，当国家间政治权力重叠时就会引发国际税收管辖权的冲突。现行国际税收规则的主要内容就是协调与缓和这种矛盾，其遵循并得到国际社会普遍认可的协调原则就是"经济关联原则"，即通过经济关联原则来划分各国税收管辖权的行使范围，由此派生出两种（美国等少数国家实行三种管辖权）主要的国际税收管辖权形式。

来源地管辖权（Sourse Jurisdiction）。当经济活动、应税所得跟地域相关联，即产生所得的国家与产生的所得之间存在着关联，根据经济关联原则中的属地原则，该国就对产生的所得具有税收管辖权，这种权力被称为"来源地管辖权"，一般也把产生所得的国家称为"来源国"。来源地管辖权被所有国家所行使，每个国家都对来自或发生于本国领土（领海、领空）的所得拥有征税的权力。

居民管辖权（Residence Jurisdiction）。当经济活动、应税所得与人（法人）相关联，即取得所得的人（法人）与国家产生连接，则适用经济关联原则中的属人原则，该国对该人（法人）取得的所得具有税收管辖

---

① 杨志清. 国际税收［M］. 北京：北京大学出版社，2010.

权,这种权力被称为"居民管辖权",通常把取得所得人员所对应的国家称为"居民国"。目前存在一些国家和地区放弃行使居民管辖权的情况,例如我国香港就仅对来自辖区内的所得征税,而对来自辖区外的所得免税,无论取得所得的人员或公司是否具有香港的居民身份。

第二,国际税收协定及两大税收协定范本。国际税收协定及两大税收协定范本为消除国家间重复征税、促进国际资本流动、规范国际税收秩序发挥了重要的作用和影响力。

国际税收协定是指两个(或以上)国家基于对等原则,出于对相互之间跨国所得的征税事宜或其他方面的税收关系进行协调处理,通过谈判协商所签署的一种国家间税收条约,又被称为"国际税收条约"。根据参与缔约国家的多少,可分为双边税收协定(两个国家之间)和多边税收协定(两个以上国家之间)。国际税收协定是随着国际经贸往来的繁荣而逐渐发展起来的,自从1843年比利时和法国缔结了第一份互换税收情报的双边协定以来,目前已有超过4000个双边税收协定,有人预计到2050年将有超过1.5万个税收协定出现。国际税收协定诞生一个半世纪以来,逐步经历了一个由单一内容到综合内容、由双边到多边、从形式各异到固定范本参考的发展过程。

OECD税收协定范本和联合国税收协定范本。虽然在两大范本发布之前,国际为消除国际重复征税存在着多个税收协定范本,但这些范本应用范围较小,OECD范本和联合国范本是真正具有广泛国际影响力、在国际税收协定谈判中广泛作为参照的协定范本。1963年,OECD组织根据1946年伦敦范本的主要成果,正式发布了《关于对所得和财产避免双重征税的协定范本》(简称"经合组织范本""OECD范本"),后又历经1977年、1994年、2002年等多次修订,被经合组织成员国(主要是发达国家)所接受和遵守。1967—1980年,应广大发展国家要求,联合国经济与社会理事会的专家小组通过多次协商,通过了《关于发达国家与发展中国家间双重征税的协定范本》(简称"联合国范本"),作为发展中国家对外签订税收协定的参考。以上这两大范本同时存在,各国在税收协定谈判时可自行选择。

通常认为，OECD 范本和联合国范本的区别在于，OECD 范本倾向于代表发达国家（居民国）利益；联合国范本有利于照顾发展中国家（来源国）的权益。这些区别体现在两大范本的具体条款中，首先，联合国范本第 5 条对常设机构的认定门槛更低：对从事建筑业和提供服务的常设机构认定时间标准为 6 个月（OECD 范本为 12 个月）；把存货代理、非独立代理人提供的除再保险外的保险业务以及全部或大部分业务服务于某公司的独立代理都认定为常设机构。其次，联合国范本第 7 条对常设机构产生的利润采用了有限的"引力原则"（Force of Attraction）；删除了计算相关利润时来源国常设机构向居民国总部支付的许多费用项目；认定常设机构用于"购买"方面的相关利润。再次，联合国范本第 12 条认为对特许使用费可以征收预提所得税。最后，联合国范本第 8 条、第 13 条、第 14 条、第 16 条、第 18 条、第 20 条等条款赋予来源国对一些在 OECD 范本中未特别说明的其他所得可以征税的权力。

②现行国际税收规则的主要特点：不具有全球统一标准

规则作为名词时，是指制定出来供大家共同遵守的制度或章程。[①] 一般认为国际规则是指对国际社会成员的国际交往具有普遍约束力的规章制度。由此可见，国际税收规则是国际事务部门中具有一定威望、能够代表部分国家利益的国际组织，根据这些国家的授权，制定的供各国在处理国际税收事务中共同遵守的制度或章程。我们知道，税收是国家为取得财政收入，凭借政治权力进行的强制无偿课征。由于在完全独立的主权国家之上并不存在超越国家主权的政治权力，也就不会有世界范围内的强制征税。目前存在于国际社会的国际性组织机构，其经费来源于成员国按一定比例份额进行的缴纳，而非对其成员国范围的征税，当然，如果某一国际组织强制性地开征超越其成员国税境的超国家税收，这将侵害其成员国的主权，必然遭到成员国反对，1999 年联合国发展计划署有关"比特税"提议的流产就证明了这种情况。由于各国主权具有完全独立与不可侵犯的特点，税收主权作为各国主权不可分割的一部分，现行国际税收规则不能对

---

① 林杏光，倪文杰，张卫国，冀小军. 现代汉语辞海［M］. 北京：人民中国出版社，1994.

一国内部的具体税收事宜产生强制性的干涉力，也就是说，不能形成统一的、强制性的、全球性国际税收规则，即不具有普遍约束力和全球统一标准。

国际税收规则有广义和狭义之分，狭义的国际税收规则是少数、部分国家间通过谈判协商达成的相互之间国际往来中的税收规则，一般表现为双边税收协定和多边税收协定，这时的国际税收规则对参与国就具有约束力，缔约国各方必须依照税收协定的协议来规范本国与其他缔约国之间的国际税收事务。广义的国际税收规则是指所有国际社会成员都必须遵守的国际税收规则，由于各国税收主权具有独立性，广义国际税收规则不具备对全世界所有国家的普遍约束力。下面提到的国际税收规则，也主要是指广义国际税收规则。

从表现形式上看，代表现行国际税收规则的主要是国家与国家之间谈签税收协定所依据的经济合作与发展组织范本、联合国范本以及近年来G20峰会授权经合组织发布的 BEPS 行动计划。具体而言，OECD 范本主要出于居民国的立场，对资本输出国利益有所倾斜，由于资本输出国主要是发达国家，该范本被认为代表了发达国家的利益，当然，OECD 34 个成员国也均为发达国家；联合国范本则从来源国的立场出发，更多地照顾发展中国家（大都是资本输入国）的利益，两大范本的具体区别主要是对"常设机构"的认定以及是否采用有限的"引力条款"。从作用上看，两大范本仅作为两个主权国家进行税收协定谈判时商定其中条款的参考，每个国家均可根据自身情况进行选择，税收协定具体条款的制定都是谈签国家相互之间的谈判结果，有可能出现某国与一国谈签的税收协定依据的是联合国范本，而与其他国家则依据的是 OECD 范本的情况。制定两大协定范本的初衷是规范国际资本所得征税标准，消除国际资本流动中的双重征税问题。后来，随着经济全球化的深入与新经济形态对国际税收规则尤其是"经济关联原则"的冲击加剧，跨国公司会利用国家间税制的漏洞和征税规则的不统一，实现在所有国家都不纳税或少纳税的目标，也就是出现了双重不征税的问题。为了应对这些挑战，进一步统一国际社会对跨国所得的纳税标准，BEPS 行动计划应运而生，但与两大范本类似，为了实现国际影响力的最大化，15 项行动计划都是各种建议，虽然有 20 国集团（基本上囊括了主要的发达国家与发展中经济体）领导集体的政治背书作为推动力，但各国仍然有权根据自身情况自行选择。国家形态自诞生以来已经存在了几千年，国家、民族的概念早已深入人心，超国家的超级政治权力至少在短时间内不会出现，因此，现行国际税收规则是不具有全球性强制力的，不能形成统一国际税收规章制度要求每个国际社会成员必须遵守，甚至可以从某种程度上说，是无规则的。

3.2.2.2　国际税收规则无全球统一性和强制性特点助推国际税收竞争

根据前面的分析，我们可以看到，税收是一个独立国家的主权问题，每一个完全独立的国家可以自行决定征税的内容和标准，完全可以做到自行其是，也就是说，税收主权是一国主权的一部分，别国不得干涉。而且，从现有国际税收规则来看，无论是联合国范本、OECD 范本、转让定价指南还是 BEPS 行动计划，虽然在世界范围内统一规范各国对跨国所得的征税标准做出了很大贡献，推动了经济全球化的深入，扩大了世界经贸往来，促进了全球经济的发展和全人类命运共同体意识的觉醒，但限于主权的独立性与排他性，这些全球性质的税收规范为了尽可能让更多的国家参与进来，尽量扩大世界影响力，不得不采取柔性建议的形式，从而不具有实施上的强制性，各国可以根据自身发展情况自由选择最符合的参与方式。

国际税收领域存在着激烈的国家间竞争，国际税收竞争是国家竞争在税收领域的延续和体现，不具备世界范围内统一标准和强制力的国际税收规则与国家间竞争碰撞，导致最重要的结果就是各国利用税收条款的差异性吸引境外资源流入或鼓励具有产业升级、生产效率提升等效果的对外直接投资，使得国际税收竞争在资本流入和流出两个领域同时展开。各国不仅竞相降低税率，为国外投资提供各种税收优惠待遇；主要资本输出国家还利用税收激励手段来刺激本国企业积极对外投资。

3.2.2.3　国际税收竞争与国际税收合作

国际税收领域充满了矛盾，国家之间既相互竞争，又因为竞争而合作。各国为促进经济发展对跨国公司给予的过量税收优惠侵蚀了税基，造成财政收入的流失；同时跨国公司也利用各国税收制度的不同和税负的高低有别在不同国家之间转移利润，以实现自身利益的最大化。过度的、有害的国际税收竞争终将导致各国税收利益的损失，随着全球化不断加深带来国际资本流动的浪潮愈加汹涌，为了避免产生国际应税所得纳税标准差异过大被跨国公司加以利用而形成的税收流失和双重不征税问题，目前国际税收领域的竞争得到了一定的规范和调整，国家之间恶性国际税收竞争被抛弃，国际税收开始迎来合作与协调，现有国际税收基本框架的基础《维也纳国际公约》就是国际协调的产物。我们也应看到，这些国际税收领域合作的出发点是保护各自国家的税收权益，避免财政收入损失，但这也为各国企业之间的竞争创造了相对公平的外部环境，有助于减少差异化税收因素和陌生税收环境对企业跨国经营的干扰。只要主权国家的这种形式一直存在下去，只要各国间存在税制、税负差异和税收管理手段、能力、水平的不一致，国际税收竞争就将伴随国家间竞争关系的发展而存在并进而产生各种进化。

3.2.2.4 在国际税收竞争与合作中实现企业利益和国家利益的统一

国家希望通过国际经贸往来促进经济发展、提升综合国力以获得竞争优势，因此采用竞争性的财税手段对跨国公司进行激励，但反过来这些激励措施又被跨国公司加以利用以实现企业自身利益最大化的目的。国家对于财政收入和综合国力的追求和跨国企业自身收益最大化目标之间存在着矛盾，但这种矛盾将通过国际税收协调和合作实现国际税收规则的相对统一进而得到缓解，一方面，国际税收合作有利于实现对跨国公司避税行为的打击，增加财政收入；另一方面，国际税收合作促进了世界税制的趋同和各国征税标准的统一，这有助于为跨国公司创造一个公平的税收环境，减少因国际税收要素差异给企业跨国投资和经营带来的不确定性。

3.2.3 企业"走出去"中的国际税收竞争与国际税收合作

现在，理论界和政府层面已认识到吸引跨国要素增加本国税收的国际税收竞争的重要性及在这方面进行过度"有害竞争"的危害性，但对于鼓励企业"走出去"中存在的税收竞争还研究不够。企业强则国家强，企业通过"走出去"实现发展壮大、造福当地人民，企业背后国家的世界影响力和国际地位自然水涨船高，例如美国在"二战"后和日本从 20 世纪 70 年代开始的大规模海外扩张的同时，也是这些国家经济实力飞速发展、人民生活水平快速提高的黄金时期。

3.2.3.1 企业"走出去"中国际税收竞争的意义

（1）企业间的竞争是国家间竞争的主战场

竞争无处不在，在国际交往领域尤其表现得淋漓尽致。国家之间的竞争充斥于政治领域、经济领域、文化领域、军事领域、人才（教育）领域、自然资源领域、科学技术领域等，无所不包、无处不在。但"经济基础决定上层建筑，上层建筑反作用于经济基础"，只有当国家通过发展壮大自身经济实力后，才能在其他领域占据竞争的有利地位，因此，国家之间的竞争在经济发展领域表现得最为激烈。这些经济领域的国际竞争的主要表现形式为：科学技术领域即技术创新的竞争、资本的竞争、人才（教育）的竞争。对外投资领域属于经济领域的一部分，在该领域所有的竞争都归结为各国"走出去"企业之间的竞争，只有企业在国际竞争中立于不败之地，企业背后的国家才能在激烈的国际竞争中脱颖而出，企业强则国家强，这点在各国企业的世界 500 强排名中表现得尤为明显。2016 年，我国有 110 家企业上榜财富世界 500 强，国家电网、中石油、中石化分列第 2、第 3、第 4 位，我国经济总量高居世界第 2 位，在世界经济论坛发布的世界竞争力排名中位列第 28 位；而在"走出去"战略刚刚提出的 2000 年，世界 500 强中只有 9 家中国（大陆）企业，我国的经济总量只是世界第 6 位，世界竞争力排名第 44 位。美国入榜企业数量最高峰出现在 2002 年（197 家），2015 年下降到 128 家，下降比例为 35%；虽然科技实力冠绝全球使得其全球竞争力仍然位列世界第 3 位，但美国经济总量占世界经济比重由 32.40% 下降到 24.75%。日本自 20 世纪 90 年代达到国家实力的顶峰后经历了长时间的下滑，入榜企业数量由 1995 年最高的 149 家，到 2015 年只有 54 家企业上榜，较 1995 年下降 61.7%（如图 3-3 所示）。可以说，世界 500 强榜单是各国竞争力排名的"晴雨表"，不仅记录了世界经济的动态变化，还见证了中国经济的崛起。

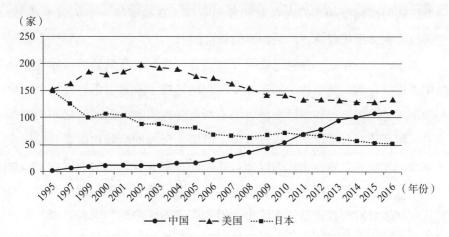

图 3-3　1995—2016 年财富世界 500 强中国、美国、日本入榜企业数量变化①

虽然在国际税收领域国家竞争的初始出发点可能是尽量争取更多的跨国税收权益，保证本国的税收收入不受损失，但最终国家间国际税收竞争的落脚点还是相互国家企业之间的竞争（当然这些企业包含境内企业和"走出去"的本国境外企业），只有企业在竞争中获胜，背后的国家也才能获得更多的税收收入；企业发展壮大带动国家强大，国家强大则在国际税收领域中的话语权和影响力增强，又将为企业创造良好的国内外发展环境，从而形成良性循环、实现国家间竞争和企业间竞争的有机统一。

（2）企业"走出去"有助于我国参与国际竞争

第一，"走出去"有利于国民经济可持续发展。首先，我国虽然地大物博，但人口众多，人均淡水量、人均耕地数量都与世界平均水平相去甚远，部分战略性资源如石油、天然气、铁矿石、铜矿石等对外依存度较高，通过企业"走出去"可有效加强对海外资源的利用，保障国家资源安全；其次，经过多年的发展，我国在装备制造业和基础设施建设等方面已

---

① 入榜中国企业包含中国香港和台湾地区企业。

具有一定的国际竞争优势，"走出去"不仅可促进国内产业升级，还可提升东道国就业水平，形成合作共赢的国际态势；最后，企业"走出去"可争取广阔的国际市场，扩大企业的发展空间，有助于进一步解放生产力，完善社会主义市场经济，增强国家的综合国力。

第二，"走出去"有利于我国开放型经济建设，在激烈的国际竞争环境中成长。目前，科学技术的迅猛发展和网络技术革命引领着经济全球化不断深入，跨国公司和国际经济组织不断增多，国家（地区）之间的相互需要、相互依存日益增加。通过资金、市场、资源的全球化配置，顺应全球贸易、投资和金融自由化的浪潮，在国际金融业较发达的国家投资，可获得融资便利，畅通国际金融融资渠道，反向筹集资金参与国内建设。虽然从短期来看对外投资是资本流出，但长期来看汇集返回国内投资、汇回国内利润和投资资本回收的对外投资红利将促进国外资源的流入，将实现"走出去"与"引进来"的协同发展。"走出去"是国家主动参与国际经济竞争与合作，提升我国在全球产业链中的地位，由制造业单一现代化引领实现全面现代化，带动贸易、技术和服务出口的同时，将不断增强国家的综合国力。

第三，"走出去"有利于我国企业发展壮大。一是企业通过"走出去"可将国际市场日益增高的中间品交易成本内部化，降低组织运行成本，更有效地参与全球化竞争；二是面对区域经济一体化趋势，通过在区域经济集团内部的投资消除区域经济集团的贸易壁垒，有效带动母国企业中间商品的出口，并享受区域集团内部的优惠市场待遇，获得更大的发展；三是"走出去"不仅可以让企业到国际市场上获得发展急需的技术和人才，更可以通过对外并购引入先进管理经验和国际化的经营模式，实现企业的大发展。

总体来看，我国"走出去"企业也与我国经济实力的增强相辅相成，"走出去"企业数量既随着国家实力增强而上升，也反过来促进了我国经济总量的大发展和改革开放的升级换代。

表 3-2 就显示了"走出去"企业数量、对外直接投资和我国经济总量三者之间的同步增长关系。从我国发布对外投资统计数据的 2003 年开始到 2015 年，在我国，"走出去"企业数量增长了近 10 倍，从 3439 家境外企业发展到基本覆盖全球所有国家（地区）的 3.08 万家，带动我国的 FDI（流量）实现了超过 50 倍的巨额增长的同时，我国的经济总量也实现了由全球第七位跃升到全球第二位，增幅超 5 倍，占世界经济份额由 4.42% 增长为 15.1% 的跨越式发展。

表 3-2　我国"走出去"企业数量、FDI 与 GDP 关系

年份	中国境外企业数量（家）	中国 FDI 流量（亿美元）	中国 GDP（万亿元）
2003	3439	28.5	13.74
2004	5163	55.3	16.18
2005	6426	122.6	18.73
2006	9000 多	211.6	21.94
2007	超过 10000	265.1	27.02
2008	12000	559.1	31.95
2009	13000	565.3	34.91
2010	16000	688.1	41.30
2011	18000	746.5	48.93
2012	21000 多	878	54.04
2013	25400	1078.4	59.52
2014	29000 多	1231.2	64.40
2015	30800	1456.7	68.91

数据来源：《2003—2015 年中国对外直接投资统计公报》、中国国家统计局。

（3）税收手段有助于企业"走出去"

税收手段能够有效降低对外投资的风险和成本。企业在"走出去"初期，面对国外陌生的投资环境，迫切需要母国政府采取一定措施予以帮扶，从而实现企业在东道国的生根发芽，让企业活下来。虽然政府可供选择的工具很多，但税收工具却能达到立竿见影的效果，比如，对外投资风险准备金的提取就能有效弥补对外投资的沉没成本并降低母国企业的投资

资金压力，政府提供的东道国税收信息可以有效降低"走出去"企业的涉税风险；当对外投资落地、企业在目的国开始经营时，加速折旧政策、提高费用税前扣除比例或对企业自带设备和零件给予出口退税等措施可有效降低对外投资企业的经营成本；当对外投资企业初步站稳脚跟、开始产生利润后，亏损弥补政策、递延纳税制度、利润再投资减免等税收政策可以有效增强企业的利润再投资能力，切实鼓励企业在当地做大做强。此外，扩大在国际税收规则制定中的话语权，构建和发展有利于"走出去"的被国际社会普遍接受的国际税收规则，可以从根本上促进企业"走出去"。

3.2.3.2 企业"走出去"中的国际税收竞争的表现形式

（1）国际税收规则制定中的竞争

国际规则对国际行为具有约束力，国际税收规则约束着各国对跨国所得的税务管理，因此对于国际税收规则的竞争是国际税收竞争中最基础、最关键的竞争。但由于当前国际税收规则只是国际社会普遍认同与遵循的国际惯例和通行做法，具体执行条款是通过国与国之间的谈判协商在参照一定范本的基础上制定的，只对谈判参与国适用，而并不具有世界范围内的统一标准和强制力。因此，利用各种优势在国际税收规则制定当中抢占制高点和话语权，对国际税收规则施加影响，使现有国际税收规则朝着有利于本国对外投资和保护本国税收利益的方向产生变革，可以从根本上实现在国际税收竞争中的有利地位。

（2）税制设计

在"走出去"中通过税制设计来进行国际税收竞争，主要是通过构建富有竞争力的消除国外投资所得重复征税制度。目前消除国际重复征税的方法主要有三种：抵免法、免税法和扣除法。由于各种各样的原因，国际重复征税难以彻底消除，当改变消除重复征税的制度时，就会相应改变"走出去"企业的税负压力，起到鼓励或限制"走出去"的作用。此外，当一国采用抵免法来消除国际重复征税时，通过降低国内法定公司所得税税率，也能对"走出去"发挥刺激和激励作用。

（3）政策调整

这里主要是指各种税收优惠和税收激励制度。税收优惠一般是指直接对企业进行减税，由于各国通常要求国内企业对"走出去"分支机构的利润汇总申报，税收优惠能直接降低企业的税收负担，鼓励企业对外投资。税收激励一般是指间接税收优惠措施，通常包括加速折旧、设立对外投资准备金、延期纳税、调整海外投资亏损弥补方法、再投资退税、放宽费用扣除标准等。这些措施都能降低企业应纳税所得额，使企业在"走出去"过程中享受到税负降低的好处。

（4）纳税服务

不可否认，虽然难以用金额或数字来衡量，但高水平的、优质的纳税服务也能有效降低企业成本，提升企业效益。例如在企业对外投资之前，提供完善的东道国税收信息有助于企业降低投资风险；再如当"走出去"企业遭受投资国税收歧视或产生税务争端的时候，及时、便捷、有效的国家税务机关间沟通、协调机制就能切实帮助企业化解困难，实现在外经营的可持续发展。

3.2.3.3　在"走出去"企业税务管理中实现国家利益和企业利益的有机统一

"走出去"企业和国家之间的诉求不同，企业追求利润最大化和总税负最小化，国家追求国家经济实力的增强和税收收入的增长，双方目标不一致产生的矛盾将通过国际税收规则的统一和各国税制差异的消除得到解决，通过在国家间实现国际税收规则的统一为企业创造税收额外负担最小化、企业对外投资决策不受税收因素干扰的外部环境，同时使得税收收入在国家间得到公平分配，也就是说，国际税收规则的统一将实现国际税收体系的公平与效率。虽然国家之间税负高低有助于跨国企业实现自身税负的最小化，但各国征税标准的不一致给企业造成了税收遵从成本的负担。虽然每个国家都希望利用税收工具促进本国企业"走出去"，但税收主权的独立性却使得过度竞争终将损害各国的利益，同时企业发展壮大要求一个公平、透明的制度环境，在国际税收领域实现规则的统一和协调有助于

"走出去"企业排除不必要的干扰，在一个公平平等的税收环境中开展竞争，使其对外投资决策的额外税收负担最小化。当今的国际社会成员之间的主权得到彼此尊重，互不干涉，国际税收规则的统一、协调必然建立在得到普遍认可的基础上，因此，国际税收领域话语权提升的目的是将某国自身的利益转化成国际社会的普遍利益，把独善其身转变为合作共赢，这样才最终为"走出去"企业创造出良好的投资与竞争环境。

在"走出去"企业税务管理中，对内要依据我国的税收主权采取一定具有竞争力的税收措施和制度安排来刺激企业积极向外投资，提供高质量的税收管理和服务消除企业"走出去"的后顾之忧，提高企业纳税遵从度；对外增强国际税收合作保证国家合理的税收利益，要扩大我国在国际税收领域的影响力，在竞争中推进国际税收规则的协调统一，为"走出去"企业营造公平竞争的环境。

3.3 本章小结

在本章中，我们首先探索了税收对企业"走出去"决策的影响，明确了税收与企业对外投资之间的关系，并通过分析"走出去"企业跨国投资所形成的跨国纳税关系说明了国际双重征税的消除、母国税收激励、税收服务和反避税措施等方面会影响到企业对外投资的资金成本和投资回报，更深入说明上述影响都是由于母国和东道国之间没有统一的国际税收规则形成的。由此，再说明了正是由于国际税收规则不具备强制性和国家间的竞争性，让国际税收领域也充满着国家竞争。由于企业"走出去"能够给国家带来经济增长、促进产业升级等好处，国际税收竞争也发生在如何让企业更多、更好地"走出去"方面，并进一步表述了促进企业"走出去"中国际税收竞争的表现形式。但同时由于过度竞争也会损害各国的税收权益，各国为此又不得不展开合作。最终，为实现"走出去"企业和国家利益的统一，需要在竞争中推动国际税收规则的统一与协调，既为企业创造公平"走出去"的环境，又实现国家税收的应征尽征。

第4章 "一带一路"背景下我国企业"走出去"税务管理实证分析

4.1 "一带一路"背景下我国企业"走出去"现状与特点

4.1.1 "一带一路"背景下我国企业"走出去"的现状

中国企业"走出去"是指企业的国际化、全球化经营,即企业充分利用国内外"两个市场、两种资源",通过对外直接投资、对外工程承包、对外劳务合作等形式积极参与国际竞争与合作,实现企业的发展壮大和我国经济的可持续发展。2013 年"一带一路"倡议设想提出以来,我国企业"走出去"不断增多,虽然对外劳务合作稍有下降,但对外投资和对外工程承包都接连创下新高。在 2015 年,我国对外直接投资 1456.7 亿美元,同比增长 18.3%,自 21 世纪初以来持续保持连创新高的态势;[①] 我国对外承包工程业务完成营业额 1540.7 亿美元,同比增长 8.2%,新签合同额 2100.7 亿美元,同比增长 9.5%,并带动设备材料出口 161.3 亿美元;[②] 我国对外劳务合作派出各类劳务人员 53 万人,较上年同期减少 3.2 万人,同比下降 5.7%,其中承包工程项下派出 25.3 万人,劳务合作项下派出 27.7 万人。[③] 对于我国对外投资的发展前景,李克强总理认为在未来 5 年中我国企业"走出去"将为世界投资版图贡献超过 1 万亿美元的份额,中国企

---

① 商务部,国家统计局,外汇管理局.2015 年度中国对外直接投资统计公报 [R].
② 2015 年我国对外承包工程业务简明统计,商务部对外投资和经济合作司.http://hzs.mofcom.gov.cn.
③ 2015 年我国对外劳务合作业务简明统计,商务部对外投资和经济合作司.http://hzs.mofcom.gov.cn.

业对外投资将更加活跃。

目前来看，中国企业对外投资"质"和"量"都较以往得到显著提高，不仅投资收购目标大多位于尖端科技领域，而且近年来涌现了许多国内企业收购世界顶尖企业的案例。仅 2016 年上半年，我国企业正在洽谈的项目中，前 10 大投资项目平均投资额就已达到 21.6 亿美元，企业并购所占比例超过 50%，并购目标对象主要来自北美、欧洲等发达国家或地区企业，而且投资目标多元化、涉及领域非常广泛，除作为传统目标的制造业、科技业之外，还囊括了体育、文化等多种产业，例如，中国企业参股海外多个足球俱乐部，世界主要足球联赛如英超、西甲、意甲等都已出现中国投资人的面孔，米兰双雄等 12 个俱乐部已被中国企业控股；大连万达集团继 2012 年以 26 亿美元成功收购美国 AMC 院线后，2016 年以 9.21 亿英镑将欧洲第一大院线——Odeon&UCI 院线收入囊中并宣布将以不超过 35 亿美元并购美国传奇影业。目前，万达已控制全球 15% 的票房收入，成为全球首个跨国院线集团兼规模最大的电影院线运营商。

4.1.2 "一带一路"背景下我国企业"走出去"的特点

目前，我国企业已深度参与全球化，并且程度在不断加深；随着"一带一路"倡议影响力的逐步扩大，亚投行、丝路基金等机构的相继成立，境外投资环境将得到巨大改善，这意味着我国企业"走出去"的机遇将大大增加，企业对外投资的意愿将增强，"走出去"的步伐将加快。目前看来，中国企业"走出去"具有以下特点。

4.1.2.1 对外投资增速快且不断加速，资本输出已超过资本输入

20 世纪 80 年代初以来，我国企业几乎是从零开始迈出"走出去"的步伐，但改革开放带来的经济发展让国家经济实力和企业竞争力得到增强与提升，到国家确立"走出去"战略的 21 世纪初，通过"走出去"实现自身发展的国际化、全球化战略逐渐在我国企业间形成共识，企业"走出去"由此开始走上了高速增长之路。据商务部等部门统计，自 2003 年我国发布对外直接投资统计数据以来到 2015 年底，我国对外直接投资一直保持高速增长态势，连续 13 年实现增长，年均增长速度高达 35.9%（如图

4-1所示），其中 2015 年创下 1456.7 亿美元的历史新高，占到全球流量份额的 9.9%，位居世界第 2 位。相对而言，当年我国实际利用外资 1356 亿美元，在资本项下我国已是纯资本输出国（如图 4-2 所示）。至此，我国企业的对外投资超过国外对内的投资数量，我国开始成为净资本输出国，确立了世界投资大国的地位。

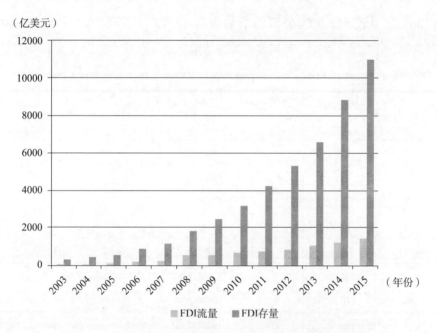

图 4-1 2003—2015 年中国 FDI 流量和 FDI 存量增长趋势

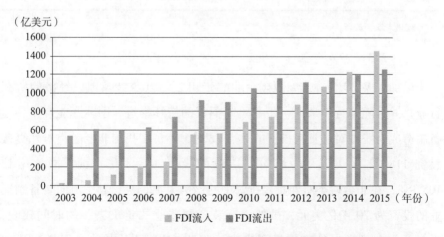

图 4-2 2003—2015 年中国对外直接投资和实际利用外资情况对比

4.1.2.2 已积累巨额海外资产，但较发达国家还存在较大差距

经过多年发展，我国企业通过各种方式已经积累了相当数量的境外资产，到 2015 年末，我国企业境外资产约为 4.37 万亿美元。但从企业对外直接投资存量上看，虽然目前我国对外直接投资存量规模已有 10978.6 亿美元，由 2002 年的世界第 25 位上升到第 8 位，约占日本同期规模的 89.5%，但由于起步较晚，仅为美国同期规模的 18.4%、德国的 60.6%、英国的 71.4%，与美国、德国、英国等老牌发达国家还存在较大差距（见表4-1）。

表4-1 2015 年末全球对外直接投资存量国家（地区）排行前十位情况

排名	国家（地区）	2015 年末对外直接投资存量（亿美元）	全球总量占比（%）
1	美国	59827.9	23.9
2	德国	18124.7	7.2
3	英国	15381.3	6.2
4	中国香港	14856.6	5.9
5	法国	13141.6	5.3
6	日本	12265.5	4.9
7	瑞士	11381.8	4.5
8	中国	10978.6	4.4
9	加拿大	10783.3	4.3
10	荷兰	10742.9	4.3

数据来源：2015 年对外投资统计公报。

4.1.2.3 涉及行业多元化，国际产能合作与装备制造是亮点

以加入 WTO 为标志，我国企业"走出去"几乎涉及国民经济的所有行业，并且随着近年来"一带一路"倡议的持续推进，国际产能合作和装备制造成为我国对外直接投资的热点。2015 年，在我国非金融类对外直接投资 1180.2 亿美元中，流向制造业的投资 143.3 亿美元，同比增长 105.9%，在非金融类对外直接投资中的比例为 12.1%，其中流向装备制造业的投资为 70.4 亿美元，虽然由于装备制造业"走出去"的时间较晚，在整个非金融类对外直接投资中占比仅为 6%，还比较小，但增速达到

154.2%，是非金融类对外直接投资增速的 10 倍以上。

4.1.2.4 投资区域广泛但相对集中

随着企业对外投资规模的扩大，"走出去"的范围日益广泛，由 2003 年的 139 个国家（地区）发展到 2015 年的 188 个国家（地区）；到 2016 年初，中国已有 2.02 万家境内投资者对外设立了 3.08 万家境外企业，可以说中国企业"走出去"已基本覆盖全球。需要说明的是，中国香港地区、荷兰、开曼群岛、英属维尔京群岛、百慕大群岛等低税国家（地区）是企业"走出去"的第一目的地，对这些国家（地区）的投资占到我国对外投资总额的 80% 左右。

4.1.2.5 民营企业和地方企业取代国企成为主力军

在"走出去"的初期，国企特别是中央直属国企由于自身实力较为雄厚，容易得到国家政策扶持和资源倾斜，是对外投资的主要力量。2003—2011 年，国有企业对外投资虽然数量由对外投资流量的 43% 下降到 11%；但就非金融类投资存量来看，国有企业仅从 2006 年的 81% 下降到 2011 年的 62.7%。在 2011 年以前，具有政府背景的国有企业几乎占据了中国非金融类对外投资存量百强榜的前 50 位。2008 年美国金融危机后，由于需求萎缩和成本上升，越来越多民营企业走向海外，这使得非公企业、地方企业逐渐成为"走出去"的主要力量。2015 年，民营经济对外投资由 2003 年的 1.5% 增长到 65.3%，该年末投资存量占到 35.6%，非公企业境外并购金额占当年境外并购金额的 75.6%。总的看来，近八成的非金融类对外投资来自民营企业和地方企业，以万达、华为、海航等为代表的非公经济和地方企业已成为中国对外投资的主要力量，其投资额已占全国非金融类对外直接投资流量的 77%，"走出去"已成为我国企业界的普遍行为。

4.1.3 "一带一路"倡议助推企业"走出去"

4.1.3.1 "一带一路"沿线国家基本状况

"一带一路"倡议不仅辐射地理范围宽广，而且相关国家社会经济环境呈现出多元化发展的特点。根据世界银行的统计，2013 年相关区域共 64

国拥有超过 4000 万平方千米领土面积，是我国的 4~5 倍；人口 31.66 亿，占到全球总人口的 43% 以上。经济规模总量上，2013 年这 64 国 GDP 之和约为 13 万亿美元，大概是我国当年 GDP 的 1.4 倍。此外，相关区域国家的经济水平参差不齐，既有新加坡、波罗的海三国等发达国家，也包含着大量的如柬埔寨、缅甸等发展中国家，还有着如俄罗斯、东欧各国、独联体各国等转型国家。其中，在联合国列出的最不发达国家名单上，容纳了"一带一路"沿线的阿富汗、也门、孟加拉国、老挝、东帝汶、柬埔寨、缅甸、尼泊尔、不丹等 9 国。

（1）"一带一路"沿线 64 国[①]经济发展水平

世界银行（WDI）数据库的数据显示，各国之间存在着很大的 GDP 总量差距，在 2015 年，印度、俄罗斯和印度尼西亚分别占据了 64 国中经济总量排名的前三位，东帝汶、不丹、马尔代夫则是经济总量排名最后三位的国家。由于相关区域国家贫富不均、差异较大，造成这些国家 GDP 的算数平均值是中位数值的 3.3 倍，由此可推断出 64 国中大多是经济较不发达、GDP 较少的国家。世界银行数据库的人均国民收入数据同样支持以上结论，按照 2015 年世界银行公布的国民收入分类标准，[②] 64 国中高收入国家仅有 19 个，其余均为中等收入及低收入国家。

在经济增长速度上，各国表现也十分不均衡，从世界银行 2011—2015 年的数据来看，64 国中既有依靠丰富的矿产和天然气资源实现年均 10% 以上增速的蒙古和土库曼斯坦；也有深陷战争泥潭、经济增长出现严重倒退的乌克兰、也门等国。总体来说，2011—2015 年，"一带一路"沿线 64 国

---

① 一般国内相关研究中将 64 国分为：①东南亚 11 国：印度尼西亚、泰国、马来西亚、越南、新加坡、菲律宾、缅甸、柬埔寨、老挝、文莱、东帝汶；②南亚 8 国：印度、巴基斯坦、孟加拉国、斯里兰卡、阿富汗、尼泊尔、马尔代夫、不丹；③中亚 5 国：哈萨克斯坦、乌兹别克斯坦、土库曼斯坦、吉尔吉斯斯坦、塔吉克斯坦；④独联体及格鲁吉亚、蒙古 8 国：俄罗斯、乌克兰、白俄罗斯、阿塞拜疆、亚美尼亚、摩尔多瓦、格鲁吉亚、蒙古；⑤西亚北非 16 国：沙特阿拉伯、阿联酋、阿曼、伊朗、土耳其、以色列、埃及、科威特、伊拉克、卡塔尔、约旦、黎巴嫩、巴林、也门共和国、叙利亚、巴勒斯坦；⑥中东欧 16 国：波兰、罗马尼亚、捷克共和国、斯洛伐克、保加利亚、匈牙利、拉脱维亚、立陶宛、斯洛文尼亚、爱沙尼亚、克罗地亚、阿尔巴尼亚、塞尔维亚、马其顿、波黑、黑山。

② GNI 低于 1045 美元即为低收入国家；GNI 在 1045~4126 美元的国家为中低收入国家；GNI 在 4216~12746 美元的国家为中高收入国家；GNI 超过 12746 美元即为高收入国家。

的经济平均增速分别为 4.99%、3.91%、3.88%、3.5% 和 2.65%,① 除 2015 年与世界平均水平基本持平外,其余年份均高于全球平均经济增速;并且 2011—2015 年,共有 19 国②的 GDP 平均增速保持在 5% 以上,这些国家主要分布在东南亚和中亚地区。

此外,各国的经济增长方式也大不相同,"一带一路"沿线国家中很多依靠向国际市场提供能源、矿产等资源拉动经济增长,例如俄罗斯、中亚 5 国以及中东产油国,也有依赖较低人力资本吸引外资的外贸依赖型国家,如东南亚国家、南亚大部分国家等,还存在一些基本没有制造业而以旅游业、金融业等服务业作为主要产业的国家。当然,我国由于国内各地区发展水平差异较大,可与处于不同发展阶段的"一带一路"沿线国家相互对接、优势互补,在我国与部分国家保持着密切的经贸往来基础上,沿线各国发展水平各异,能够满足我国不同地区企业"走出去"的要求。

(2)"一带"与"一路"沿线国家概况比较

虽然"一带一路"是一个增进区域合作、推动区域发展共赢的整体性倡议,但"丝绸之路经济带"沿线国家与"21 世纪海上丝绸之路"相关国家之间不管是在面积、人口等指标,还是在经济发展水平、国际贸易投资规模等方面均有着显著的不同,我国企业走向相关国家不仅有着巨大的发展空间,也必须根据自身的发展定位来把握其间的不同情况。

首先,虽然"一路"沿线各国的总体经济规模稍高于"一带"沿线国家,但两大区域的总体经济规模基本相当。从单个国家来看,相关国家的经济总量、贸易总量数据与我国均存在较大差距,并且这些国家有着较高的对外经济依存度,因此,我们应对我国能够通过扩大开放充分发挥经济辐射效应,从而增强与相关区域的经贸合作持乐观态度。

其次,由于"一路"相关区域汇集了东南亚、南亚等世界主要人口大

----

① 2010—2015 年的增速不包含数据缺失的叙利亚和巴勒斯坦两国;2015 年的平均增速还剔除了数据缺失的伊朗。

② 这 19 国分别是:印度尼西亚、马来西亚、越南、菲律宾、柬埔寨、老挝、缅甸、东帝汶、乌兹别克斯坦、土库曼斯坦、吉尔吉斯斯坦、印度、孟加拉国、斯里兰卡、不丹、蒙古、沙特阿拉伯、伊拉克、卡塔尔。

国,尽管该区域有着中东产油国等高收入国家,但大量低收入贫困人口数量拉低了"一路"区域整体 GNI 收入水平,使得整体上"一带"沿线国家相对"一路"沿线国家人均国民总收入水平较高。通过人均收入水平的比较,我国在"一带一路"沿线 64 国中处于居中的位置,因此,与其中各种收入水平的国家都具有相应取长补短、优势互补的增进合作想象空间。

最后,从国际资本流动来看,"一路"区域临近大洋,基础设施建设和人力资源成本较"一带"区域有着一定优势,因此国际资本相对更加青睐"一路"区域的区位优势,而"一路"区域很多国家地处欧亚大陆中心,地缘战略位置十分重要,尽管交通、通信等基础设施建设不足,但各种经济发展战略资源储备相当丰富,其核心区域的中亚 5 国更是与我国保持了长期稳定的战略伙伴关系,因此从"一带一路"区域整体上看,我国FDI 流入、流出量占 GDP 的比重与相关国家的平均水平大体相当,无论是"一路"沿线国家的区位优势还是"一带"沿线国家的战略资源、地缘政治优势都对我国企业"走出去"有着巨大的吸引力。

4.1.3.2 我国对"一带一路"沿线国家投资增速快、贸易发展迅速

根据商务部统计数据,对外直接投资方面,2007—2015 年,我国对"一带一路"沿线国家的投资数量呈直线上升趋势,但由于此期间内我国整体对外直接投资增长较快,对"一带一路"沿线国家投资占我国对外直接投资比重相对均衡。如图 4-3 所示,2015 年,我国对"一带一路"沿线国家投资达 189.3 亿美元,占当年流量总额的 13%,同比增长 38.6%,是我国全球投资增幅的 2 倍,当年我国企业共对"一带一路"沿线 49 个国家进行了直接投资,排名前十的国家分别为新加坡、俄罗斯、印度尼西亚、阿联酋、印度、土耳其、越南、老挝、马来西亚和柬埔寨;截至 2015年末,我国对"一带一路"沿线国家的直接投资总额已经达到了 1634 亿美元,约占我国对外直接投资总额的 1/8,"一带一路"沿线国家中占据我国对外直接投资存量前 20 位的国家有:新加坡(第 5 位,319.85 亿美元)、俄罗斯(第 9 位,140.20 亿美元)、印度尼西亚(第 11 位,81.25

亿美元）、哈萨克斯坦（第 16 位，50. 95 亿美元）、老挝（第 17 位，48. 42 亿美元）、阿联酋（第 19 位，46. 03 亿美元）和缅甸（第 20 位，42. 59 亿美元）。① 对外承包工程方面，2015 年，"一带一路"沿线 64 国中有 60 个国家与我国企业新签了 3987 份工程项目承包合同，合同金额达 926. 4 亿美元，占我国同期新签对外承包工程合同总金额的 44. 1%，实现增长 7. 4%；当年共完成 692. 6 亿美元营业额，占同期完成营业额的 45%，实现 7. 6% 的增长。②

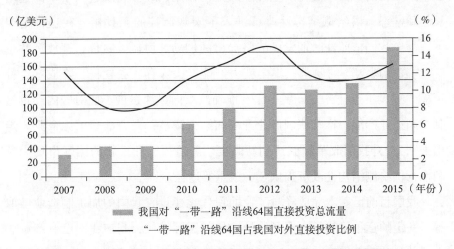

图 4-3 2007—2015 年我国对"一带一路"沿线 64 国直接投资情况

此外，我国与"一带一路"沿线国家进出口贸易也发展迅速：2011 年时进出口数额分别为 4542 亿美元和 4399 亿美元，到 2013 年，我国与"一带一路"沿线国家进出口额已超过 1 万亿美元，约占到我国对外贸易总值的 25%。③ 2014 年，进口额最高的前十个国家分别为伊拉克 208 亿美元、菲律宾 210 亿美元、阿曼 238 亿美元、印度尼西亚 245 亿美元、伊朗 275 亿美元、新加坡 308 亿美元、泰国 383 亿美元、俄罗斯 416 亿美元、沙特阿拉伯 485 亿美元、马来西亚 557 亿美元。虽然目前我国企业走向"一带一路"相关区域已取得一定成果，但考虑到"一带一路"倡议提出较晚，

---

① 商务部 . 2015 年对外直接投资统计公报 .
② 数据来源：《2015 年中国对外投资统计公报》。
③ 数据来源：中华人民共和国政府门户网站，http：//www.gov.cn/.

相关体系建设的稳步推进将使得我国企业对相关国家的投资得到快速增长，我国企业亦可通过多种途径参与"一带一路"发展建设。

4.1.3.3 "一带一路"倡议对我国企业"走出去"的积极影响

第一，从我国自身发展的现实情况来看，经过改革开放 40 余年的高速发展，我国已成为世界第二大经济体，人均国民收入已迈入中等发达国家水平，但传统凯恩斯主义的短期需求刺激模式已难以对持续保持多年高歌猛进式增长的中国经济再产生强烈的推动作用，经济发展进入了中高速增长的新常态，供给侧结构性改革进入了宏观调控的工具箱。在这种情况下，需要我们依照新时期发展战略提出的创新、协调、绿色、开放、共享"五大发展理念"的要求，集中就去产能、去库存、去杠杆、降成本、补短板"五大重点任务"开展工作、推动改革向纵深发展。面对国内严重过剩的制造业产能，推动我国产业升级和结构调整，大力推动相关企业"走出去"，提升我国改革开放达到新高度、新阶段，开拓新的国际市场为顺利推行供给侧结构性改革提供了一条重要途径。

我国目前已基本完成经过工业的现代化建设，我国的加工制造业已取得了一定的竞争优势并占据了比较突出的国际地位，当前我国已有产量居世界首位的 700 多种产品，还有超过 3 万亿美元、全球第一的巨额外汇储备，这为我国进一步推动"走出去"战略、实现与发展中国家的合作共赢奠定了坚实的物质基础。"一带一路"倡议是一个全方位、立体化开放的全新发展倡议，是过往改革开放制度的全面升级版，达到了我国全方位开放的新高度，具体体现在三个方面：一是开放的对象上，既重视发达国家，也重视发展中国家，实现两类国家的并重；而在这之前我国基本是眼睛只盯着发达国家，想方设法通过引资、引智、引技术等"多引"方式获得经济发展的宝贵战略资源。现在情况发生了变化，"一带一路"倡议要求我们同等重视发达国家和发展中国家中的发展机遇，要做到两眼看世界，既要学习发达国家，也要走向发展中国家。二是在对外开放区域上实现东西互动、陆海联动，既要保持东部沿海地区继续对外开放，也要进一步为中西部等内陆地区扩大对外开放创造良好条件。三是对外开放的方式上要有机结合、统筹兼顾,"引进来"和"走出去"。

第二,从"一带一路"沿线各国的视角来看,现今世界经济仍未走出2008年国际金融危机的阴影,带动世界经济发展的美欧日等各大"火车头"复苏乏力,为获得有限的发展资源,局部地区地缘竞争日趋激烈。"一带一路"倡议提出要实现政策沟通、设施联通、贸易畅通、资金融通、民心相通的"五通"目标,将有力带动和满足沿线国家对于基础投资和建设的需求。通过物资运输通道的纽带连接沿线众多国家和地区,以基础设施建设拉动需求将为相关区域经济发展注入活力,同时,"一带一路"倡议将古丝绸之路的合作、共赢理念发扬光大,并不强调对成员国的约束力,而是立足并致力于合作机制的多元化,以共同参与建设为基础实现发展成果的共享,最终形成所有参与国共赢的新型合作机制。

2013年"一带一路"倡议发出伊始,我国与相关国家的贸易额已和我国与欧盟、美国的贸易额相当,大概比重是我国对外贸易总额的1/4,这为今后我国推进相关区域合作奠定了良好基础。在未来发展中,由于"一带一路"沿线大部分国家处于东西两大主要经济圈的夹心部分,以刚刚开始工业化建设的新兴经济体和发展中国家居多,从我国自身的发展历程来看,往往这个发展阶段国家具有相当巨大的经济发展空间,这也意味着我国在其中拥有已经不错、未来还会越来越不错的合作空间。根据IMF的预测,15~20年以后,在全球经济比重中新兴经济体和发展中国家会扮演更加重要的角色,相应地,发达国家所占地位将会逐渐下降。同时,WTO也做出过类似的预判,即新兴经济体和发展中国家将会占据全球货物贸易中越来越高的份额,而发达国家的贸易份额将会逐渐缩小。这两份判断为我们与第三世界国家尤其是"一带一路"沿线国家开展合作、共谋发展提供了一个相当关键的支持和依据。

第三,一种精神、两大支柱是"一带一路"倡议的核心内涵,其中,一种精神就是以互利共赢、和谐社会、和谐世界理念为基础的丝路精神;两大支柱就是建立在原丝绸之路两大功能之上的经贸合作和人文交流。我国参与国际竞争需要提升自己的软实力,这是"一带一路"倡议所提出的建设的重要目标,也是有别于以前我国单方面推动区域经济合作或者经贸合作的地方。现在中国已经连续多年保持发展中国家中吸引外资的纪录，2015 年我国基本实现对外投资与吸引外资相当，可以预见不远的将来我国将变成资本净输出国，我们的发展面临着经济发展新常态和中等收入陷阱的双重挑战。我们现在需要给出答案的问题是怎样破除发展的"瓶颈"，怎样推动改革持续深入，怎样通过进一步扩大对外开放为我们释放更多红利、创造更多机遇。有效的回答在于实施主动的开放战略，"一带一路"适时地提供了良好的契机。

"一带一路"倡议发出不久就已得到 60 多个国家和国际组织的积极回应，这些国家目前拥有超过 31 亿、占到世界总人口的 43%的庞大人口基数；其 GDP 超过 13 万亿美元，约占全球比重的 20%；而且这些国家主要是由普遍处于经济发展上升期的新兴经济体和发展中国家组成，目前外资流入和对外贸易的增速分别达到 13.9%和 6.5%，比世界平均水平要高，显示出非常庞大的经济增长空间，我国企业"走出去"将面临重要机遇。

4.2 我国企业"走出去"发展阶段国际比较——投资发展周期理论视角

虽然我国企业"走出去"取得了一定成绩，但由于时间较短，还存在很多不足，比如在对外投资发展阶段上，就落后于世界主要资本输出国家。由于对外直接投资是我国企业"走出去"的主要方式，因此我们这里用 FDI 来替代"走出去"，对我国企业走向海外的发展阶段进行国际比较。

4.2.1 投资发展周期理论的主要内容

投资发展周期理论是英国经济学家 Dunning 于 1979 年在国际生产折中理论基础上应用动态的方法发展而来的，主要解释了投资母国的经济发展水平对向外投资规模的影响。其依据人均 GDP 将一国的经济发展水平分成五个阶段，相对应地，该国企业所拥有的所有权优势、内部化优势和区位优势呈现出由低到高的排列方式，从而动态地决定了对外投资从无到有并逐渐超过外部对该国投资的过程。

4.2.1.1　投资周期理论的理论基础：三大优势

投资发展周期理论认为一国进行对外直接投资需要具备三大优势：所有权优势（Ownership Advantages）、内部化优势（Internalization Advantage）和区位优势（Location Advantages）。这三大优势相互联系，企业首先需要具备所有权优势，所有权优势决定了企业的竞争能力；内部化优势体现为企业的跨国资源整合和管理能力，在企业具备所有权优势后内部化优势让企业如虎添翼；区位优势则是对投资目的地的选择，企业往往愿意到具备区位优势的东道国进行投资。

所有权优势，又称厂商优势或垄断优势，是指某国企业具有的或能得到的，而其他国家的企业却无法拥有或无法得到的诸如无形资产、规模经济、资金优势、专利技术等优势或资源。

内部化优势是指企业在对外直接投资中将其资产或所有权内部化，从而获得的额外收益，比如跨国公司通过向外投资设立母子公司之间的内部资产转移网络，再将其资产向国外子公司进行转移，就可以比通过交易转移给其他企业获得更多利益。

区位优势是指东道国与别的投资目的地相比，为吸引外国投资所拥有的优势，拥有所有权优势和内部化优势的跨国公司对外直接投资的流向取决于区位禀赋的吸引力。在现实中，投资国和东道国的多种因素共同决定对外投资的区位条件，这些因素主要包括贸易障碍、政府的政策、市场的特征、劳动成本、当地的生产水平以及原材料的可供性等。比如，如果东道国构筑了较高的贸易壁垒，实行严格的进口替代政策，外国投资者为获得东道国市场，就会对其进行直接投资。东道国具有的区位优势会对跨国公司是否进行对外直接投资和选择投资地点产生直接影响。

4.2.1.2　投资周期理论的五大阶段（如图4-4所示）

（1）第一阶段

第一阶段是对外投资发展的起步阶段，作为分析对象的国家的人均GDP很少（低于400美元），往往比较贫穷，这时该国居民基本不会进行对外投资，但会有外国对其进行直接投资，因此该国的对外直接投资净值

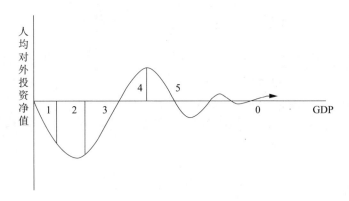

图 4-4　投资发展周期示意

为负数，且负值有递增的趋势。

处于第一阶段的国家往往因为人均 GDP 较少而缺少消费能力，国内市场规模有限且资产效率低下，政治经济体制存在着缺陷和不稳定因素，基础设施也较为落后，国民受教育程度不高导致劳动力技能水平较差，也就难以吸引外国公司到当地投资建厂，而大多是采用与该国进行贸易而非建立合资（独资）企业的方式进入该国市场，也就是说，其不具备区位优势。同时，该国技术上落后，工业化程度低下，其国内本土企业缺乏先进技术，也就不具备所有权优势，即使某些企业拥有一定的所有权优势，也往往是由于人力成本较低或该国具有相对稀缺的自然资源，表现为劳动密集型和生产初级产品的企业。加上企业竞争力较差而政府提供一定程度的保护，企业没有对外投资的实力，从而丧失了内部化优势。该阶段的国家三种优势都不具备，在现实中是最不发达国家。

（2）第二阶段

处于第二阶段的国家的人均 GDP 较第一阶段国家有所增长，达到了 400~2000 美元，但仍然较为贫穷。这时，不仅外来投资流入加速、数量增加，该国也逐渐开始少量对外直接投资，但由于数量较少导致对外直接投资净值仍然是负数。

在第二阶段，国家所拥有的区位优势有所增加，人均 GDP 和人均收入的增长使得消费能力得到提升，国内得到扩张的市场规模和相对较低的人力资源成本吸引了部分外国企业愿意前来投资，由于这些国家仍然实行关税壁垒等贸易保护措施，更是对外国企业在当地采用直接生产模式产生了刺激，同时，该国的基础设施环境也得到一定改善，工人的受教育程度和国民素质都有所提升。并且，由于政府的保护政策，企业拥有了进行技术积累的机会和能力，企业生产由劳动密集型向知识密集型发展，由于积累了一定的所有权优势后开始向外扩张和投资，要么投向发达国家以获得发展所必需的战略性资产，要么投向发展中国家需求市场。此外，政府在该阶段对外投资中扮演着重要的角色，提供的多种鼓励政策和优惠条件直接对对外投资企业的内部化优势产生影响，并通过影响生产成本间接作用于区位优势的效力。在此阶段，一国对外直接投资净值变化趋势呈现出先恶化后逐渐好转的态势，流出的增量和流入的增量最终实现相当。

（3）第三阶段

这一阶段的国家达到了新兴国家标准，人均 GDP 增长到 2000～5000 美元，处于世界中等水平。资本流出的增量已经超越资本流入的增量，对外直接投资净值为负数的状态开始出现扭转的趋势。

在该阶段，国家的技术水平已经达到与国际同行不相上下的标准，收入的增加导致需求提振，促使企业尽可能研发新技术、改进生产工艺，最终形成需求和供给的良性循环。但人力成本的上升使得劳动密集型产业开始向国外转移。无论是本土企业还是外资企业的所有权优势都将产生变化，其中本土企业由于学习了外资企业的管理经验提升了国际竞争的能力，其大部分行业企业的所有权优势都与发达国家不相上下；而外资企业受惠于当地国家投资环境的改善和当地企业的竞争，将通过加大对无形资产的投入来确保自身的所有权优势。这些国家中将出现规模经济，本土企业向资本密集型和技术密集型发展，国家所拥有的区位优势不断增强。

（4）第四阶段

国家进入这一阶段的标志是对外投资净值由以往的负数变成正数，正式成为对外投资净来源国，同时，对外直接投资的增量将持续高于资本流入的增量，对外投资净值不断增加，这一般也是该国迈入发达国家行列的标志，当然，其人均 GDP 将大大高于世界平均水平，达到 5000 美元以上，富裕阶层将普遍涌现。

一旦进入该阶段，自主创新将贡献该国大部分的区位优势，企业将运用资本密集型技术来生产具有国际竞争力的产品，并不断把在国内不具备竞争优势的产业转移到其他国家并实现国内外市场的内部化，以实现通过内部化优势获取部分所有权优势。政府将致力于发挥市场机制作用促进交易成本减少和资源配置优化，在继续弥补市场缺陷、促进竞争的同时调整产业结构、推动产业升级。

（5）第五阶段

在第五阶段，国家的对外投资净值将围绕 0 值呈现出上下来回且幅度不断下降的波动，资本流入量和资本流出量规模巨大且呈现出同时向相同方向变化的趋势。该阶段的国家有着两个关键性的特质，即跨国交易不再通过市场进行，而是在跨国公司内部或跨国公司相互之间进行，内部化趋势强烈；另外，国家之间的经济结构和资产结构趋同化导致相互之间的投资将向互相平衡发展，国家经济和企业都实现了高度的国际化。同时，经济全球化不断推动跨国公司的自身发展和完善将打破国家的界限，使得国家属性变得模糊，其自身渐成一体。政府将倾向于把别国发展战略作为制定本国政策的重要参照，继续致力于交易成本的减少和各种结构调整，以增强本国市场的效率。这时，对国家竞争力的衡量标准将是 GDP 的增长方式而非 GDP 本身；企业的所有权优势建立在通过并购获得战略性资产之上，行业内部企业的互补性大大增强。投资发展周期理论各阶段特征示意见表 4-2。

表 4-2　投资发展周期理论各阶段特征示意

阶段	人均 GDP	本国市场区位优势	FDI 流入量	本国企业所有权优势和内部化优势	FDI 流出量（OFDI）	对外直接投资净值（NOI）
第一阶段	低于 400 美元	不具备区位优势	少量 FDI 流入	不具备所有权优势和内部化优势	基本没有 FDI 流出	0 附近，为负数
第二阶段	400~2000 美元	显现劳动力和资源优势	FDI 流入加快	开始显现所有权优势和内部化优势	少量 FDI 流出，并加速，但不如流入加速快	负数增大

阶段	人均 GDP	本国市场区位优势	FDI 流入量	本国企业所有权优势和内部化优势	FDI 流出量（OFDI）	对外直接投资净值（NOI）
第三阶段	2000~5000 美元	从劳动力和资源优势向资本、技术优势发展	FDI 持续流入但增速开始下降，出现拐点	所有权优势和内部化优势增强	FDI 流出加速，其增速超过 FDI 流入的增速	负数减小
第四阶段	高于5000 美元	资本和知识优势	FDI 流入速度下降	具备全面的所有权优势和内部化优势	FDI 流出持续增加	为正数且正数增大
第五阶段	本国拥有成熟的区位优势与本国企业拥有成熟的所有权优势和内部化优势，NOI 减少到 0 并在 0 附近上下波动，对外直接投资路径与其发展水平已无明显的相关关系					

4.2.2 中国投资发展阶段国际比较

根据投资发展周期理论的描述，我们就可以依据一国的人均 GDP、对外直接投资（OFDI）和外国对该国的直接投资（FDI）等数据判断出该国在投资发展周期理论模型中所处的阶段。

4.2.2.1 对我国"走出去"所处阶段的基本判断

（1）从人均 GDP 角度

根据我国人均 GDP 的发展来回顾和判断我国"走出去"的所处阶段，从图 4-5 和表 4-3 中我们可以看到，改革开放以来除极个别年份以外，我国的人均 GDP 保持着一直向上高速增长的态势，从 1979 年的 183 美元开始，到 1994 年突破 400 美元，其间我国一直处于第一阶段；此后我国人均 GDP 开始经历第一个高速增长时期，经过 12 年的发展由 500 美元阶段增长到 2000 美元的水平，2006 年我国人均 GDP 已达到 2100 美元左右，可以说在这个历史时期我国处于投资发展周期理论的第二阶段；再往后看，由 21 世纪初开始的我国人均 GDP 第二次高速增长使得短短 5 年时间我国的人均 GDP 就跃升到 5000 美元的平台，2011 年人均 GDP 数额为 5633 美元，此后继续保持火箭般的增长速度，到 2015 年已达到 8027 美元，根据投资发展周期理论，从人均 GDP 的角度，可以认为 2006—2011 年我国处于投资发展周期理论所描述的第三阶段，2012 年以后已达到第四阶段。

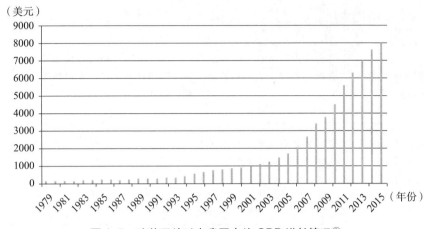

（美元）

图 4-5 改革开放以来我国人均 GDP 增长情况①

表 4-3 改革开放以来我国人均 GDP 增长情况　　　　　　单位：美元

年份	1979	1993	1994	2005	2006	2010	2011	2014	2015
人均 GDP	183	377	473	1753	2099	4560	5633	7683	8027

　　　数据来源：世界银行（WDI）数据库。

（2）从 FDI 流入的增长角度

从图 4-6 和图 4-7 中我们可以看到，受国家宏观政策和国际经济形势影响，我国 FDI 的流入速度起伏较大，虽然在个别年份出现大起大落的现象，但改革开放 40 多年来基本保持了呈 W 形的线性发展趋势。从 1980 年初到 1992 年前后，我国只有少量的 FDI 流入，初步判断此段时间我国处于投资发展周期理论的第一阶段，这与我们前面依据人均 GDP 指标的判断相符；在此之后，虽然在 20 世纪末、21 世纪初经历了一小段数量下降的时期，但自 2000 年开始我国 FDI 的流入再次提速，直到 2008 年美国金融风暴爆发，我国 FDI 流入的增速一直保持在 10%~20%，数量上由 1990 年之前的年均几十亿美元发展到年均流入几百亿美元，但此后流入增速开始下降，因此从 FDI 流入增速的特征判断 1990 年初期到 2008 年前后我国处于

　　① 数据来源：世界银行（WDI）数据库。

投资发展周期理论的第二阶段；从 2008 年至今，虽然我国 FDI 流入数量上仍然不断上升，近年来每年的流入数量已突破千亿美元大关，但 FDI 流入的增长速度由上一阶段的 10%~20% 下降到个位数，甚至在 2009 年和 2012 年出现了负增长，这符合投资发展周期理论对第三阶段的描述，由此认为目前我国已处于投资发展周期理论的第三阶段。

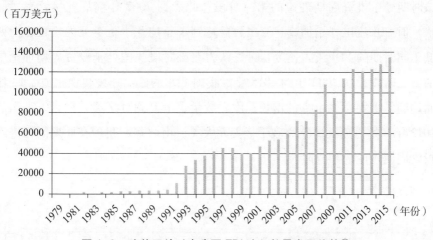

图 4-6　改革开放以来我国 FDI 流入数量发展趋势①

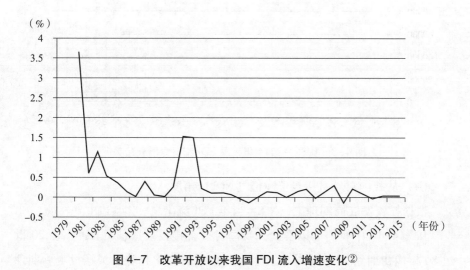

图 4-7　改革开放以来我国 FDI 流入增速变化②

① 数据来源：联合国贸发会议（UNCTAD）数据库。
② 根据联合国贸发会议（UNCTAD）数据库计算得出。

（3）从我国对外直接投资的增长角度

从图 4-8 和图 4-9 中可以看出，我国 FDI 流出自改革开放以来实现了三个阶段的变化：从 1982 年有统计数据开始到 1992 年前后大约十年间，我国对外直接投资很少，虽然保持一定的增长速度，但基数太小，年均只有几亿美元，基本上可以忽略不计，这时从 FDI 流出量上可以认为我国在该时期处于投资周期理论的第一阶段；此后到 2002 年前后，尽管有所起伏，但 FDI 流出开始加速、流出数量达到了年均几十亿美元的规模，但要低于同时期的 FDI 流入速度，可以认为在该时段我国处于投资周期理论中的第二阶段；从 2002 年到 2015 年，我国 FDI 的流出速度再次上升，13 年间达到了平均超过 40% 的增长速度，数量也上升到百亿美元平台，甚至从 2013 年开始已连续 3 年突破千亿美元大关，由此判断我国在此期间已进入投资周期理论的第三阶段。

（百万美元）

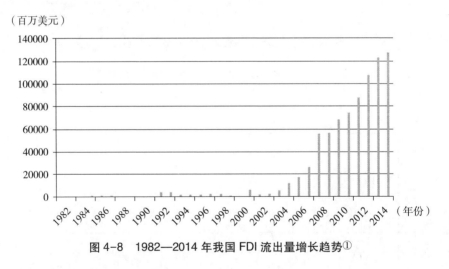

图 4-8　1982—2014 年我国 FDI 流出量增长趋势①

（4）从我国对外直接投资净值（NOI）角度

根据投资发展周期理论，NOI ＝当年 FDI 流出量－当年 FDI 流入量。

从图 4-10 中我们可以看到，我国对外直接投资净值（NOI）在 20 世纪 80 年代初期到 2015 年基本上呈现出 U 形的变化趋势。根据投资周期理

---

① 数据来源：联合国贸发会议（UNCTAD）数据库。

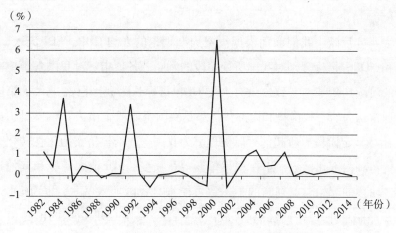

图 4-9　1982—2014 年我国 FDI 流出增速变化①

论，大致可以分为三个阶段：1982—1992 年，我国 NOI 的数值很小且为负数，符合投资周期理论对第一阶段的描述；1992—2006 年，我国 NOI 一直保持负值的状态且负数不断扩大，直至 2005 年基本到达谷底，这期间我国处于投资周期理论的第二阶段；2006—2015 年，我国 NOI 仍然为负数，但持续下降的趋势得以扭转，呈现出负数不断缩小的态势，但还没有变成正数，因此在这段时期我国处于投资发展周期理论的第三阶段。

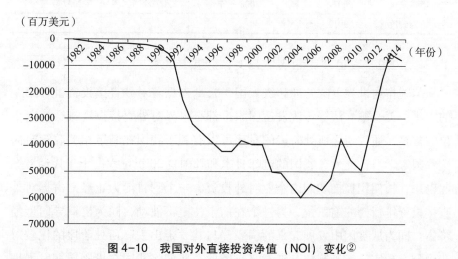

图 4-10　我国对外直接投资净值（NOI）变化②

---

① 数据来源：根据联合国贸发会议（UNCTAD）数据库计算得出。
② 数据来源：根据联合国贸发会议（UNCTAD）数据库计算得出。

（5）结论

表4-4反映了我们前面根据投资周期理论的人均GDP、FDI流入、FDI流出和NOI等指标分别对我国所处阶段的判断，各项指标对我国各历史时期所处的阶段判断基本一致，只有人均GDP指标认为我国已经进入了第四阶段。通常认为所有权优势和内部化优势是一国企业"走出去"的基础，人均GDP指标认定阶段有所超前可以被理解为我国企业的经济实力正在转化为所有权优势和内部化优势，正在积累量变等待质变。FDI流入指标和其他指标对第三阶段的起始时点判断的不一致可能来自我国加入WTO和实施"走出去"战略的对外开放升级红利释放因素。结合人均GDP指标的预测和2014年以来我国的NOI指标已经趋向0值，以及FDI流入放缓和FDI流出激增，我们认为我国已经处在由第三阶段向第四阶段突破的关键时期，也就是说，我国正处在由"走出去"大国向"走出去"强国转变的紧要关头。

表4-4 投资周期理论各项指标显示我国所处阶段对比

标准 阶段	人均GDP	FDI流入	FDI流出	NOI
第一阶段	1980—1994年	1980—1992年	1982—1992年	1982—1992年
第二阶段	1994—2006年	1993—2008年	1993—2002年	1992—2006年
第三阶段	2007—2011年	2008年至今	2002年至今	2007年至今
第四阶段	2012年至今			

4.2.2.2 我国"走出去"所处阶段国际比较

美国作为世界上唯一的超级大国，长期占据着对外直接投资世界第一的宝座，英、德、法等传统发达国家也都是世界对外直接投资排行榜前十位的常客，通过与之所处阶段的对比可以有利于我国在制定相关政策时向这些国家学习；此外，我国的近邻日本和韩国自20世纪六七十年代经济崛起以来，长期积极推动国内企业对外投资，一个到目前为止经常占据对外直接投资排行榜的前三位，另一个在前十位上下波动，同为出口导向型经济体，同为从贫困中发展起来的国家，与其"走出去"所处阶段的比较对我国具有现实的政策制定参考意义，因此，我们将我国在投资周期发展理论中所处的阶段与上述国家进行比较，同时为了简便起见，在相互对比时将采用人均GDP和NOI指标。

（1）人均 GDP 指标角度

首先，从表 4-5 中我们可以看出，2015 年从人均 GDP 指标来看，只有我国还停留在不到 1 万美元的水平上；其余 6 国均已超过 2 万美元，其中最高的美国已超过 5 万美元，最低的韩国也接近 3 万美元。因此，除我国还处于投资周期理论的第四阶段，其余 6 国均已进入第五阶段（由于投资周期理论没能给出第五阶段的具体人均 GDP 标准，而只是认为 GDP 的增长方式更能说明某国已进入第五阶段，我们只能根据投资发展周期对处于第五阶段国家经济和企业的描述，暂且把其他 6 国都归于第五阶段）。

表 4-5　各国 2015 年人均 GDP 数值　　　　　　　单位：美元

国家	中国	美国	英国	法国	德国	日本	韩国
人均 GDP	8027	56115	43875	36205	41313	32477	27221

数据来源：世界银行（WDI）数据库。

其次，从纵向上看（见表 4-6），我国人均 GDP 于 2011 年超过 5000 美元；美国于 1969 年，英、法、德、日、韩分别于 1978 年、1974 年、1973 年、1976 年、1989 年实现人均 GDP 超过 5000 美元。由于投资发展周期理论把人均 GDP 超过 5000 美元作为一国进入第四阶段的衡量标准之一，因此从人均 GDP 指标角度来看，我国于 2011 年进入第四阶段，其他国家分别在其人均 GDP 突破 5000 美元的年份进入第四阶段，也就是说，我国基于人均 GDP 角度的比较，比美、英、法、德、日 5 国在"走出去"方面落后 30 年以上，较韩国落后 20 年以上。

表 4-6　各国人均 GDP 超过 5000 美元年份

国家	中国	美国	英国	法国	德国	日本	韩国
人均 GDP 超 5000 美元年份（金额）	2011 年 5633	1969 年 5032	1978 年 5976	1974 年 5317	1973 年 5027	1976 年 5111	1989 年 5860

数据来源：世界银行（WDI）数据库。

（2）NOI 指标角度

①中国

如图 4-11 所示，从 NOI 指标来看，由于 NOI 指标还没有变成正数，我国目前还处于投资发展周期理论的第三阶段末期。

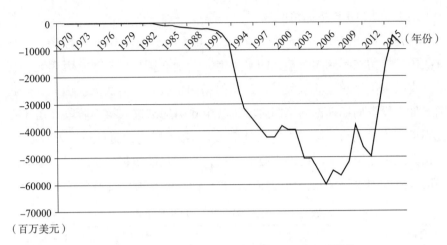

图 4-11　1970—2015 年中国 NOI 指标变化趋势①

数据来源：联合国贸发会议（UNCTAD）数据库。

②美国

如图 4-12 所示，在 1970 年以前美国的 NOI 指标就已经为正数，此后也长期在 0 值周围波动，由此可认为美国在 1970 年以前已经进入第五阶段。

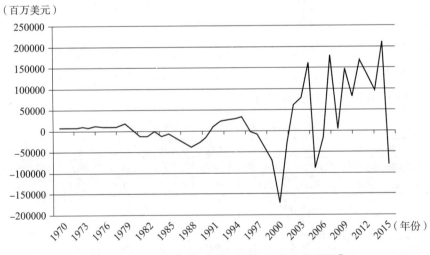

图 4-12　1970—2015 年美国 NOI 指标变化趋势②

---

①　由于没有中国 1970—1981 年的 FDI 流出数据和 1978 年以前的 FDI 流出数据，我们用 0 值替代。

②　数据来源：联合国贸发会议（UNCTAD）数据库。

③英国

如图 4-13 所示，在 1970 年时英国的 NOI 指标为正数，此后一直围绕 0 值上下波动，据此我们认为英国在 1970 年时已经进入第五阶段。

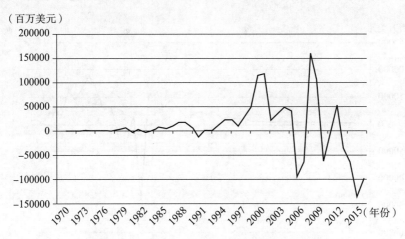

图 4-13　1970—2015 年英国 NOI 指标变化趋势①

④法国

如图 4-14 所示，虽然在 1970 年时法国的 NOI 为负值，但 NOI 指标此后长期围绕 0 值上下波动，据此我们认为法国在 1970 年时已进入第五阶段。

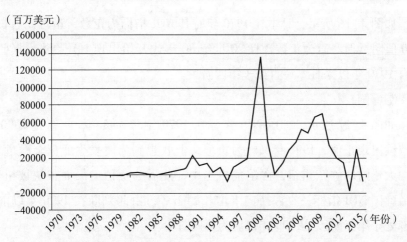

图 4-14　1970—2015 年法国 NOI 指标变化趋势②

① 数据来源：联合国贸发会议（UNCTAD）数据库。
② 数据来源：联合国贸发会议（UNCTAD）数据库。

⑤德国

如图 4-15 所示,1970 年时德国 NOI 指标为正数,且此后 NOI 指标围绕 0 值上下波动,据此我们判断德国在 1970 年时已经进入第五阶段。

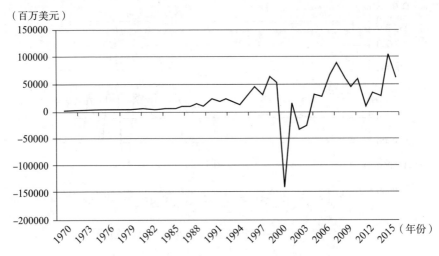

图 4-15　1970—2015 年德国 NOI 指标变化趋势①

数据来源:联合国贸发会议(UNCTAD)数据库。

⑥日本

如图 4-16 所示,日本在 1970 年时其 NOI 指标为正数,虽然此后长期在 0 值附近但一直为正数,且 20 世纪 80 年代开始出现上升趋势,据此判断自 1970 年以来日本一直处于第四阶段。

⑦韩国

如图 4-17 所示,韩国 NOI 指标在 1970 年时为负值,一直到 1990 年才持续出现正值,1998 年又转为负值,但联想到当时发生亚洲金融危机,韩国大量财团破产重组,深陷危机当中,此后为负值的局面很快被扭转,而后韩国 NOI 指标一直保持向上增长的态势,由此判断在 1990 年以前韩国都处于第三阶段,1990 年以后为第四阶段。

---

① 由于德国的分裂和统一,1990 年前使用联邦德国的数据,1990 年及以后两德统一正式使用德国数据。

（百万美元）

图 4-16　1970—2015 年日本 NOI 指标变化趋势①

（百万美元）

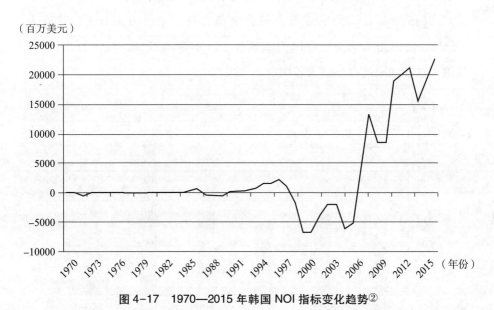

图 4-17　1970—2015 年韩国 NOI 指标变化趋势②

⑧结论

综合各国 NOI 指标的比较结果（见表 4-7），目前我国还处于第三阶

---

① 数据来源：联合国贸发会议（UNCTAD）数据库。
② 数据来源：联合国贸发会议（UNCTAD）数据库。

段,但已经是在第三阶段向第四阶段突破的关键时期,日、韩处于第四阶段,美、英、法、德等传统发达国家已到达第五阶段。也就是说,我国对外投资的发展阶段还落后于主要资本输出国家,为实现迎头赶上,需要鼓励我国企业积极"走出去"。

表 4-7　NOI 指标显示 2015 年各国所处阶段

国别	中国	美国	英国	法国	德国	日本	韩国
阶段	第三阶段末期	第五阶段	第五阶段	第五阶段	第五阶段	第四阶段	第四阶段

此外,不仅根据投资发展周期理论可以推断出我国企业"走出去"在现阶段落后于上述主要资本输出国家,来自世界银行和联合国的数据也显示出了同样的结论:从 FDI 流出流量占 GDP 的比重来看(如图 4-18 所示),2015 年除英国的 FDI 流出数据为负数外,中国为 1.16%、美国为 1.66%、法国为 1.45%、德国为 2.80%、日本为 3.12%、韩国为 2.00%,我国与这些国家还存在较大差距。

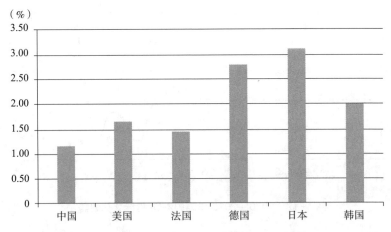

图 4-18　2015 年中、美、法、德、日、韩 6 国 FDI 流出占 GDP 比重①

---

① 数据来源:世界银行(WDI)数据库、联合国贸发会议(UNCTAD)数据库。

4.3 "一带一路"背景下企业"走出去"与税务管理发展历程比较

4.3.1 我国企业"走出去"的发展历程

随着经济改革和对外开放战略的确立，我国企业逐渐走上了"走出去"的发展道路，在对外投资外部环境逐渐得到改善的同时，国家和政府在推动"走出去"的过程中扮演了重要的角色、发挥了巨大的作用。根据我国融入世界经济的标志性事件和国家鼓励企业积极对外投资政策的出台，大体上可将我国企业"走出去"的发展历程分为 3 个阶段。

4.3.1.1 企业自行探索并逐步起步阶段（1979—2001 年）

自 1979 年改革开放成为国策开始，虽然我国国内发展建设急于引入资金、先进技术等战略资源，开放的战略重点在于"引进来"，国内企业自身实力还比较弱小，国家也没有对企业对外投资给予鼓励和政策倾斜，但一部分"走出去"的先行者已然开启了对国际市场的探索之旅。由 1979 年的不到 2000 万美元对外投资额起步，1979—1984 年我国平均每年"走出去"的非贸易型企业不足 20 家，6 年累计在境外设立企业 113 家，对外投资总金额 2.04 亿美元，分摊到每家企业上的投资额为 110 万美元。这其中，由于我国企业缺乏技术导致"走出去"的加工制造业企业较少，主要是餐饮、建筑、贸易等行业企业构成了该时期对外投资的主体力量，港澳地区依托其地理、人文、制度等优势成为我国对外开放的重要平台，是"走出去"的第一目的地和重要中转地。1985 年后，国家开始逐步支持企业对外投资和对外发展，对企业"走出去"审批从个案转向规范性操作。受此影响，企业对外投资开始增多，"走出去"开始逐渐起步。到 20 世纪 80 年代末 90 年代初，我国的境外非贸易型企业数量增长到超过 1000 家，对外投资金额超过 30 亿美元，对外投资主体也由改革开放初期的贸易企业、民间力量发展为国有大中型企业和综合性金融企业，对外投资形式以与当地合作伙伴合资成立共同持股企业为主，一部分发达国家已经成为我国企业"走出去"的第一目的地，"走出去"企业业务范围覆盖了资源开发、交通运输、机械加工制造等逾二十个行业。但受 20 世纪 90 年代前期的宏观经济形势和国家调控政策影响，我国企业的对外投资经受了"走出去"企业数量下降、对外投资额减少的考验。直到"走出去"战略设想的初步提出与论证阶段，国家开始正视"走出去"对国民经济发展的重要作用，各地纷纷出台鼓励政策、采取多种形式的鼓励措施，企业的对外投资额实现了迅速增长。

4.3.1.2 加入 WTO、实施"走出去"战略阶段（2001—2012 年）

2001 年，"走出去"战略被正式写入我国《国民经济和社会发展第十个五年规划纲要》，并且在该年底，随着多哈世贸组织第四次部长会议和我国全国人大常委会的正式批准，我国成为 WTO 第 143 个成员国，在外部投资环境改善和国内大力支持的双重刺激下，加上国内市场经济建设初见成效，国内企业经过国内市场的竞争已掌握一些技术、具备一定优势并渴望通过到国际市场上去搏杀获得更大的发展空间，多重原因综合使得"走出去"得到高速发展。对外直接投资统计公报的数据显示，2003 年我国的对外直接投资仅有 28.5 亿美元，到"一带一路"倡议提出前夕的 2012 年，已经增长到 878 亿美元，10 年间实现了超 30 倍的数量增长，年均增速超过 40%，用跳跃式增长来形容一点也不夸张。到 2012 年底，已有 1.6 万家中国企业通过"走出去"在全球 179 个国家（地区）设立了近 2.2 万家境外企业，境外企业资产总额超过 2.3 万亿美元。

4.3.1.3 "一带一路"倡议推动阶段（2013 年至今）

"走出去"战略的继续实施推动我国企业对外投资大踏步向前，2013—2015 年，我国企业对外直接投资金额由 1078.4 亿美元增长到 1456.7 亿美元，目前境外企业数量已超过 3 万家，资产已超过 4 万亿美元，投资遍布全球。2013 年习近平总书记在访问东南亚和中亚期间先后提出的共建"丝绸之路经济带"和"21 世纪海上丝绸之路"的重大倡议是对我国改革开放战略的重大调整，深刻地影响着我国企业的"走出去"。我国企业向"一带一路"沿线 64 个国家的投资增幅巨大，基础设施建设和装备制造业成为增长亮点。2014 年和 2015 年，我国对"一带一路"沿线国家的直接投资金额分别为 136.6 亿美元和 189.3 亿美元，分别占当年我国对外直接投资的 11.1%、13%；2015 年实现增幅 38.6%，是我国整体对外投资增长速度的 2 倍。可以预计的是，"一带一路"倡议的提出迎合了当前加强合作的国际趋势，其相关区域人口众多，国家之间经济互补性强、合作发展空间巨大，我国企业走向相关国家和地区还拥有很大的发展潜力。

4.3.2 我国企业"走出去"税务管理发展沿革

在我国企业开启"走出去"之路时，与之相关的税收制度和税收征管体制也逐渐得到建立和发展。

4.3.2.1 起步阶段（1979—1994 年）

在这一时期，由于我国的对外开放主要是引进外部先进的资金、技术，因此，我国当时的国际税收管理工作以"引进来"为重心，"走出去"税务管理显得比较粗放。

（1）税收制度

①企业所得税制度

20 世纪 80 年代初，我国先后出台了《中外合资经营企业所得税法》和《外国企业所得税法》，对进入我国的外商投资企业征收所得税。

在 1983 年以前，由于历史原因，我国企业一直向政府上缴利润而非缴纳税款，直到"利改税"改革实施后，这种情况才有所改变。1985 年，财政部出台了《关于对国营对外承包公司征收国营企业所得税的暂行规定》（以下简称《暂行规定》），对我国企业开展的少量"走出去"行为进行税务管理。按照《暂行规定》的要求，"走出去"企业（主要是国营企业）就在我国境内外取得的所得分别缴纳国营企业所得税。出于鼓励企业"走出去"的目的，来自境外的收入不仅享受较低的税率（20%），还有一些税收优惠政策，例如，从国务院批准境外企业成立的下一年起，可享受5 年境外所得免税的优惠；5 年免税期满后，对于缴纳税款确实存在困难的，可向当地税务机关提交申请并经财政部同意后，对其酌情减征境外收入所得税。

②税收协定

我国的税收协定谈签工作始于20世纪80年代初期，1981年我国首先与日本开展了双边税收协定的谈判工作，并于1983年9月正式签署了中日避免双重征税的税收协定，这是我国对外签署的第一份全面性的税收协定。截至1993年底，我国共签署税收协定34个，① 主要对象是欧美发达国家，OECD现有35个成员国中，有21国在该时期与我国完成了税收协定的谈签。在该时期，我国对外谈签协定除了服务对外开放之外，还尽量维护我国的税收权益；不仅在谈签时尽量依照联合国范本，还向发达国家争取了大量的税收饶让优惠。

（2）征收管理

在该时期，我国的征管模式开始由全能型向专业分工型转变，通过试点"征管查三分离"或"征收管理、检查两分离"的征管模式，引入了专业稽查部门和计算机技术，并对税收专管员的权利进行了分解，采取了不同形式的分责制约。但征管模式的改革还存在着一些不足：主要是征纳双方的权利和义务还没有得到明确，以及改革仅仅局限于征管方式和税务部门内部分工的调整。

4.3.2.2 初步建立阶段（1994—2008年）

在这一时期，随着分税制改革和"走出去"战略的正式确立，我国企业"走出去"开始逐渐形成规模，税务管理也出现了一些变化，抵免制度被正式确立，税收协定谈签开始提速，纳税服务理念被引入征收管理中。

（1）税收制度

①企业所得税制度

1994年的分税制改革也带动了"走出去"企业所得税制度的发展。1995年，我国税务部门颁布了《境外所得计征所得税暂行办法》（以下简称《暂行办法》），对我国"走出去"企业来自境外所得的征税问题进行

---

① 这一时期与我国签署税收协定的国家有（按时间先后顺序）：日本、美国、法国、英国、比利时、德国、马来西亚、挪威、丹麦、新加坡、加拿大、芬兰、瑞典、新西兰、泰国、意大利、荷兰、捷克斯洛伐克、波兰、澳大利亚、南斯拉夫、保加利亚、巴基斯坦、科威特、瑞士、塞浦路斯、西班牙、罗马尼亚、奥地利、巴西、蒙古、匈牙利、马耳他、阿联酋。

了全面规范。这次改革奠定了我国"走出去"企业税收制度的基本框架，此后的相关税收制度的调整都只是在《暂行办法》的基础上进行修补和完善。

第一，对来源于境外所得的纳税申报，采用了分国不分项的限额抵免法（直接抵免，税率为33%）。超过抵免限额的那部分外国已纳税款，可用以后年度税额扣除的余额进行补扣，但补扣期限最长不得超过五年。此外，为便于计算和简化征管，还规定了经税务部门批准后，可按境外应纳税所得额的16.5%的比率进行抵免。

第二，规定了境内外的亏损弥补和结转，即企业境外业务之间的盈亏可以相互结转，但企业境内外之间的盈亏不能相互结转。

第三，规定纳税人在办理境外已缴纳所得税款时，需提供所在国（地区）税务机关核发的纳税凭证或纳税证明及减免税有关证明；对于企业无法准确提供境外完税凭证的，税务机关可按规定计算出的境外所得税税款扣除限额的1/2从应纳税额中予以抵扣（税率为16.5%）。

第四，税收饶让抵免，即对于"走出去"企业在东道国享受的税收优惠待遇，凡在我国对外签订的税收协定中有双方均承担税收饶让义务条款的，可视同以缴纳外国税款予以抵免。

第五，纳税人可申请税收减免，即企业在境外遭遇自然灾害，造成较大损失，并致使继续经营、投资存在困难的，在取得我国政府驻外使领馆证明后，经税务部门批准，可申请对其境外所得享受一年税收减免。

②税收协定

从1994年初到2007年底，我国共与56个国家①签订了税收协定，主要对象也由发达国家转向了发展中国家和新兴市场国家，还与香港地区和

---

① 这一时期与我国签署税收协定的国家有（按时间先后顺序）：卢森堡、韩国、俄罗斯、巴布亚新几内亚、印度、毛里求斯、克罗地亚、白俄罗斯、斯洛文尼亚、以色列、越南、土耳其、乌克兰、亚美尼亚、牙买加、冰岛、立陶宛、拉脱维亚、乌兹别克斯坦、孟加拉国、南斯拉夫联盟（适用于塞尔维亚和黑山）、苏丹、马其顿、埃及、葡萄牙、爱沙尼亚、老挝、塞舌尔、菲律宾、爱尔兰、南非、巴巴多斯、摩尔多瓦、卡塔尔国、古巴、委内瑞拉、尼泊尔、哈萨克斯坦、印度尼西亚、阿曼、尼日利亚、突尼斯、伊朗、巴林、希腊、吉尔吉斯斯坦、摩洛哥、斯里兰卡、特立尼达和多巴哥、阿尔巴尼亚、文莱、阿塞拜疆、格鲁吉亚、墨西哥、沙特阿拉伯、阿尔及利亚。

澳门地区签署了避免双重征税安排。由于"走出去"企业逐渐增多，我国开始站在居民国立场来维护我国的税收权益。这一时期中，税收饶让条款由上一阶段的大多是缔约国对方单方面给予我国税收饶让待遇发展为双方相互承担税收饶让义务。

（2）征收管理

在该阶段，征管模式经历了两次大的变革，首先是"纳税申报、税务代理、税务稽查"三位一体的征管模式在分税制改革后被正式确立下来。由于长期以来税收征管被认为是凭借国家的政治权力强制实施的，这一征管模式的改革，尤其是"纳税申报"的提出对改进税务部门的纳税服务提出了新的要求。因此，在此阶段的前期，税务部门主要通过税法知识宣传开展普及性的税收服务工作。1997 年，《关于深化税收征管改革的方案》提出了"以申报纳税和优化服务为基础，以计算机网络为依托，集中征收，重点稽查"的新征管模式，使得优化纳税服务正式成为征管工作的基础，有力地推动了纳税服务的发展，"一站式"的办税服务厅开始大量出现，计算机技术也开始得到大量应用。由于彻底取消了税收专管员制度，"管户"发展成为"管事"，专业化税收征管得到了进一步发展。2001 年，新《税收征管法》的生效进一步从法律规定的高度对加强税务部门的纳税服务进行了规范。

（3）国际征管协作

从这一时期开始，我国"走出去"企业税务管理的国际征管协作开始起步，对外，随着税收协定谈签工作的提速，初步构建了国际税收情报交换网络；在国内，2006 年出台的《国际税收情报交换规程》取代了 2001 年和 2002 年制定的《国际税收情报交换规程》（试行）和《税收情报交换保密规则》，为国际税收情报交换工作制定了正式的操作规范。但从这一时期起，我国的税收情报交换工作就开始存在着内外交换工作量极其不平衡的问题，至今应国外请求进行的情报交换数量仍大于国内向外发出的情报交换请求数量。

4.3.2.3　逐渐完善阶段（2008 年至今）

2001 年我国加入 WTO 和"走出去"战略的正式确立，引领着我国深度融入世界经济体系，这逐渐对国际税收税务管理提出了新要求，受此影响，我国于 2008 年出台了新企业所得税法，"走出去"企业税务管理逐渐得到完善。

（1）税收制度

①企业所得税制度

2008 年，我国将以前分别适用于内外资企业的所得税法进行了统一并适当降低了税率（25%），对"走出去"企业境外所得抵免和反避税法规做出了新的规定，并对高新技术企业税收优惠做出调整。

第一，对企业境外所得的国际双重征税消除方法，在继续实行原有直接抵免基础上，增加了间接抵免内容，即"走出去"企业可对境外子公司向其分配的股息、红利中包含的外国所得税款部分进行抵免，但仅允许"走出去"企业就三层内的境外企业向其分配的股息、红利中的外国所得税款进行抵免，同时要求境内母公司应直接或间接持有每一层级境外企业股份达到 20%。

第二，允许石油企业就境外从事油（气）资源开采所得抵免其境外已缴纳所得税额时，可以选择五年期的分国不分项限额抵免法或不按国别（地区）汇总计算（综合）限额抵免法，并将石油企业对来自境外股息中包含的已纳外国税款的间接抵免层级放宽到五层，但同时应满足直接或间接持股比例 20% 的标准。

第三，凡被认定为高新技术企业的，可就其境内外所得按照 15% 的优惠税率征收企业所得税；在计算境外抵免限额时，可按照 15% 的优惠税率计算境内外应纳税总额。

第四，加强了反避税管理，通过颁布《特别纳税调整实施办法（试行）》，建立了包含转让定价税务管理、成本分摊协议税务管理、受控外国企业税务管理、资本弱化税务管理和一般反避税规则等在内的反国际避税规则体系。

②税收协定

随着我国对外投资的快速增长和"走出去"企业数量越来越多，我国多从居民国立场出发对外谈签协定，税收饶让条款出现较少，协定中"常设机构"条款的认定标准变得宽松；从 2008 年以来，我国继续根据企业"走出去"的需要，主要以发展中国家为对象与 12 个国家①签署了税收协定，并于 2015 年和台湾地区达成了避免双重征税协议；同时，由于各国税收制度都进行了调整，我国也开始了对相对早期签订税收协定的修订工作。

（2）征收管理与服务

在这一阶段，除继续完善企业所得税的征收管理，提出了"分类管理、优化服务、核实税基、完善汇缴、强化评估、防范避税"的新时期工作要求外，还特别针对企业境外投资不断增多的情况，为强调对"走出去"企业的征收管理和服务，先后颁布了一系列文件，② 突出体现对"走出去"企业的支持。

（3）国际征管协作

从 2008 年起，我国开始与避税地谈签税收情报交换协定，先后与巴哈马、英属维尔京群岛等 10 个避税地国家（地区）签署了税收情报交换协定；此外，还于 2013 年签署了《多边税收征管互助公约》；并在 2014 年按照《海外账户税收遵从法案》的互惠型子模式与美国签署政府间协议的基础上，于 2015 年底签署了《金融账户涉税信息自动交换标准主管当局协议》，有效拓展了我国的国际税收征管协作网络。

（4）国际税收话语权建设

2008 年的内外企业所得税制实现统一标志着我国国际税收建设开始摆脱以往相对狭隘的涉外税收认知，向建立现代化的国际税收体系迈进，我国由此逐渐开始国际税收话语权建设，广泛参与国际税收事务和相关组织活动，以更好地参与国际税收规则竞争。2010 年，我国加入国际联合反避税信息中心（JITSIC），通过与主要资本输出国家在国际反避税方面的合作

---

① 这 12 个国家是（按时间先后顺序）：塔吉克斯坦、埃塞俄比亚、土库曼斯坦、捷克、赞比亚、叙利亚、乌干达、博茨瓦纳、厄瓜多尔、智利、津巴布韦、柬埔寨。

② 这些文件有：《国家税务总局关于做好我国企业境外投资税收服务与管理工作的意见》（国税发〔2007〕32 号）、《关于进一步做好"走出去"企业税收服务和管理工作的意见》（国税发〔2010〕59 号）、《关于落实"一带一路"战略发展要求做好税收服务与管理工作的通知》（税总发〔2015〕60 号）。

实践,了解各国的最新立法和有效实践,有效开展国际避税案件相关情报交换,提升我国处理复杂国际避税案件的能力。2012 年,我国顺利通过税收透明度同行审议;我国提出的成本节约、市场溢价和营销性无形资产等理念被纳入联合国《发展中国家转让定价操作手册》。2013 年以来,我国深度参与 BEPS 行动计划的制定与出台,"在利润创造地和经济活动发生地征税"建议得到各国的普遍认同。2016 年,广泛邀请发展中国家参与的 G20 杭州峰会,建立全球公平和现代化的国际税收体系倡议和建立国际税收政策研究中心的提议代表了国际社会的共同呼声。

4.3.3 我国企业"走出去"发展沿革与相关税务管理发展述评

比较我国企业"走出去"不同阶段与税务管理的相应发展,我们可以看到企业"走出去"与税务管理之间存在着相互依存、逐次递进的关系。

4.3.3.1 税务管理的发展相对滞后于"走出去"企业的脚步

通过对比我国企业"走出去"的发展阶段和相关税务管理的发展进程,我们可以看出,我国企业"走出去"的不断向前发展引领着税务管理的相应进步。下面,我们就从我国企业"走出去"的不同发展阶段来观察税务管理的相应变化。

(1) 企业"走出去"的起步阶段 (1979—2000 年)

从改革开放伊始我国企业就迈出了"走出去"的步伐,1979 年北京友谊商业服务总公司首先向海外投资,与日本企业在东京合资成立了我国第一家境外合资企业;截至 1985 年底,我国在境外 45 个国家(地区)共成立非贸易性企业 189 家,总投资额近 2 亿美元。[①] 相应地,1985 年,财政部颁布的《暂行规定》标志着"走出去"企业税务管理的正式起步,但也仅仅是对"走出去"企业采取了较低税率征收的优惠措施,既没有国际双重征税的消除,也没有形成税收协定网络,税务管理还显得比较粗放。

1986—1994 年,我国企业"走出去"得到了较快发展,除制造业企业外,科技企业和金融保险企业也开始向外投资;我国跨国公司行列中出现

---

① 卢进勇. 入世与中国利用外资和海外投资 [M]. 北京:对外经济贸易大学出版社,2001.

了如首钢、中信等大中型国企的身影；海外投资对象开始由贸易行业向服务业、资源开发等行业扩展，截至 1993 年底，我国共在境外设立非贸易性企业 1643 家，累计海外投资金额达 137.7 亿美元。为应对企业对外投资增长较快的局面，我国通过 1994 年的税制改革初步建立了"走出去"税务管理基本框架，不仅开始采用直接抵免法来消除"走出去"企业的国际双重征税问题，税收协定网络构建显现雏形，纳税服务理念开始应用到征收管理中。

（2）企业"走出去"快速发展阶段（2001—2012 年）

随着 2000 年前后"走出去"战略的正式确立和 2001 年我国加入WTO，企业"走出去"步伐开始加快，从 2005 年我国 FDI 流量首次突破百亿美元大关起，我国对外直接投资金额连续创出新高；2007 年，我国实现对外直接投资 265.1 亿美元，已设立超过 10000 家境外企业，累计向外直接投资达 1179.1 亿美元，相比 2000 年以前，企业"走出去"不论是在规模和数量上，还是在分布地域的广泛性上都已跃升到了一个新的台阶。但在 2008 年以前，我国"走出去"企业税务管理仍然沿用 1994 年分税制改革所确立的基本框架。以 2008 年新《企业所得税法》的颁布为标志，我国"走出去"企业税务管理才又迎来了新的发展。

（3）"一带一路"倡议提出与实施阶段

2013 年 9 月开始提出的"一带一路"倡议为我国企业"走出去"提供了新的发展机遇，2013 年我国首次实现了 FDI 流量发展到千亿美元，之后保持了连续向上突破的势头。2015 年，我国企业对外直接投资金额达 1456.7 亿美元，居世界第二位；改革开放以来，我国企业累计对外直接投资 10978.6 亿美元，居世界第八位；共有 2.02 万家境内企业在全球 188 个国家（地区）设立了 3.08 万家境外企业，境外企业资产总额达 4.37 万亿美元。至此，我国已然确立企业"走出去"大国的地位。但到目前为止，相对于企业"走出去"的迅猛发展，我国相关税务管理仍然大体停留在 2008 年调整后的基础上。

4.3.3.2　税务管理的完善有力地促进了企业"走出去"

从 1985 年以来，我国"走出去"税务管理体系经历了两次大的发展，虽然相关税务管理体系的调整有被企业"走出去"加快所倒逼的成分在内，但每一次税务管理体系的完善都进一步对企业"走出去"产生了鼓励和刺激作用。

伴随着 1994 年内资企业所得税法的统一和 1995 年《境外所得计征所得税暂行办法》的颁布，我国"走出去"企业税务管理的基本框架得以确立，抵免法被用来消除企业"走出去"中的国际双重征税；税收协定网络加速完善；包含税收饶让条款的协定数量逐渐增多；征收管理与服务得到改善。相应地，企业对外投资的积极性得到增强，来自联合国贸发会议的数据显示，尽管 1993 年开始的抑制经济过热的调控政策使得我国对外投资受到一定影响，但我国企业对外直接投资流量由 1994 年的 20 亿美元连续向上攀升到 1998 年的 26.34 亿美元，整体而言，20 世纪 90 年代的年均二三十亿美元的对外直接投资规模较 80 年代的年均几亿美元的规模跃升了一个数量级，如图 4-19 所示。

（百万美元）

图 4-19　1982—1998 年中国对外直接投资流量①

2008 年以来，包含间接抵免规则、石油企业和高新技术企业税收优惠、协定网络日渐完善和专门强调加强对"走出去"企业征管服务等内容的税务管理的进一步发展对企业"走出去"的鼓励作用更加强烈。从

---

① 数据来源：UNCTAD 数据库。

图 4-20 中我们可以看到,2009—2014 年我国企业对外投资的增长曲线要比 2002—2007 年的增长曲线陡峭,这表明我国企业"走出去"的步伐逐渐加快。

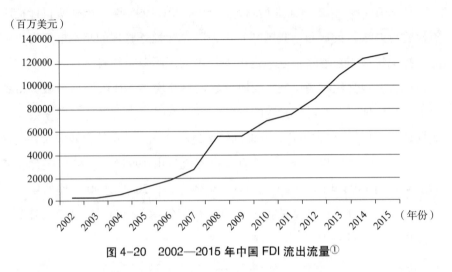

（百万美元）

图 4-20　2002—2015 年中国 FDI 流出流量①

4.3.3.3　税务管理应顺应"一带一路"背景下企业"走出去"新形势

"一带一路"倡议给我国企业"走出去"带来的积极影响如下:一是"走出去"意愿上的鼓励和支持,将有更多的企业赴海外投资或承包工程。"一带一路"倡议设想提出后,我国企业对外直接投资继续保持高速增长态势,由 2013 年的 1078.4 亿美元,到 2014 年的 1231.2 亿美元,再到 2015 年的 1456.7 亿美元。二是企业"走出去"的对象范围将有所扩大,企业除继续保持向发达国家投资以继续获取先进技术和管理经验外,将更多地将国内相对剩余但具有国际竞争优势的产业转移到发展中国家,即企业将更多走向发展中国家,尤其是"一带一路"沿线发展中国家。2014 年和 2015 年,我国企业对"一带一路"沿线国家的直接投资流量分别为 136.6 亿美元和 189.3 亿美元,分别占当年中国对外直接投资流量的 11.1% 和 13.0%,其中 2015 年增速为 38.6%,是当年全球投资增幅的 2 倍。

---

① 数据来源:UNCTAD 数据库。

第一，企业"走出去"数量增多、目的地范围扩大意味着我国企业将与全世界的企业展开竞争，要想让企业通过竞争获得发展，就需要保持企业的国际竞争力，也就需要让"走出去"企业降低生产成本，或获得其他方面的优势。税收可以影响企业的成本，从而对企业的竞争力产生作用，我国税收制度的竞争力可以直接转化为"走出去"企业的竞争力。① 因此，"一带一路"背景下企业"走出去"的新形势首先要求构建具有国际竞争力的"走出去"企业税制。

第二，由于发展中国家相比发达国家在投资环境上不具备优势，企业更多地走向发展中国家会面临更多的困难，具体表现在以下方面：一是政治风险较大，比如俄罗斯和乌克兰之间的地缘政治冲突，以伊拉克、叙利亚为代表的中东地区国家长期处于战争冲突的阴影下，泰国、菲律宾、马来西亚等国存在国内分裂势力或种族矛盾等。二是腐败问题严重，税法变动频繁，比如越南、印度尼西亚、东帝汶的政府官员收受贿赂等腐败问题突出；俄罗斯的《民法典》从1995年到2005年共修订和补充50余次；甚至有的国家不注重保护投资者权益，存在政府随意征收的风险。三是基础设施条件差，比如蒙古不仅交通设施网络十分不完善，全国近5万千米公路里程中仅有2395千米柏油路面，电力供应也严重不足，有2省40多县仍未接入中央电力系统。这些都导致企业向发展中国家投资时会遇到更大的税收风险。

此外，发展中国家为吸引外资，不仅提供了许多税收优惠政策；在反避税建设上也严重落后，这给"走出去"企业利用各国税制差异避税提供了便利，对维护国家税收权益提出了新的挑战。比如缅甸、柬埔寨、老挝等国及相当数量的伊斯兰国家并没有在税法中明确规定转让定价条款；除中东欧区域外的大部分"一带一路"沿线国家税法中都缺乏资本弱化条款；至于税法中存在受控外国公司条款的国家就更为稀少，这也与发展中国家对外投资较少相关。② 因此，"一带一路"背景下企业"走出去"的

---

① 龚辉文. 税制竞争力初探 [J]. 税务研究，2004（2）.

② 王文静."一带一路"战略下的跨境税收问题初探——基于公司所得税法和国际税收协定的比较 [J]. 财经法学，2016（2）.

新形势要求加强税收服务和管理，既切实解决"走出去"企业的涉外税收困难，又有效维护国家合理税收权益，提高企业的税收遵从度。

第三，"走出去"企业不断增多要求一个尽量公平的竞争环境，捍卫国家税收权益、打击国际逃避税要求减少各国税制要素中的差异性，这都要求我国在现有基础上不断增强推动国际税收规则变动的实力，加强国际税收合作，推动国际税收规则向统一协调方向发展。

4.4　本章小结

在本章中，首先，介绍了我国企业"走出去"的发展现状、特点和"一带一路"倡议对企业"走出去"的影响，虽然我国企业"走出去"机遇良好、前景光明，但由于时间较短，与主要发达国家还存在一定差距。其次，我们根据投资发展周期理论判断我国企业"走出去"现在所处阶段，再将我国"走出去"的阶段现状与美、英、法、德、日、韩等主要对外投资大国进行了横向比较，综合各种比较结果，发现虽然我国"走出去"所处阶段大幅落后于以上各国，但正处于阶段性突破的关键时期，我国正在由对外投资大国向对外投资强国迈进，税收作为影响企业"走出去"的重要因素，应鼓励和支持企业积极走向海外。最后，对我国企业"走出去"历史发展阶段与相应税务管理的发展进行了纵向比较，发现税务管理与企业"走出去"之间存在相互影响、逐次推进关系，虽然我国"走出去"企业税务管理的发展滞后于企业"走出去"的步伐，但税务管理的每一次进步都有力地激发了企业走向海外的积极性；然而，我们也应看到，"走出去"企业增多尤其是更多地走向税制差异大、反避税建设相对落后的发展中国家，也给我国税收权益的维护带来一定的压力，由此，"一带一路"倡议逐步推进的新局面既为企业"走出去"提供新机遇，要求税收做好服务工作，但也对税收管理工作提出新挑战。

第 5 章 "一带一路"背景下我国企业"走出去" 税务管理问题

5.1 "一带一路"背景下我国企业"走出去"税制竞争力不足

一国税收制度对"走出去"企业的国际竞争力的体现，一是消除国际双重征税是否彻底；二是是否对企业对外投资决策产生足够的激励作用，即国际双重征税的消除和税收激励措施共同构建了企业"走出去"的税制竞争力体系，既扫清"走出去"相关障碍，又带来助推力。

5.1.1 消除国际双重征税的税制竞争力不足

5.1.1.1 消除国际双重征税的理论基础

（1）国际资本流动中的税收中性

在"走出去"企业的税务管理中除财政收入目标外，都有着对公平目标和效率目标的追求。国际双重征税问题源自跨国纳税人受到不同国家税收管辖权的管辖，可分为经济上的双重征税和法律上的双重征税。经济上的双重征税和法律上的双重征税都是指同一笔交易或同一笔收入同时被两个或两个以上的国家征税，但经济上的双重征税中的纳税人并不相同，一般分布在不同国家；而法律上的双重征税则是对同一纳税人同时征税。[①]很显然，国际双重征税既不公平也没有效率，会严重影响到企业对外投资的回报率。在保证公平的基础上，为促进国际资本流动，实现资源的最优配置和效率、福利的最大化，税收中性原则在消除国际双重征税中得到广

---

① 罗伊·罗哈吉. 国际税收基础 [M]. 林海宁，范文祥，译. 北京：北京大学出版社，2006.

泛应用,其中有资本输出中性、资本输入中性和国家中性。

资本输出中性(Capital Import Neutrality),是指在资本输出方面,母国政府征税不会对企业的投资地点选择产生干扰,要求企业无论是投资于国内还是国外的任何地方都应负担同等的税负,即税收对企业在国内外的投资回报率影响一致,不会干扰到企业的对外投资决策,对企业是否"走出去"既不鼓励,也不产生任何阻碍,这有助于实现资本在世界范围内的最优配置。

资本输入中性(Capital Export Neutrality),是指面对国外资本的流入,东道国政府征税让国内资本和"引进来"资本负担同等的税负,即税收不会区别对待本国资本和国外资本。在实行资本输入中性税制的国家中,国外输入资本既享受不到优待,也不会被歧视。由于资本的形成来源于储蓄,一国储蓄投资回报和方向受到各国税负高低直接影响,资本输入中性同样有助于实现国际资本自由流动中的有效配置。

虽然资本输出中性和资本输入中性有利于世界经济效率的提高,但这是从全世界整体的角度而言,对于单个个体未必有利。资源总是有限的,国内资本超量流出会对一国的经济带来影响,一国参与国际事务的出发点往往是实现本国经济利益最大化。由此产生了国家中性(National Neutrality),是指税收使得资本源自国内和国外的边际税后回报率都相同,但由此带来了对外投资回报只能达到等于国内投资回报率水平的问题,当国外投资回报率高于国内投资回报率时就不利于世界整体投资回报率的提高。

(2)消除国际双重征税的方法比较

根据国际资本流动中的税收中性要求,目前各国都通过国内立法和签订国际税收协定从事前避免和事后消除两个角度来解决国际双重征税问题,事前避免主要是指通过签订国家间税收协定来对各自的税收管辖权进行约束,事后消除主要是"走出去"企业母国在税收制度中规定各种消除国际双重征税的方法,如抵免法、免税法、扣除法和低税法等。其中抵免法符合资本输出中性的要求,免税法满足资本输入中性,扣除法则是根据国家中性派生出来的。

抵免法、免税法、扣除法消除国际双重征税效果比较(由于现实中国家往往实行限额抵免，出于贴近现实和计算简洁的目的，下面采用直接抵免法中的限额抵免以及全额免税法来进行比较）：

假设甲国有 A 企业投资于乙国，甲国的公司所得税税率为 t_1，乙国的公司所得税税率为 t_2；A 公司来源于甲国的所得为 R_1，来源于乙国的所得为 R_2，则 A 企业在乙国的纳税为 t_2R_2。

第一，当 $t_1 \geq t_2$，即甲国税率不低于乙国税率时：

抵免法下：由于 $t_1 \geq t_2$，所以 t_2R_2 得到足额抵免，即 A 企业在甲国的纳税为 $t_1(R_1+R_2)-t_2R_2$，那么 A 企业在两国的总税负为 $t_1(R_1+R_2)-t_2R_2+t_2R_2=t_1R_1+t_1R_2$。

免税法下：由于 A 企业在甲国只需就来源于甲国的所得纳税，则在甲国的纳税为 t_1R_1，其负担的总税额为 $t_1R_1+t_2R_2$。

扣除法下：A 企业在甲国的纳税为 $t_1(R_1+R_2-t_2R_2)$，其所承担的总税负为 $t_1(R_1+R_2-t_2R_2)+t_2R_2=t_1R_1+t_1R_2+t_2R_2-t_1t_2R_2$。

比较上述三种方法，当东道国税率低于母国税率时，扣除法下企业承担的税负最重，其对国际双重征税的消除效果最差；抵免法的效果次之，抵免法下甲国获得了 A 企业来自乙国所得的部分税款；免税法下企业承担的税负最低，消除国际双重征税的效果最好。需要注意的是，当甲国税率与乙国税率相等时，免税法和限额抵免法对国际双重征税的效果一致，企业在两种方法下缴纳的税款相等，但仍然比在实行扣除法下的税负要低。

第二，当 $t_1 < t_2$，即甲国税率低于乙国税率时：

抵免法下：由于 $t_1 < t_2$，抵免限额为 t_1R_2，而 A 企业在乙国纳税 t_2R_2，所以不能实现全额抵免，那么 A 企业在甲国的税负为 $t_1(R_1+R_2)-t_1R_2$，其所承担的总税负为 $t_1R_1+t_2R_2+t_2R_2-t_1R_2$。

免税法下：同样 A 企业只需在甲乙两国分别就来自当地的所得纳税，所以 A 企业的甲国税负为 t_1R_1，其总税负为 $t_1R_1+t_2R_2$。

扣除法下：A 企业的甲国税负为 $t_1(R_1+R_2-t_2R_2)$，其所承担的总税负为 $t_1(R_1+R_2-t_2R_2)+t_2R_2=t_1R_1+t_1R_2+t_2R_2-t_1t_2R_2$。

比较上述三种方法，当东道国税率高于母国税率时，扣除法下企业承担的税负最重，抵免法次之，免税法最轻，所以免税法消除国际双重征税的效果最好，扣除法最差，而抵免法的效果居于二者中间（见表5-1）。

表5-1 三种消除国际重复征税方法效果表

消除方法	东道国税率低于母国税率（$t_1 > t_2$）		东道国税率等于母国税率（$t_1 = t_2$）		东道国税率高于母国税率（$t_1 < t_2$）	
	消除效果（排名）	母国税收（排名）	消除效果（排名）	母国税收（排名）	消除效果（排名）	母国税收（排名）
抵免法	2	2	1	2	2	2
免税法	1	3	1	2	1	3
扣除法	3	1	2	1	3	1

启示：虽然免税法使母国让渡了来自东道国的所得税收收益，但能彻底消除国际双重征税；母国税率与东道国税率孰高孰低对限额抵免法国际双重征税消除效果影响明显；抵免法兼顾了母国与东道国的税收收益，但计算较复杂。

5.1.1.2 我国消除国际双重征税制度国际比较

（1）我国的消除国际双重征税制度

对国际双重征税问题的解决有事前避免和事后消除两个角度。事前避免是指我国通过税收协定来约束国家间的税收管辖权；事后消除是指我国通过国内企业所得税法来消除我国"走出去"企业经营中的国际双重征税。这两者并不矛盾，对来源于与我国签署有税收协定国家所得的双重征税问题依照税收协定解决；对来源于没有与我国签订税收协定国家所得的双重征税则依照我国国内税法来加以消除。

通常，某一国家对外来投资所得有两种征税方式：一种是对来源于其境内"常设机构"的所得按照企业所得税法中的一般税率课征；另一种是对非来源于其境内"常设机构"所得，这些所得一般表现为股息、利息和特许权使用费，或是有境内所得但没有"常设机构"的情况，征收预提所得税，其税率往往较为优惠。

①税收协定

根据参与国家数量的不同，税收协定可分为多边税收协定和双边税收协定。目前我国参与的多边税收协定是于2013年签署并于2016年初生效的《多边税收征管互助公约》。双边税收协定方面，自1983年我国与日本签署第一份避免双重征税协定以来，现今已与102个国家（地区）正式签署并陆续更新了避免双重征税协定，① 并与我国香港地区、澳门地区签署了税收安排，与我国台湾地区签署了税收协议。② 上述税收协定对规范我国与相关国家（地区）之间的税收关系、避免相互企业往来的双重征税、促进企业对外投资产生了巨大的作用。

我国在对外签订的税收协定中采用分国不分项的限额抵免法来消除国际重复征税，同时预提所得税的税率一般为10%。除直接抵免在协定中的普遍适用外，我国对间接抵免规定在税收协定中和在国内税法中有着显著的区别：一是与一些国家没有间接抵免的规定；二是有间接抵免但仅限一层海外子公司与国内母公司之间的抵免，并且大部分协定中持股比例要求减少为10%，少数协定要求持股比例为20%（见表5-2）。

表5-2　我国签署税收协定中间接抵免的规定

间接抵免制度的规定		与下列国家（地区）签署
含有间接抵免	持股10%	日本、美国、法国、英国、马来西亚、澳大利亚、巴基斯坦、科威特、蒙古、葡萄牙、墨西哥、塞浦路斯、爱沙尼亚、克罗地亚、拉脱维亚、保加利亚、罗马尼亚、乌克兰、土耳其、爱尔兰、牙买加、越南、孟加拉国、印度尼西亚、突尼斯、特立尼达和多巴哥、马耳他、波兰、丹麦、新加坡、芬兰、加拿大、瑞典、比利时、德国、挪威、荷兰、意大利、斯洛伐克、冰岛、瑞士、印度、卢森堡、韩国、俄罗斯、匈牙利、蒙古、以色列、奥地利、西班牙、巴西、斯洛文尼亚、立陶宛、阿联酋、巴布亚新几内亚、中国香港、中国澳门等
	持股20%	塔吉克斯坦、土库曼斯坦、捷克、乌干达、埃塞俄比亚、博茨瓦纳、厄瓜多尔等
不含有间接抵免		新西兰、老挝、菲律宾、阿塞拜疆、格鲁吉亚、亚美尼亚、乌兹别克斯坦、塞黑、埃及、巴巴多斯、摩尔多瓦、南非、古巴、委内瑞拉、哈萨克斯坦、吉尔吉斯斯坦、阿曼、苏丹、伊朗、巴林、希腊、沙特阿拉伯、卡塔尔、斯里兰卡等

---

① 其中98个协定已生效。
② 数据来源：国家税务总局网站。

②企业所得税法

根据 2008 年颁布的《企业所得税法》和 2009 年《企业境外所得税收抵免指南》，我国对于来源于东道国"常设机构"的跨国所得采用分国不分项的限额抵免法来消除国际双重征税，其中包含直接抵免和间接抵免。

分国不分项的限额抵免要求对来自不同国家所得分别计算抵免限额，但来自同一国家所得不做所得性质的区分，如不能准确区分国别的，则相应已纳税款不能在当期进行抵免；抵免限额为来自该国所得按我国税率计算出的应纳税额，如在该国的已纳税额超过抵免限额的部分，可向后结转 5 个纳税年度。

间接抵免是 2008 年统一内外资企业所得税法后出现的新规定，其适用于我国国内母公司与境外三层子公司之间分配的股息、红利中包含的外国已纳税款的抵免，同时要求本层企业直接或间接持有下一层企业股份比例达 20% 及以上；在计算收到的股息、红利中包含的外国税额时，应从最低一层即外国孙公司起向上逐层计算属于上一层企业的已纳税额。

此外，对于来源于我国不能归属于"常设机构"的股息、利息、租金、特许权使用费和其他所得，我国依照《企业所得税法》规定的 10% 税率课征。

（2）与主要资本输出国家的国际比较与问题

①税收协定①中预提所得税税率比较

现在各主要资本输出大国为鼓励国际资本流动，纷纷在税收协定中掀起了降低甚至免征预提所得税的浪潮，比如从 21 世纪初开始，美国在与英国、墨西哥、日本、澳大利亚签订的税收协定中对股息预提税实行零税率，并降低了利息和特许权使用费的预提税率，美英、美日协定还对一般利息和特许权使用费免税。② 英国税法中规定，英国居民企业对外支付的股息、期限不超过 364 天的短期贷款利息不用缴纳预提所得税；其取得的

---

① 这里的税收协定是指双边的综合性避免双重征税协定。
② 文胄．美国对外税收协定出现新变化［N］．中国税务报，2004-01-30．

境外股息如是免税所得或股息接收方是年营业额小于560万英镑、资产总额小于280万英镑、员工数小于50人的小型企业,也免税。① 此外,欧盟成立的目标之一就是建立统一市场,要求资本在欧盟内部自由流动,虽然其所颁布的《母子公司指令》和《利息和特许权使用费指令》最终允许各成员国对股息、利息和特许权使用费提供免税或抵免,但各主要成员国均对欧盟范围内的股息、利息、特许权使用费免征预提所得税。

我国在税收协定中一般实行10%的预提所得税税率,作为我国企业未来"走出去"重点区域的"一带一路"沿线国家,首先,从股息来看,只有马其顿、沙特阿拉伯、克罗地亚等12国②的预提税率为5%;阿联酋为7%;埃及为8%;其余国家要么为10%,要么有着一定的持股比例限制。其次,从利息来看,虽然有的协定条款中对政府或政府全资拥有金融机构贷款利息予以免税,但绝大多数的预提税率为10%;例外的只有科威特的5%和阿联酋的7%。最后,特许权使用费方面,小部分国家的预提税率围绕10%上下波动,其中,低于10%的有格鲁吉亚(5%)、埃及(8%)和塔吉克斯坦(8%);高于10%的是巴基斯坦(12.5%)、泰国(15%)和尼泊尔(15%);虽然少数几国的税率有不同档次,但都包含了10%税率。③

总体来看,我国协定中股息、利息和特许权使用费的预提税税率高于欧美主要资本输出国家,尤其是相对于欧美对主要投资对象国家和区域免征预提所得税,我国企业往来密集、未来重点发展的关键区域的高税率增加了对外投资企业的税负,不仅影响我国"走出去"企业竞争力,还在一定程度上阻碍了区域经济的融合。

②消除国际双重征税方法比较

第一,各国选择的消除方法比较。

从表5-3来看,将这些国家分成了两个阵营,英、法、德采用免税法,而我国和美、日、韩实行抵免法,其中英国本来是抵免法,在2009年

① 蔡伟年.英国企业所得税税制及最新发展[J].国际税收,2016(6).
② 这12个国家分别为:老挝、文莱、马其顿、蒙古、沙特阿拉伯、阿曼、科威特、巴林、斯洛文尼亚、克罗地亚、塞尔维亚、黑山。
③ 两档税率中,除10%外,一档高于10%的有马来西亚、菲律宾;另一档低于10%的有老挝、以色列、保加利亚、波兰。

开始改为免税法。实行抵免法的国家中，美国允许纳税人在抵免法和扣除法中进行选择，在某些情况下可以减轻纳税人负担。[①] 抵免法源自资本输出中性，全额抵免法可从理论上完全消除国际双重征税，但现实中各国出于各自财政利益角度而实行限额抵免法，通过表 5-1 的比较，我们知道免税法消除国际重复征税的效果要好于限额抵免法，因此，从消除国际双重征税角度，我们初步判断英、法、德的免税法优于中、美、日、韩的抵免法。下面再对中、美、日、韩的抵免法进行比较。

表 5-3   主要资本输出国家消除国际双重征税方法比较

国家	中国	美国	日本	韩国	英国	法国	德国
方法	抵免法	抵免法、扣除法二选一	抵免法（母子公司股息除外）	抵免法	免税法	免税法、利息、特许权使用费抵免法	免税法

第二，各国直接抵免制度比较（见表 5-4）。

在实行限额抵免法的国家中，美国实行区分所得性质的综合抵免制度，[②] 日本采用排除亏损国的综合抵免制度，韩国也实行综合抵免，只有我国是分国不分项的限额抵免。综合抵免允许在计算抵免限额时将各国的所得汇总相加，这样在跨国公司分布的国家中出现亏损的情况时就可以抵销产生净所得国家的盈利，从而降低抵免税款，有利于"走出去"企业减轻税负；而分国抵免法要求分国别分别计算相应抵免限额，不能让企业在不同国家中的盈亏实现相互抵销，加重了国际双重征税负担。因此，我国的抵免方法在消除国际双重征税效果上落后于美、日、韩。

[①] 美国税法规定扣除的范围比地面范围大且美国的分篮抵免制度有可能会减少纳税人的抵免额。

[②] 美国税法规定了 9 个所得类别，它们是被动所得、高预提税利息、金融服务所得、船运所得、非受控第 902 节公司股息、国内的国际销售公司来源于美国境外的股息、对外贸易的应税所得、出口融资利息、其他所有的所得。

表 5-4 各国直接抵免制度比较（括号中是各国小企业税率）

国家	中国	美国	日本	韩国	英国	法国	德国
	分国抵免	区分所得性质的综合抵免	综合抵免（排除亏损国）	综合抵免法	免税法，境外分支机构汇回利润免税①	免税法	协定免税法，无协定抵免法
税率	25%（20%）	35%（15%）	23.4%（15%）	22%（10%）	20%	34.43%（15%）	15.83%

数据来源：http://www.oecd.org/tax/tax-policy/tax-database.htm.

第三，母子公司股息、红利制度消除双重征税制度比较。

从表 5-5 中我们可以看出，7 国中有 3 国都采用免税法消除母子公司股息红利的双重征税（大都有持股比例和持股时间限制），在实行间接抵免法的国家中，虽然韩国的抵免层次仅限一层，但实行税率减半征收的税收优惠，此外，英国没有层次限制，美国允许 6 层的海外子公司抵免且各层级间持股比例仅为 10%，只是在第 3 层到第 6 层要求美国母公司最终持有参与抵免外国公司 5% 的股权；而我国的三层抵免和 20% 持股要求在消除对境外子公司投资所得中的双重征税缺乏竞争力，即使我国在对外签署的税收协定中对境外子公司持股比例放宽为 10%，但仅限一层抵免，同比一层抵免但减半征收的韩国，也毫无优势可言。

表 5-5 各国母子公司"走出去"企业国际双重征税消除方法

国家	中国	美国	日本	韩国	英国	法国	德国
方法	三层间接抵免，持股要求 20%、无时间要求	六层间接抵免，层间持股 10%，美国母公司最终持股 5%	免税法，免税 95%，持股要求 25%、时间 6 个月	股息低税法（税率减半），2015 年后为一层间接抵免，持股比例 25%	无层数限制的多层间接抵免	免税法，持股比例 10%	免税法持股比例 10%，免税 95%

现实中，我国税法规定的间接抵免层次不够给企业走向海外造成了严重困扰。

---

① 朱青. 鼓励企业"走出去"与改革我国避免双重征税方法 [J]. 国际税收，2015 (4).

【案例】：2012 年，三一重工以旗下公司三一德国的名义，联合中信产业基金共同收购有着"大象"之称的德国混凝土机械公司普茨迈斯特，其中三一德国出资 3.24 亿欧元，占股 90%。普茨迈斯特是全球混凝土机械第一品牌，业内有着"得大象者得天下"的说法，通过这次战略性收购，为三一重工的国际化战略和在竞争中壮大打下良好的基础。但是作为收购主体的三一德国是三一重工在海外设立的第三层控股子公司，这样被收购后的普茨迈斯特就成为三一重工的第四层子公司，而我国税法规定，我国企业境外所得间接抵免仅限满足持股比例条件的三层境外企业，导致普茨迈斯特进行股息红利分配时，作为最终母公司的三一重工不能就普茨迈斯特取得的股息中包含的德国公司所得税进行抵免，也就不能完全消除国际双重征税。[①]

第四，我国企业所得税税率与"一带一路"区域国家税率比较。

"一带一路"是我国企业未来投资的主要区域，由于我国的限额抵免法，企业就汇回利润在国内纳税时还需计算抵免限额，超限部分向后结转5 年。

从表 5-6 中我们可以看出，"一带一路"沿线 64 国中，实行单一公司所得税税率的国家中，高于我国的有菲律宾、印度、巴基斯坦、孟加拉国、斯里兰卡、不丹、以色列、巴林等 8 国，主要分布在"一路"区域中的南亚地区；与我国税率持平的有印度尼西亚、马来西亚、缅甸、尼泊尔、伊朗等 5 国；而我国税率要高于其他 45 个国家。在实施累进税率的国家中，匈牙利、巴勒斯坦和蒙古的最高边际税率均不高于我国税率（25%），但埃及、叙利亚、阿联酋的最高边际税率高于我国税率水平。也就是说，64 国中超过 2/3 国家的税率均低于我国，我国对这些国家投资的企业的汇回利润还需补税。

---

① 李文杰. 湖南省"走出去"企业税源监控与税收征管的调研报告 [D]. 长沙：湖南大学，2013.

表5-6 2015年"一带一路"沿线国家公司所得税名义税率表

地区分类	国家	公司所得税税率	公司所得税税率说明	分支机构利润汇回税率
东南亚11国	印度尼西亚	25%		20%
	泰国	20%		10%
	马来西亚	24%		
	越南	22%		
	新加坡	17%		
	菲律宾	30%		15%
	柬埔寨	20%	该税为利得税	
	老挝	24%		
	文莱	18.5%	2012—2014纳税年度为20%	
	缅甸	25%		
	东帝汶	10%		
南亚8国	印度	33.99%	在此基础上,存在5%、10%的累进附加税率	
	巴基斯坦	33%		10%
	孟加拉国	27.5%	按行业区分,存在27.5%、35%、37.5%、40%、42.5%、45%等六档税率	20%
	斯里兰卡	28%		10%
	尼泊尔	25%	针对特定行业,实行20%和30%两档税率	
	马尔代夫	15%		
	不丹	30%		
	阿富汗	20%		
中亚5国	哈萨克斯坦	20%		15%
	乌兹别克斯坦	7.5%		10%
	土库曼斯坦	8%	私营企业适用2%的税率;国营企业和油气开采企业适用税率为20%	
	吉尔吉斯斯坦	10%		
	塔吉克斯坦	14%		

续表

地区分类	国家	公司所得税税率	公司所得税税率说明	分支机构利润汇回税率
独联体及格鲁吉亚、蒙古 8 国	俄罗斯	20%		
	乌克兰	18%		
	白俄罗斯	18%		
	阿塞拜疆	20%		10%
	亚美尼亚	20%		
	摩尔多瓦	12%		
	格鲁吉亚	15%		
	蒙古	10%、25%	所得额以 30 亿蒙古图格里克为标准，未超过的适用 10%税率，超过部分适用 25%税率	20%
西亚北非 16 国	沙特阿拉伯	20%		5%
	伊朗	25%		
	埃及	25%、30%	对超过 100 万埃及镑的部分适用 30%税率，未来标准税率将由 25%降至 22.5%，石油企业适用税率为 40.55%	
	土耳其	20%		15%
	伊拉克	15%	油气企业税率为 35%	
	科威特	15%		
	阿联酋	10%~50%	仅适用于油气企业、外国银行分支机构和特定政府特许协议下的某些石化公司；除富查伊拉采用 50%固定税率外，大多数酋长国实行超额累进税率	
	卡塔尔	10%	油气企业税率为 35%	
	巴林	46%	仅对油气企业征收	
	也门	20%	油气、矿产企业税率为 35%	
	阿曼	12%	油气企业税率为 55%	
	约旦	20%	特定行业有 14%、24%、35%等三档税率	
	叙利亚	10%~28%	超额累进税率	
	黎巴嫩	15%		10%
	巴勒斯坦	15%、20%	以 125000 以色列谢克尔为标准，分别适用 15%和 20%的税率	
	以色列	26.5%		

续表

地区分类	国家	公司所得税税率	公司所得税税率说明	分支机构利润汇回税率
中东欧16国	拉脱维亚	15%		
	立陶宛	15%		
	爱沙尼亚	20%		
	波兰	19%		
	罗马尼亚	16%		
	捷克	19%		
	斯洛伐克	22%		
	保加利亚	10%		
	匈牙利	10%、19%	以5亿福林为标准,分别适用10%和19%的税率	
	塞尔维亚	15%		
	克罗地亚	20%		
	斯洛文尼亚	17%		
	马其顿	10%		
	波黑	10%		
	黑山	9%		
	阿尔巴尼亚	15%		

数据来源:荷兰文献局(IBFD)数据库。

③我国消除国际双重征税制度问题

第一,通过以上比较可以看出,我国目前实行的分国限额抵免法对消除"走出去"企业的国际双重征税存在着严重的弊端,全面落后于对外投资阶段大大领先我国的美、日、韩等国,使得我国境外企业税负沉重,十分不利于我国在对外投资领域对上述国家进行赶超。

第二,抵免法还会带来实务操作中的完税凭证问题。免税法对国外所得免税,而抵免法对在国外已缴纳税款进行抵免,就需要纳税人向税务机关提交已在国外完税的证明,由于各国税收管理制度、执法水平、征管措施差异较大,造成完税凭证形式多样,有可能存在取得上的困难、时间滞后、难以认定等问题,例如有的企业反映在某些石油国家的外国投资所得税收不由当地税务部门负责,没法出具完税证明;再如有的国家完税凭证取得严重滞后，往往会在交税后 2~3 年才能获取，大大加剧了当地"走出去"企业的资金压力。

第三，限额抵免的额度是以本国税率计算的抵免额度为限，我国的一般企业税率仅低于美国，小企业税率更是高于美、日、韩三国，不仅"走出去"企业的国际双重征税负担较重，即使国际双重征税能够完全消除，在限额抵免制度下对外投资企业的税收负担也较其他大多数国家沉重。此外，限额抵免法下由于我国税率较大部分"一带一路"沿线国家较高，使得"走出去"企业在当地纳税后，回国仍需补税，实际税负较重不利于我国企业在东道国与当地企业和其他国家跨国企业竞争。

5.1.2 我国企业"走出去"税收激励政策竞争力不足

5.1.2.1 "走出去"企业税收激励的内涵与作用

（1）"走出去"企业税收激励定义

税收激励（Tax Incentive）一般是指税收制度中带有税收优惠性质、能给纳税人减轻税收负担的规定，这些规定可以通过活动、资产、组织形式或融资方式等中介作用于纳税人。根据 OECD 在 1983 年对税收激励"任何意图对某项投资做出影响，并改变其所处风险等级或有利于增加潜在投资回报的政策措施"的定义，我们可将"走出去"企业税收激励认为是在税法中对本国对外投资企业给予某种优惠待遇的规定，这些规定可以直接或间接降低"走出去"企业的税收负担，改变其对外投资的成本、风险和投资回报，实现政府帮助和鼓励企业"走出去"的政策意图。

（2）税收因素对企业"走出去"的激励作用

相对于在国内投资，企业"走出去"面临着更高的风险和不确定性，不仅投资成本可能大大增加，而且投资回报率受到更多不可控因素的影响。税收政策作为政府调控经济运行的工具之一，在企业"走出去"领域发挥着独到的作用。

企业的对外投资建立在购买生产要素的基础上，由于生产要素存在着国内市场和国际市场，则政府对企业对外投资行为实施的税收激励措施使得国际市场要素的相对价格下降，从而使得企业在预算一定的约束条件下得以采购更多的生产要素，进而增加产出。

如图5-1所示，当政府没有对国内外生产要素市场进行干预或对国内外投资征收同等税收时，企业的等成本线为AB，这时其等产量线与等成本线相交于E点，即企业在E点取得生产的最大化；但当政府运用税收激励手段鼓励企业向外投资，则使得国外生产要素的价格相对下降，此时企业的等产量线位移到CB位置，与企业的新等产量线相交于F点，企业使用有限的资金预算购买了更多的生产要素，在F点实现了生产的最大化，对比E点和F点的位置，我们会发现企业的最大产量得到了提升，即税收激励手段通过降低企业生产成本使企业的投资回报率得到提升。

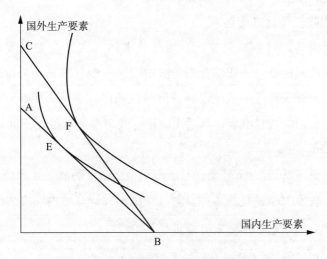

图5-1 税收激励影响企业对外投资成本

（3）"走出去"企业税收激励工具

通过作用方式的不同，可将"走出去"企业税收激励分为直接税收激励（如税收减免）和间接税收激励（如风险准备金）；根据作用范围的不同，可将其分为普惠式的税收激励和导向型的税收激励；根据表现形式的不同，可将其分为税率式激励、税基式激励、税额式激励和时间式激励；根据是否需要他国配合，可分为他国配合型税收激励（如税收饶让）和本国独立型税收激励。常见的税收激励工具有：税收减免优惠、风险准备金、迟延纳税、税收饶让、亏损结转等。

5.1.2.2 我国"走出去"企业税收激励政策现状

(1) 亏损弥补规定

我国企业所得税法中规定，"走出去"企业自生产经营开始的年度，其发生的亏损，按照投资国别的区分，在5个经营年度内进行盈亏相抵，各国亏损的弥补不对其他投资国家的抵免限额计算产生影响。

(2) 自然灾害税收减免

当企业在境外遭受地震、台风等自然灾害，或受所在国发生的政治动乱、战争等不可抗力影响，经营活动受到较大损失的，依照我国驻外机构提供的证明，享受一年期税收减免的待遇。

(3) 税收抵免优惠待遇

根据财税〔2011〕23号文，在境外从事油（气）资源开发的石油企业，可在分国限额抵免法或综合抵免法中选择一种计算其境外油气项目投资和油气资源开采所得的抵免限额，但一旦选定，必须适用5年以上；对来自境外子公司的股息红利，可适用满足持股20%条件的5层间接抵免。

(4) 降低税率

根据财税〔2011〕47号文，对于满足一定条件的高新技术企业，可就其境外所得按照15%的优惠税率计算抵免限额并计算境内外应纳税总额。

5.1.2.3 税收激励政策国际比较

(1) 风险准备金（亏损发生的事前防范）

①法国：根据法国国内税法，为应对海外投资风险，其对外投资企业可依照一定比例最长连续5年从营业收入中计提准备金并税前扣除，但一般要求提取金额不得超过计提期间的对外投资总金额；除非是投资于法国财政部特别名单中列明的国家，风险准备金提取总额可以与企业计提年度内的资本总额相等。这样，就相应降低了企业对外投资初期的应纳税额，发挥了国家与企业共同承担投资的资金成本压力作用。当计提完成期满后，再按照一定比例将提取的准备金纳入当年利润总额征税，也保证了国家的财政收入。

②德国：德国政府为鼓励企业向落后国家投资，规定凡德国企业在发

展中国家投资的，可提取投资总额 40% 的准备金；投资于最不发达国家的，可提取投资总额 60% 的准备金。在度过投资初期的 6 年后，提取的准备金将在下一个 6 年周期内或 12 年周期内平均计入当年营业利润征税。

③日本：风险准备金制度是日本企业税制中的一大特色，伴随着日本企业走向世界，从 1960 年起步开始，已经经历了三个阶段的发展，体现着日本政府对海外投资风险准备金制度的重视。目前的具体要求是：只要企业通过对外投资持有海外子公司 10% 的股份，就可比照投资金额的相应比例（不同投资对象的比例不同，现有 7%、10%、25% 等几种相应比例）免税计提准备金，这部分资金将专门用于企业的亏损弥补，但如果投资初期的 5 年内未有亏损发生，则准备金将在此后 5 年内与当年利润合并征税。

④韩国：一般允许赴海外投资企业保留投资总额的 15% 作为风险损失准备金，如果是资源开发类的投资，则提取准备金比例为 20%，这部分准备金将在税前扣除并持续保留 3 年，从第 4 年起到第 7 年将与当年利润合并征税。

⑤中国：无此项制度。

（2）迟延纳税

目前在税制中设有迟延纳税规则的国家主要有美、日、法等国，由于日本的相关规定与美国类似，下面将以美国和法国为比较代表。

①美国："二战"结束后，美国企业开始大规模向海外扩张，为增强美国企业的竞争力，美国于 1954 年开始实行迟延纳税制度。只要美国企业的境外子公司不将其利润向国内母公司进行分配，就无须就这部分利润缴纳美国所得税。这项制度存在一定的弊端，使得数量众多的美国企业通过在低税国家或避税地的基地公司来对美国纳税义务进行规避，即美国国内母公司通过与低税国家子公司之间的转让定价交易，低价将美国国内产出的产品通过低税国家子公司之手进行销售，只要在低税国的子公司不对美国国内股东分配股息，就可将数量庞大的利润保留在低税国当地而不用向美国政府纳税，还享受了低税国家为吸引外来投资提供的低税负福利。为此，约翰·肯尼迪总统曾在 1961 年提议停止迟延纳税制度，认为该项制度给美国跨国公司提供避税空间并使国家利益受损，但引发美国企业界尤其

是大企业的强烈反对，理由是迟延纳税是因实行限额抵免制而承担高税负的美国跨国公司保持对实行免税法的欧洲跨国公司竞争力的关键因素，同时也能让美国公司与低税国家本土企业相对公平地进行竞争。经过激烈博弈，美国最终对迟延纳税制度进行了修改和限制，通过制定受控外国公司（CFC）规则将某些容易被用来逃避纳税义务的所得排除在迟延纳税的适用范围之外，具体包括消极所得和通过转让定价向低税国家基地公司转移的生产经营所得。

②法国：与美国的迟延纳税无时间限制不同，法国规定符合要求的不同标准：本国母公司可参照对外投资金额的 50% 和 100% 在 5 年内扣减每年的应纳税所得额，5 年到期后再将之前扣减的金额纳入当年的营业利润合并征税，着重体现了对风险较大的企业对外投资初期阶段的扶持。

③中国：无此项规定。

（3）亏损结转（亏损发生的事后弥补）

由表 5-7 可以看出，各国对待亏损结转都比较宽松，基本都允许企业将境内外盈亏互抵，并可以选择向前结转，同时向后结转的年限也大多高于我国的 5 年，甚至英、法、德等欧洲国家允许向后无限期结转；即使是同为向后 5 年结转的中韩之间，由于韩国在允许境内外盈亏相互弥补基础上还允许企业向前 1 年结转亏损，其企业发生亏损时的压力也小于我国。总之，我国税法对待企业的亏损处理比较严格，不利于企业在风险较大、容易出现亏损状态的海外市场上展开竞争。

表 5-7　各国企业亏损结转比较

国家	亏损结转制度
美国	经营亏损可向前结转 2 年，向后结转 20 年；允许境内外盈亏互抵
日本	蓝色税收申请状态的企业的经营亏损、因灾害发生的损失，可向前结转 1 年，向后结转 7 年，特定企业除向前结转 1 年外，可向后结转 9 年；向前结转的限额为当年亏损额的 65%（2017 年 4 月 1 日后降为 50%）；允许境内外盈亏互抵
英国	营业损失可向前结转 1 年，向后无限期结转；停业亏损可向前结转 3 年；允许境内外盈亏互抵

续表

国家	亏损结转制度
法国	年度结转限额为 100 万欧元 +（本年利润 −100 万欧元）×50%；企业可选择①向后无限期结转，②向前 3 年，向后 5 年；允许境内外盈亏互抵
德国	向后无限期结转，年度结转限额为 100 万欧元 +（本年利润 −100 万欧元）×60%；也可选择向前结转，每年结转限额为 100 万欧元；允许境内外盈亏互抵
韩国	向前结转 1 年，向后结转 5 年；因自然灾害造成企业财产损失 30% 以上的，可从当年应纳税额中扣除财产损失比例的税款，但扣除额不能超过损失额；允许境内外盈亏互抵
中国	分国别向后结转 5 年，灾害损失可享受 1 年税收减免；不允许境内外盈亏互抵

资料来源：根据荷兰文献局 IBFD 数据库整理。

（4）税收饶让抵免比较

第一，目前我国对外签订的 102 个税收协定中，有 14 个包含缔约国对方单方面给予的税收饶让抵免待遇（日、英、丹、加、芬、新等），有 29个缔约国双方相互给予税收饶让抵免待遇，[1] 还有一些国家因为实行免税法，无须税收饶让，如德国、瑞典；但还没有我国单方面给予缔约国对方税收饶让抵免待遇的税收协定，我国税收饶让条款大多来自我国大力招商引资的改革开放初期，如 1983—1990 年我国签订的 27 个税收协定中有 26个含有税收饶让内容，近年来我国与投资较多的发展中国家如柬埔寨、哈萨克斯坦、苏丹、阿尔及利亚、委内瑞拉、墨西哥等国签订的税收协定中都不包含税收饶让条款。不仅如此，我国与部分发达国家（如德、法、英等国）新修订的税收协定中不再含有税收饶让条款，并且部分有存续期约定的税收饶让[2]并没有就到期后是否继续实行得到明确。

国际上，美国认为税收饶让违背了税收中性原则，其签订的税收协定中都没有税收饶让条款，这也导致了美国与其重要投资对象——巴西之间因税收饶让问题至今仍未签订税收协定；而同为实行抵免制的日韩则认可税收饶让有鼓励对外投资的作用，日本不仅对发展中国家积极实行税收饶让（仅有埃及等极少数国家例外），更是对多数亚洲国家单方面承担税收

---

[1] 李娜. 税收饶让制度与推动对外投资 [J]. 国际税收, 2016 (7).
[2] 相关国家有澳大利亚、西班牙、葡萄牙、卢森堡等共 43 个国家。

饶让抵免义务，韩国则对所有签订防止双重征税协定的国家给予饶让抵免待遇，并对向特定资源国家的投资所享受的税收优惠也实行饶让抵免。[①] 此外，税收饶让条款出现在 2015 年以前新加坡对外签订的 77 个税收协定中的 40 个税收协定之中。

通过比较可看出，除美国外，目前我国含有税收饶让条款的税收协定不仅数量在协定总数中所占比例低于日、韩、新等亚洲投资大国，而且承担义务少、享受权利多，这固然有利于改革开放初期大力引入外商投资，但随着近年来饶让条款在我国税收协定中逐渐淡出，我国"走出去"企业无法享受到东道国提供的税收优惠，这不利于企业竞争力的保持。

第二，从"一带一路"沿线国家角度，我国的主要投资目的国都提供了大量的税收优惠，饶让条款的缺位将增加"走出去"企业税负，不利于企业在东道国的发展。2016 年，我国对"一带一路"区域的 145.3 亿美元非金融类直接投资主要流向了印度尼西亚、泰国、马来西亚、新加坡、印度等国，其中印度尼西亚对被政府认定为先锋行业企业外国投资者提供 5~10 年免税加 2 年减半征收；马来西亚对先锋企业 5 年内减征 70%，在沙巴州等特定区域的先锋企业 5 年内减税 85% 等；泰国让外国投资者享受 8 年的免税。

【案例】：2006 年，我国某企业以 23 亿美元收购了尼日利亚某海上油田 45% 的权益。由于尼日利亚石油储量丰富，是非洲最大的石油生产国和出口国，而我国对于石油这种重要的战略物资需求旺盛，尤其是近年来经济高速发展和国内小汽车的普及使得国内石油需求和产量之间产生了巨大的缺口，据国家发改委统计，我国 1993 年就已经成为石油净进口国，到 2009 年我国石油对外依存度已超过 50%。可见，相关企业"走出去"有利于保障国家战略安全。虽然尼日利亚对石油开采企业征收高达 85% 的石油利润税，但也允许就油田前期投入资本化支出摊销金额的 50% 进行税前扣除。石油开发投入巨大、周期较长，我国该企业从 2006 年起至 2013 年就该项目陆续投入近 100 亿美元，仅 2012 年就可摊销资本化支出 6 亿美元，

---

① 刘芳，陶忠元. 国际税收饶让制度探析 [J]. 对外经贸实务，2011 (6).

2012 年该项目石油销售利润 4.5 亿美元，实际在当地纳税等于 4.5×85%－6×50%＝0.825 亿美元。但我国与尼日利亚签订的税收协定中并没有包含税收协定条款，导致东道国提供的资本化税收扣除优惠无法在该企业在我国进行纳税申报时得到视同纳税的待遇，并且根据我国税法规定计算的抵免限额为 4.5×25%＝1.125 亿美元，尚需补税（1.125－0.825）×25%＝750万美元，给该企业"走出去"造成沉重负担。

（5）税收减免优惠

①美国鼓励企业对外投资的税收减免优惠主要是关税等流转税方面。[1]

②韩国：一是对在境外发展业务的韩国企业给予 10 年免征所得税，对投资于发展中国家的业务提供了双重减税优惠；二是对境外投资所获得的股息实行税率减半的优惠政策。

③法国：对跨国公司总部设立提供税收优惠，即为吸引跨国公司总部，法国税务部门与境内的总部型企业一般按照该总部企业日常支出额的 8%为基础来共同制定纳税基数；专利盒制度[2]，免税法。

④德国：税收减免优惠具有鲜明的导向性，但无公司所得税的减免，主要是对投资于发展中国家的企业免征 12~18 年的公司资产税，以及对于德国国内固定资产转移到发展中国家的增值额给予无限期增值税缓交待遇。

⑤英国：实行免税法，专利盒制度[3]。

⑥日本：虽无特定企业和行业对外投资税收减免优惠，但有海外投资保险制度（以国内法形式存在）。

⑦中国：石油企业境外投资抵免选择权、高新技术企业优惠税率抵免。

---

① 张京萍，李敏. 对外投资税收政策的国际比较 ［J］. 税务研究，2006（4）.
② 法国专利盒制度是指符合条件的专利权和特定知识产权所得可按 15%的税率交税。
③ 英国专利盒制度是指符合条件的专利权和特定知识产权所得可按 10%的税率交税，此优惠税率有效期为 5 年。

5.1.2.4 我国企业"走出去"税收激励政策竞争力评述（见表5-8）

表5-8 各国支持企业"走出去"税收激励措施综合比较

国家	中国	美国	英国	法国	德国	日本	韩国
风险准备金	无	无	无	有	有	有	有
迟延纳税	无	有	无	有	无	有	无
亏损结转	向后5年，境内外盈亏不能互抵	向前2年，向后20年；允许境内外盈亏互抵	向前1年，向后无限期；允许境内外盈亏互抵	向前3年，向后5年；或向后无限期；允许境内外盈亏互抵	向前，向后无限期；允许境内外盈亏互抵	向前1年，向后7年；允许境内外盈亏互抵	向前1年，向后5年；允许境内外盈亏互抵
税收饶让	逐渐淡出	无	有	有	有	有	有
税收减免优惠	高新技术企业优惠税率、石油企业抵免方法二选一	关税减免	专利盒（免税法），税率10%	总部优惠、专利盒（税率15%）	投资发展中国家12~18年免征公司资产税、资产增值免征增值税	无	10年免税、发展中国家双重减税、股息税率减半

很明显，我国企业"走出去"税收激励政策相比其他国家缺乏竞争力，具体表现在以下方面：

第一，宏观上，缺乏普惠性的税收激励政策。由于对外投资领域风险较大，各国都实行了一定普惠性的措施，如采用风险准备金的有法、德、日、韩等国，其中力度最大的是日本；实行迟延纳税的有美、日、法；在亏损结转制度上我国也最为严苛。结合前面消除国际双重征税方法的对比，且不说实行免税法的欧洲国家，相对于同为限额抵免法的中、美、日、韩，我国"走出去"企业要承担更沉重的国际双重征税，也普遍感受不到国家对企业对外投资的支持，这与我国改革开放升级换代的新形势和"一带一路"倡议下企业"走出去"的新局面极为不符。

第二，微观上，一是缺乏地区性的导向性优惠。除执着于满足资本输出中性的美国,即使是实行普惠制税收优惠的英国也使用税收饶让鼓励企业对发展中国家投资,德国和韩国更是对本国企业在发展中国家的投资给予税收优惠,日本是利用税收饶让鼓励企业走向发展中国家的典范,而我国还没有任何区域性支持企业对外投资的税收激励政策,我国协定中税收饶让条款的逐渐稀少现象削弱了"走出去"企业在东道国的竞争力,在"一带一路"倡议高歌猛进、如火如荼的同时,是否应该在税收政策上再加把力?二是产业优惠方面,高新技术产业的低税率抵免保证了与国内税法中低税率征税的衔接,但各国基本都没有专门针对某一产业对外投资的税收激励政策,是否应把只有石油企业享受的抵免选择权利扩展到所有"走出去"企业,如果做不到,是否至少扩展到装备制造业?

5.2 "一带一路"背景下我国企业"走出去"中税收征管的不足和缺陷

5.2.1 构建服务型"走出去"企业税收征管体系

20世纪70年代末以来,先有新公共管理运动、后有新公共服务理论深刻影响着世界各国包括税务部门在内的公共管理实践,当前,我国政府正在持续推动简政放权、放管结合、优化服务改革向纵深发展,通过转变政府职能打造人民满意的服务型政府。"服务"这个词语已成为我国政府自身建设的关键词,并不断推动和保障着税收现代化的实现。在这样的形势下,利用新公共管理理念和新公共服务理论来构建与完善我国的"走出去"税收征管体制,是十分必要且符合现实需要的。

5.2.1.1 新公共管理运动的内涵

新公共管理运动发端于20世纪七八十年代正挣扎于财政危机和滞胀危机中的西方发达国家,在税收领域也引发了关于优质纳税服务和保护纳税人权利的思考。

(1)在公共管理中借鉴和引入私营企业管理理念和方法

经济学成本理论认为付出最小成本实现最大收益,新公共管理以此为依据，认为公共管理部门在管理中应用私营企业的管理理念和方法，重视绩效考评、追求实现与项目预算相符的绩效目标、强调客户至上和结果控制等。

（2）在公共管理事务中引入市场机制

通过公共部门之间、公共部门和私营部门之间的相互竞争，实现公共产品和服务的市场化，提高公共部门工作效率，完善运行机制。主要措施是在私营部门中建立与公共部门的伙伴关系，使之参与公共产品的生产，达到破除公共部门垄断性而导致效率低下的特征的目的，同时可以有效缓解政府的财政压力。

（3）在公共管理中引入顾客至上理念

既然在公共管理中运用私营部门的方式方法，顾客至上这一私营部门经营的精髓当然也被应用到政府的公共管理之中。广大纳税人被视为通过纳税向政府付费的客户，相应地，公共管理部门则是向纳税人这一客户提供公共产品的"企业"，同生产者应尽量满足客户的需求类似，政府就需要根据客户的需求来提供诸如公共政策制定这样的产品和服务。

（4）对公共部门实行绩效评估

绩效评估主要包括服务质量、顾客满意度、成本效益、投入产出比等内容，具体评估标准（又被称为"3E"标准）为经济（Economy）、效率（Effciency）和效能（Effectiveness）。正是通过科学的方法和标准对公共部门的绩效进行客观、准确的考核，使得公共部门更加重视所提供产品和服务的效率，培养部门之间竞争的环境。

（5）实现政府职能的转变

转变主要是将政府的管理职能和具体操作职能分离，在管理方式上实行分权或授权的形式，提高各部门的参与协作度，使得公共管理部门摆脱官僚等级制度带来的机构臃肿、效率低下等问题。通过在部分公共产品和服务的生产中引入私营企业伙伴，让政府专注于监督和管理，提高效率，实现对突发公共问题和事件的迅速反应。

5.2.1.2　新公共服务理论的内涵

虽然新公共管理运动由于在政府部门的公共管理中引入了私营部门的

经营理念、经营模式和市场机制，促进了政府管理效率的提高和政府职能的转变，但也暴露出公私不分、破坏道德标准、政府公众责任的丧失以至于产生腐败以及改革的结果与描述不符等问题，受到其理论基础和前提假设与公共价值观存在矛盾的批判与诟病。这时，新公共服务理论通过对新公共管理进行继承、反思和总结，让人们重新认识了公共管理中具有价值的理念，对政府的公共管理发挥了巨大的推动作用。

（1）新公共服务与新公共管理都认为应转变政府职能，但相比新公共管理认为政府是"掌舵"而非"划桨"的公共政策制定者、公共服务监督者而非公共产品服务提供者的定位，民众能够选择政府提供服务的方式而被排除在公共产品民营化供给之外，政府保持对私营部门的基本控制。新公共服务认为政府应扮演"服务"而不是"掌舵"的角色，这种服务并非直接向民众提供公共服务，而是树立为公众利益服务的意识，对公民权利充分尊重、鼓励民众参与公共管理并与之分享权力，将政府定位为公众利益冲突的裁判人和协调人，其对民众的控制被合作所取代，其间充满协商、鼓励和授权。

（2）新公共服务与新公共管理都追求公共管理中的效率，但新公共管理注重通过私营部门管理方法在途径、方式和手段上运用理性工具提高政府的效率，并没有脱离管理的限制，因此本质上仍是管理。而新公共服务更彻底地发扬了工具主义精神、拓展了工具主义的含义和延伸领域，在政府的体制、程序、管理方式之外的政府治理基础上贯彻民众参与公共管理，认为公共管理的目标除了效率以外更为重要的是服务于全体公民、保障公众利益最大化，从而使得管理控制型政府转变为服务型政府。

（3）新公共服务认同新公共管理倡导的一些私营部门管理方法，但相比新公共管理把民众比作顾客强调"顾客至上"的顾客导向，新公共服务认为民众具有共同利益，参与社会公共管理是其本质要求和天然义务，应让广大社会公众参与到公共政策的制定过程中，用民主治理的方式来改革公共管理。新公共管理将政府看作企业，强调在公务员规范中适用企业家精神，从而导致在公共事务管理中渗透了私营部门的价值观，而新公共服务认为政府的主要责任是实现公平正义和为公共利益服务，应"确保政府的主要利益是公共利益，确保无论公共问题的产生与解决过程都依照正义、公正和公平的民主规范"。①

（4）新公共服务和新公共管理都认同服务的理念，新公共管理更偏向于管理，而新公共服务强调政府对公共事务的管理是建立从公共利益出发、以实现公共利益为目标的服务型管理，政府与民众之间保持着相互信任、相互合作的良性互动，服务型政府与全体社会公众一起进行公共事务管理。

5.2.1.3 构建我国服务型"走出去"企业税收征管体制

虽然新公共管理受到一些质疑和批判，在很多方面被新公共服务理论超越，但不可否认其对政府转变职能、提高效率、降低行政成本等方面的积极意义，此外，新公共服务理论尊重公民权利、让民众参与公共事务管理的理念也与当前我国服务型政府建设相契合，"走出去"企业税收征管作为社会公共管理的一个分支，应积极借鉴新公共管理运动和新公共服务理论当中的思想闪光点，构建和完善我国服务型"走出去"企业税收征管体制。

（1）在"走出去"企业税收征管中借鉴企业经营方法

税收征管中对于效率的追求是永无止境的，"走出去"企业遍布全球，如何进行有效、高效的管理是值得长期思考、不断反思的问题，适度引入市场竞争机制、建立绩效评估制度、提供相应激励将有效降低税收征管的成本费用，节约大量资源加强国家治理体系和全方位现代化建设。新公共管理运动深刻地影响着很多国家税收征管活动，各国税务机关纷纷以企业为榜样进行改革和重组，尽量减少中间管理层次和相关管理手续以实现扁平化管理，参照企业标准制定人员奖励考核制度，积极利用现代化电子网络方式拓展征收管理和纳税服务的形式，在尽量提高管理效率的同时最大限度满足各地纳税人的需求，以纳税人满意度来给税务部门打分，同时从内部和外部进行绩效考核。这对于我国加强"走出去"企业的税收征管具

---

① 珍妮特·V.登哈特，罗伯特·B.登哈特.新公共服务：服务，而不是掌舵［M］.丁煌，译.北京：中国人民大学出版社，2016.

有很强的参考作用和现实指导意义。

（2）让纳税人参与"走出去"企业税收征管事务

"走出去"企业税务管理事关对外投资企业切身利益，相关纳税人主观上愿意客观上也有着参与税务管理的意愿和需求，税务管理本来就是一场"信息争夺战"，"走出去"企业和税务部门之间更是面临严重的信息不对称，因此建设服务型"走出去"企业税务管理体制本能地需要保持税务部门和纳税人之间的沟通顺畅和良好互动，以积极有效地对各种对外投资税务突发事件做出反应和处理。一方面，对外投资企业应主动向税务部门报告其所遇到的税务问题和不公平待遇、采取税企共建数据库、通报税收筹划方案和预约定价安排；另一方面，税务部门要主动提供投资目的国相关税制和税收执法信息、主动了解企业在外税务问题和下一步投资动向，做好辅导并帮企业出谋划策，通过税企双方共同努力，实现税企双方的合作共赢。

（3）尊重纳税人合法权利，把保护我国纳税人利益作为基本目标

在过往我们的税收征管实践中更多地强调征管，税务部门和纳税人之间存在着权利义务不相匹配的现象，这不利于服务型税务管理和服务型政府的建设，应保障公众的纳税义务在一定程度上与公共产品和服务相对称。新公共管理中将纳税人看作客户，新公共服务更是提出要将纳税人需要和社会价值取向融入公共管理实践当中，因此我们需要将纳税人当作税收征收管理的中心，把税务部门转变为管理服务人和纳税人利益保护人，在"走出去"企业税收征管中坚决捍卫国家和我国纳税人正当权益。对外投资领域面临着不熟悉的环境和更加复杂多变的各种风险，尤其需要我国税务部门站在纳税人的立场思考问题，想纳税人之所想、急纳税人之所急，提供高质量的、具有国际水平的优良纳税服务替代以往的严查重罚，为企业顺利"走出去"保驾护航，以服务促进纳税人依法自觉履行纳税义务，实现税收征管工作的高度透明和纳税遵从度的提高。

（4）鼓励和发挥市场机构在"走出去"企业税收征管中的作用

目前，我国税务管理中的中介力量已经初具规模，各种会计师事务所和税务师事务所在企业"走出去"过程中发挥了很好的信息提供和投资税

务辅导的作用，我国国际税收部门自身人员配备和资源数量有限，虽然通过机构之间的业务重组和架构改革提高了税务管理的效率，但作为公共管理部门其业务中心和思维焦点始终聚集在税务公共政策制定和维护国家正当税收权益上，很可能难以迅速对每个在外投资企业的利益诉求做出充分回应，市场的问题应该用市场的方式和市场的力量去解决，在"走出去"税收征管中相关市场中介机构应该发挥更大的作用、扮演更重要的角色，有效地参与税企之间的沟通协调，共同建设服务型"走出去"税收征管体系。

5.2.2 "一带一路"背景下"走出去"企业税收服务中的不足

完善、健全的税收征管是保证税收制度和税收政策充分发挥效力、实现国家政策意图的保障。税收征管的首要目标是实现税收收入的应征尽征，为了达到这一目的，除了一味采取强制性措施外，还需要税务部门提供优良的税后服务，让纳税人通过享受服务带来的好处，构建税企之间良好、融洽的紧密关系，从而提高税收遵从度，减少税务部门执法的难度和压力。

5.2.2.1 我国企业"走出去"税收服务现状

企业在"走出去"特别是走向"一带一路"沿线发展中国家的过程中，会遇到很多风险和困难，但归根结底主要面临两大难题：

一是由于信息不对称，导致企业不了解投资国家和投资对象的税务信息。

【案例一】：企业不了解东道国税制导致损失。

2009 年我国某企业投资收购位于澳大利亚的一个矿产项目，当时澳大利亚出台了矿业资源租赁税，而该企业并没有掌握此情况，待收购完成后被征税导致成本大幅度增加，使得实际投资回报比预期下降了 60%。[①]

【案例二】：企业不了解投资对象涉税信息导致损失。

海外并购是我国企业目前对外投资所采用的一种主要方式，在 2006 年

---

① 朱桉，周颖."走出去"企业如何加强国际税务合规管理［J］.中国税务，2015（7）.

我国某企业 Z 对一家海外企业 X 的并购中，由于没有在收购前做好尽职调查，没有掌握 X 企业遗留的税收问题，导致在 2009 年东道国的税收检查中发现该问题并对该企业处以罚款，由于 X 企业已被 Z 企业收购，其法律责任理应由 Z 企业来承担，由此使得 Z 企业的国际化步伐遭受重挫。①

以上案例反映出由于"走出去"企业不了解投资目的国税法和投资对象的涉税信息，从而导致对外投资遭到重大损失。这属于我国税务部门在国内对"走出去"企业的税收服务，也是企业"走出去"之前的服务。

二是各国税收执法手段水平不一，人为因素再加上内外税制有别，容易出现"走出去"企业在当地发生税务纠纷和争议事件，这属于我国税务部门与国外税务部门为"走出去"企业开展沟通协调，是企业"走出去"过程中的服务。为此，我国税务部门应针对这两方面着手提高服务水平。

（1）解决"走出去"企业涉外税务信息问题

一是设立国别税收信息中心和税务处理案例库，收集我国企业投资相对集中国家税务信息，各省级税务机关各自分工，分别开展相关国家信息的分析和研究工作；二是设立了"一带一路"税收服务网页，目前已发布美国、蒙古、俄罗斯、印度、中国香港等 18 个国家（地区）投资税收指南，介绍并相应提示这些国家和地区的税收政策和投资税收风险；三是积极进行税企沟通，开展"走出去"企业相关投资目的国的税收政策和我国税收协定的宣讲工作，逐次分批回答企业对外投资税务话题；四是通过税务咨询 12366 热线，及时满足企业政策咨询需求，回应服务诉求；五是引导注册会计师事务所、注册税务师事务所等市场中介机构发挥作用，为企业"走出去"提供重点投资国税收法律咨询等方面服务。

（2）积极对外沟通协调，解决"走出去"企业涉外税务争议

随着我国企业对外投资越来越多，金额、规模不断扩大，分布范围越来越广，涉及当地各行各业，由于"走出去"企业与所在国税务部门对当地税法认知存在偏差，以及各国税务部门执法尺度不一，不断遇到各种涉外税务纠纷和争议，我国税务机关根据与对方签订税务协定中的相互协商

---

① 国家税务总局网站。

条款和双方税务部门之间的沟通机制，积极沟通协调、维护国家和"走出去"企业利益。

【案例三】"走出去"企业俄国税务争议案件。

2009 年，俄国税务部门认为我国某公司驻俄国代表处为拓展该公司业务开展的准备、签订销售合同等辅助行为构成了在俄常设机构，并认为合同中约定的交货地点是其境内某仓库，属于在俄国销售货物，要求缴纳企业所得税和增值税。该公司并不认可俄国税务部门的判断，双方形成涉税纠纷。① 后应企业的请求，我国税务部门与俄国同行开展沟通协商，俄国税务部门最终放弃了我国企业应在俄国交税的认定，事件得到妥善解决。

【案例四】巴基斯坦工程银行贷款利息是否免税争议案。

我国某水电建设公司承建了巴基斯坦的一项水电工程，由于工程投入较大，该公司向中国进出口银行申请了一笔利息为 1000 万美元的贷款，巴基斯坦税务部门根据中巴之间的税收协定的免税名单中没有列举中国进出口银行而认为应就该笔利息征收 10% 预提所得税，但该公司则按照协定中由双方政府全资拥有的金融机构贷款利息免税的规定，认为巴基斯坦的征税行为是不当的，双方至此形成争议。后在中国税务总局的出面协调下，说明了中巴税收协定签署在前，而中国进出口银行成立在后的情况，巴方与中方就双方之间已有的税收协定进行了修订，该笔中国进出口银行的贷款利息得以享受免税待遇，我国企业避免了上百万美元的损失。②

5.2.2.2 我国"走出去"企业税收服务中存在的不足——税收协定方面

由于税收协定是规范国家间税收关系的基础，因此我国税务部门对"走出去"企业的涉外税收服务大都依照协定来执行。

（1）从对外签署税收协定数量来看，目前，美国有 69 个避免双重征税协定，日本有 58 个，德国有 90 个，英国和法国是签署税收协定数量最多的国家，分别有 125 个和 110 个。虽然我已对外签署了 102 个避免双重征税协定，位居世界前列，但与英国、法国还有一定差距；同时相对于

①② 汤贡亮. 2012 中国税收发展报告 [M]. 北京：中国税务出版社，2013.

我国企业广泛分布在世界近 200 个国家（地区），我国的税收协定数量还有相当大的增长空间；另外，"一带一路"区域作为未来我国企业"走出去"的重点地区，仍有 10 个相关国家未与我国签订税收协议。

（2）我国企业对税收协定重视不够，不能积极运用税收协定维护自身在投资当地的税收权益，比如青岛、北京等地的调查反映 90% 的"走出去"企业未能享受税收协定待遇，[①] 这反映出我国税务部门税收协定的宣传工作还有很大提升空间。

【案例五】：企业不重视税收协定导致多交税。

我国某水泥公司在塔吉克斯坦投资成立了一家子公司，2012 年底中国国家开发银行对该子公司授予了一笔 7800 万美元的贷款，2013 年塔吉克斯坦税务部门要求就该笔贷款 2013 年的利息按 12% 的税率征收 47 万美元的税款。虽然我国和塔吉克斯坦共和国之间签订有双边税收协定，但该企业并未了解相关情况，而是按照当地税法足额缴纳了税款。而根据中塔税收协定的规定，东道国应给予来源于中央银行或政府全资拥有的金融机构贷款利息免税待遇。

（3）协定中争议解决机制仅仅规定了两国税务部门之间的相互协商程序，而没有引入发达国家之间流行的仲裁条款，并且相互协商程序往往对于解决争议的时限仅为两年，对于相隔遥远、身处他国的"走出去"企业时间要求较高；此外，相互协商程序规则要求纳税人履行争议事件与税收协定规定不相符合的举证义务，但这些证据大都掌握在税务部门手中，在一定程度上阻碍了"走出去"企业向我国税务机关请求援助。

5.2.3 "一带一路"背景下"走出去"企业反避税中的问题

5.2.3.1 "走出去"企业税收征管主要工作——反国际避税

构建税收征管体制的目的在于保证税收收入的应征尽征，但作为征收管理对象的企业却基于自身利益最大化的考虑出发尽量实现自身税负的最小化，这就带来了税收征管中的反避税问题，尤其是在国际税收领域，由

---

① 周跃振. 九成"走出去"企业未享受税收协定待遇［N］. 中国税务报，2015-04-17.

于各国税收管辖权、税收制度、纳税标准等方面存在差异,加上较国内征管更加严重的信息不对称,使得国际反避税问题更加突出。

(1)"走出去"企业避税的主要方式

离岸避税型:是指"走出去"企业利用国家间税收制度的差异,将利润通过转移到税负较低的国家和地区,从而达到少交税的目的。返程投资型:是指国内企业通过对外直接投资在国外设立控股公司,该控股公司再以外资的名义返回母国投资,从而利用母国对外商投资给予的税收优惠降低税负。

由于我国现正在逐步清理返程投资型"走出去"企业避税涉及的外商投资优惠,并且返程投资型企业并不能享受抵免政策,因此在这里主要谈论离岸避税型的税收征管。

(2)"走出去"企业税收征管基本框架

"走出去"企业税收征管的目的在于提高境外纳税人的纳税遵从度,实现国家税收的应征尽征,但由于"走出去"企业分布在境外,对其进行税收征管必然属于国际税收征管范畴的问题,因此除了我国国内税收征管制度建设之外,还涉及国际税收征管协作问题。其中,我国国内的税收征管又包括"走出去"企业的日常管理和反避税管理;国际税收征管协作包含国际税收情报交换和税款协助追偿(如图5-2所示)。

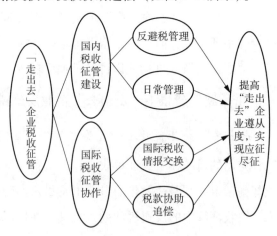

图5-2 "走出去"企业税收征管基本框架

①国内税收征管建设：一是对"走出去"企业的日常管理，即通过税收征管的工作流程，掌握"走出去"企业的基本信息，实现境外居民纳税企业的税款征收；二是反避税管理，即根据税法中的转让定价条款、受控外国公司（CFC）规则、资本弱化条款等反避税规则加强"走出去"企业反避税管理，防止国家税款流失。

②国际税收征管协作：一是国际税收情报交换，"走出去"企业身处国外，而我国税务部门受他国税收主权约束，难以到境外实施税务检查，这使得税企之间信息严重不对称，为打破这种困境，与他国进行国际税收情报交换至关重要；二是税务文书送达和税款协助追偿，同样受限于他国税收主权，即使认定"走出去"企业存在着避税现象，我国税务部门也难以走出国门通知其履行纳税义务和实施追款追偿，因此必须请求国际同行的协助。

5.2.3.2 我国"走出去"企业税收征管现状

（1）我国"走出去"企业国内税收征管现状

①日常管理

虽然我国通过《企业所得税法》和《征收管理法》制定了"走出去"企业的实体性税收征管制度，明确了"走出去"企业的税收管辖权、纳税主体判定、纳税义务、计税依据、纳税年度等征管标准，但并没有专门的"走出去"企业税务登记、纳税申报、税务检查、法律责任等程序性征管制度，只是在国家税务总局2011年第45号公告中对境外注册的我国居民企业的新设税务登记做出规定，其他的程序性管理措施都包含在一般企业的相应规定中，由于"走出去"企业具有在征管中需要国际协助的特点，我国针对境外居民企业征管制度的缺失反映出我国税收征管的重心在于国内征管，当然这也和我国此前在国际资本流动中的地位有关。但现在"走出去"已成为国家发展战略，"一带一路"建设为我国企业"走出去"提供了新的机遇，但征管制度的缺失使得税务机关无法掌握企业"走出去"的具体信息，当然也就会形成对境外居民企业税收管理不力、税收流失的局面。

②反避税管理

通过设置受控外国公司条款和转让定价规则等反避税税制，我国已初步建立了较全面的"走出去"企业的反避税管理的规章制度。

第一，受控外国公司条款：分别体现在我国的《企业所得税法》《企业所得税法实施条例》《特别纳税调整实施办法（试行）》中，规定了受控外国公司的判定标准、税款征收和免税情况。

第二，转让定价规则：分别由我国《企业所得税法》《企业所得税法实施条例》《税收征管法》《税收征管法实施细则》《特别纳税调整实施办法（试行）》等法律法规中的条款构成，就企业转让定价中涉及的关联交易及申报、转让定价方法、调查与调整、预约定价安排等事项做出规范。

（2）我国"走出去"企业国际税收征管协作现状

①国际税收情报交换

国际税收情报交换是指各国税务当局为解决因境外居民纳税人涉税信息缺失而导致征税困难的问题，相互交换各自征税所需信息的国际税收征管合作行为。目前我国对外签署的《金融账户涉税信息自动交换主管当局间协议》、《多边税收征管互助公约》、102个双边税收协定、10个情报交换协定以及与港澳台之间的避免双重征税安排等对外情报交换相关条约，再加上我国的《税收征管法》《国际税收情报交换工作规程》和一些相关金融政策法规等一起奠定了我国国际税收情报交换工作的基础（见表5-9）。

表5-9　我国税收情报交换协定一览

序号	国家或地区	签署日期	执行日期
1	巴哈马	2009.12.01	2011.01.01
2	英属维尔京群岛	2009.12.07	2011.01.01
3	马恩岛	2010.10.26	2012.01.01
4	根西	2010.10.27	2012.01.01
5	泽西	2010.10.29	2012.01.01
6	百慕大	2010.12.02	2012.01.01
7	阿根廷	2010.12.13	2012.01.01

续表

序号	国家或地区	签署日期	执行日期
8	开曼	2011.09.26	2013.01.01
9	圣马力诺	2012.07.09	2014.01.01
10	列支敦士顿	2014.01.27	2015.01.01

资料来源：国家税务总局网站。

②税务文书送达和税款协助追偿

国际税收情报交换是当前我国国际税收征管协作的主要内容，由于认为向境外纳税人直接邮寄税务文书会侵害国家税收主权，我国在签署《海牙送达公约》时放弃了就邮寄送达外国司法文书开展国际合作；另外，我国以往并没有开展税款协助追偿的征管协作先例，虽然我国在近年来签订的一些税收协定中包含了税款协助追偿的内容，但只是一些原则性的表述，不具备实践操作性。

5.2.3.3 "走出去"企业税收征管的别国实践

（1）美国

无论从对外直接投资的流量还是存量来看，美国都是当之无愧的世界第一对外投资大国，在美国企业大规模"走出去"的同时，美国也构建了世界前列的对外投资税收征管体制。

①完善的税务审计制度和严格的处罚措施

尽管美国没有建立对外直接投资的税务登记制度，但要求美国居民就境内外全部所得申报纳税。此外，美国税务部门利用税务调查和税务审计来掌握跨国企业的境外生产经营情况，一旦发现企业没能完整履行纳税义务，将处以高额罚金，严重的还有刑事处罚。例如，如果企业纳税人未能在规定时间内申报纳税，将会受到最高限额为应纳税额25%的"疏忽罚款"；对于不符合申报表格要求的可报交易行为，凡可报交易是税法列举目录中的，自然人纳税人处罚10万美元，其他纳税人处罚20万美元，可报交易在税法列举之外的，处罚标准为1万~5万美元；对于纳税人存在偷税行为的，除补缴税款及利息外，等待其的将是高达偷税金额75%的

"欺诈罚款"，甚至是 5 年以下（含）刑事责任。

②重组国际税收管理机构，高配管理人员

2010 年美国国内收入署（IRS）重新设立了大型企业与国际局作为国际税收管理的专门机构，不仅将其人员编制由 600 人扩充到 875 人，增添了许多国际税收专门人才，还任命该部门领导为 IRS 局长助理。为打击跨国避税，凸显对跨国企业转让定价的重视，还特别增设了转让定价主管和首席经济学家等岗位。

③通过 FATCA 法案和自愿披露项目，双管齐下挽回税收流失

为了挽回美国纳税人通过在海外隐匿财产、逃避美国税收而带来的税收收入损失，美国从 2008 年起实施了多期境外资产志愿申报（OVDP）项目，为隐匿财产的纳税人提供悔过自新的机会；又在 2010 年推出了外国账户税收遵从（FATCA）法案，强烈要求外国金融机构报告美国纳税人的海外账户信息。这两条措施对采取海外隐匿财产逃避税的美国纳税人形成了内外夹攻之势，如果在规定期限内没有自愿披露而被美国税务部门发现的，将被处以高额罚金，比如，2011 年的 OVDP 规定：凡是主动申报的纳税人，处罚金额上限为 2003 年到 2011 年海外银行账户余额最高年度的 25%，但如果隐匿不报而被发现的，将面临更高的处罚金额甚至是刑事处罚。

④高度完善的反避税法规体系

各国中，美国最早认识到企业跨国避税问题的严重性，并通过立法加以规范，早在 1954 年，其《国内收入法典》就载入了转让定价的内容，不仅对实施转让定价的跨国公司规定了严格的举证责任，要求纳税人呈送完备全面的账证资料，还制定了严格的处罚措施，始终保持对纳税人的高度威慑力。此外，美国还首先建立了受控外国公司（CFC）规则。由于迟延纳税制度形成了较大财政压力，迫使美国于 1962 年发布了 CFC 规则，规定满足一定条件的受美国纳税人控制的外国企业，即使其利润不汇回美国国内，也需要就归属于美国纳税人的那部分利润缴纳美国税收。

（2）韩国

除紧随美国步伐构建了完善的反避税税制以外，韩国税务部门建立了完善的"走出去"企业日常管理体制，全面系统地实现对境外居民企业涉

税信息收集，确保了境外税源监控和税款征收。

①"走出去"企业税务登记

韩国税法规定，所有的韩国企业在进行跨境投资时都需要到韩国国税厅办理税务登记，取得唯一的税务登记代码，这9位数的税务登记代码中包含了对外投资企业类型、投资目的国等信息，将作为企业后续办理具体税务登记和申报纳税的凭证。

②建立"走出去"企业税务档案

韩国税务部门根据税务登记的办理情况，建立了企业跨境投资税务档案，内含企业明细单、财务报表、分支机构明细单等资料。当这些企业发生停业、清算、股权转让等情况时，需要第一时间向税务部门报告。韩国国税厅还根据纳税指导或税务检查的需要每年对企业的跨境投资档案进行更新维护。

③建立第三方涉税信息报告制度

首先，韩国税法要求韩国境外企业在新设或停业清算时，应在90天内向韩国银行通报相关信息；其次，收到以上信息的韩国银行再将境外投资企业设立或停业的相关资料向韩国进出口银行和韩国国税厅报告；最后，韩国进出口银行再将其所掌握的韩国境外企业资料通报给韩国国税厅。对于上报资料达不到要求的，会受到罚款处罚。在这些信息获取基础上，韩国税务部门建立了境外投资企业数据库。

（3）启示

从美韩两国的经验来看，相较于境内税收征管，企业"走出去"所涉及的境外征管中信息不对称问题更加严重，同时由于受到各国税收主权的限制，境外征管也存在一定的困难，两国不仅设立了国际税收的专门管理部门，采用多种方法收集和核实境外企业相关税务信息，还建立了完善的反避税规则体系和严厉的惩罚机制，在对纳税人保持高度威慑力的同时辅以一定的柔性管理措施，有效地实现了对境外企业的征收管理。我国应借鉴其中的积极因素，在国内形成一个强有力的机构统一管理国际税收事务，从企业赴海外投资伊始就加强管理、完善服务，并通过国际合作和整合国内资源，多方收集信息，保证监管质量，群策群力解除企业跨境投资的后顾之忧，做到立足我国现实国情，扎实推进我国企业跨境税收管理工作。

5.2.3.4 我国"走出去"企业税收征管中存在的问题

(1)"走出去"企业日常管理制度亟须完善

①缺乏境外征管基本制度

一是从源头上看，税收征管法中没有规定企业对外投资是否需要税务机关的登记和备案，缺乏对企业境外投资相关税收检查的具体规定；二是税收征管系统中没有反映企业跨境投资信息采集方面的内容，国税、地税之间也没有企业境外投资的信息共享机制；三是对不按规定申报境外所得的行为，缺乏有效的遏制手段与处罚措施；四是缺乏具体的认定与执行标准来规范企业，取得的境外完税证明存在形式不一、不规范、取得时间滞后等问题。

②对税务信息的收集没有形成系统性

一是我国企业跨境投资存在多部门共管的局面，虽然目前税务机关与外汇、银监等部门建立了信息沟通与共享渠道，但在广度和深度上就企业跨境投资信息进行部门间交流仍大有潜力可挖；二是现有税收管理制度不健全，税务机关不仅难以从企业申报的关联交易和对外投资相关表格中全面获取企业境外投资、经营信息，也缺乏通过税收检查来核实信息的具体规定，即使通过企业纳税申报获得的信息也存在滞后、不全面等问题；三是税企之间互动不够，跨境投资企业缺乏向税务机关报告第一手境外投资与经营信息资料的主动性与积极性。

③机构组织设置不合理

一是国、地税部门分别对辖区内的企业跨境投资行为进行管理，容易造成多头管理、交叉管理局面，不利于集中落实跨境税收征管工作；二是国际税收管理部门主要负责协定的谈判签署和反避税事务，而企业跨境税收征收归属于所得税管理部门，两部门之间需要保持密切配合，才能保证避免因所得税部门不熟悉协定具体信息而带来的征管效率下降问题。

④人才等基础性设施建设有待加强

首先，为企业境外投资行为提供优质的管理服务对熟悉业务、了解外国税法的国际税收专业化人才有着非常高的要求，尤其是在海外税收维权、国际合作等方面,现在看来还存在很大缺口。其次,我国幅员辽阔、地区发展差异较大,"一带一路"倡议实施后西部沿边地区税收信息化发展滞后,征管能力跟不上企业对外投资的步伐。

(2)"走出去"企业反避税的问题

目前,我国在"走出去"反避税领域已经构建了转让定价和受控外国企业的纳税特别调整规则,但相关规定还不够具体,需要进一步完善。而且过往我国税务部门的反避税实践主要针对国内"引进来"的外商投资企业,对我国"走出去"企业反避税还需要一个熟悉的过程,尤其是 BEPS 行动计划的出台对我国的反避税工作提出了新的要求。

(3)"走出去"企业国际征管协作中的不足

①国际税收情报交换有待改进完善

一是在空间上,税收协定和税收情报交换协议还有进一步拓展的空间,其中"一带一路"沿线还有 10 个国家未与我国签署税收协定;二是在情报交换内容上,过往我国对外发出的税收情报交换请求中,针对我国境内的外资企业情报交换数量远远多于针对我国"走出去"企业的请求数量,发挥税收情报交换在"走出去"企业税收征管中的作用还大有潜力可挖。

②缺少国际税款协助征收制度

我国"走出去"企业遍布世界近 190 个国家(地区),一旦发生国际逃避税,税款国际追偿协助对于维护国家正当税收权益将是十分必要的,但我国尚无在对外签署的税收协定中对国际税款协助追偿规定具体实施方法,这不利于我国"走出去"企业的税收征管工作。

5.3 "一带一路"背景下企业"走出去"与国际税收规则竞争

"走出去"企业与国家之间利益统一于国际税收规则的统一,推动现有无统一性和强制力特点的国际税收规则向世界统一的方向发展,并最终实现本国利益的最大化,需要获取推动国际税收规则变动的实力和影响力,我国现在已发展成为世界第二大经济体,但经济实力还未完全转化为国际税收领域的影响力和话语权。

5.3.1 国际税收规则的形成与变革

5.3.1.1 国际税收规则的形成机制

国际税收规则并非天然的客观存在，是随着国际资本流动和跨国所得的产生而逐渐发展起来的。国际税收规则想要产生效力，必须得到国际社会成员的认可，由于国际社会的无政府状态，各国参与制定国际税收规则并相应约束自己的征税行为，存在着两种机制：

（1）单边主导机制

规则总是主要为强者服务的，强者通过制定规则享受规则带来的红利。在现实社会中，往往规则制定者是全社会最有权力的少数人群，这种逻辑同样适用于国际社会。也就是说，在国际税收领域，某一国家单方面推行有利于自身税收利益的某种制度，并最终利用其自身优势（可能是整体实力，也可能是某一方面的优势）让国际社会其他成员接受并遵守，从而形成一定区域内的国际税收规则。

但想要让国际税收规则得到其他国家的认可，带有一定强制性的单边主导方式极易引发国际社会成员的反感而带来不必要的麻烦，因此单边主导方式并不常见。我行我素有可能让自身陷入困境，导致一事无成，因此强权国家为了尽可能地获得别国的支持和认同，就需要考虑其他国家特别是其他拥有一定影响力的国家的利益和诉求。虽然国际税收领域因为各国诉求不同而充满了竞争，但基于国际共同利益和价值观的国际合作奠定了现有国际税收基本规则的基础，这就让双边机制和多边机制在国际税收规则制定中发挥了主导作用。以从多边合作机制中诞生的两大税收协定范本为基础，双边税收协定和多边税收协定共同发挥作用，约束缔约国对跨境交易的征税。

（2）多边参与机制

多边参与机制为强权国家以外的国家参与制定国际税收规则提供了机会，一般认为，OECD税收协定范本代表了囊括主要发达国家的资本输出国阵营的利益，联合国税收协定范本则反映了以发展中国家为主的资本输入国一方的诉求。除 OECD 和联合国之外，G20（二十国集团）、G7（七国集团）等这些由众多国家组成的国际组织在现有国际税收规则制定中也发挥了重要作用。当然，强权国家也是多边参与机制的积极使用者。

5.3.1.2　国际税收规则变革的核心要素

目前大部分国际税收规则都是国家间协商谈判的产物，每个国家都希望获得更多的税收收入，但新的国际税收规则能够得到其他国家的认可，要么是这些国家对规则制定国有所需求或在某方面存在一定的依赖性；要么是共同制定国际税收规则的国家间有着共同利益。但发达国家由于具有经济、文化等方面的优势，总是在国际税收规则的制定中拥有较大的话语权。具体说来，国际税收规则变革的核心要素有以下两个方面。

（1）经济实力

由于国际税收规则主要是对跨国所得征税权的划分，而跨国所得又来自国际资本流动，因而往往资本输出国（也往往是经济实力占优的国家）在国际税收规则变革中具有较大的能动性和主动权。经济实力基础决定国际税收规则这一上层建筑的变革，一国的经济实力归根结底是国际税收规则围绕其发生变革的决定性因素。这方面最明显的案例莫过于美国通过国内立法强行推出 FATCA 法案，正是由于美国市场的强大吸引力和重要性地位，世界各国才不得不采取和美国合作的做法。

（2）国际税收事务话语权

相比经济实力是一国的硬实力，国际税收话语权则代表一国在国际税收事务中的软实力。所谓话语权，就是表达自身意见、影响并赢得舆论支持的权力。那么，一般认为国际税收话语权是通过表达本国对国际税收事务的意见和看法，获得大多数国家支持，最终将本国合理建议融入国际税收规则的权力。由于国际税收领域缺乏绝对性的权威，如果能够获得多数国家或主要国家的支持响应，显然话语权的提升有助于一国对国际税收规则产生影响。国际税收规则是观念建构的产物，要充分发挥国际税收规则的效力和作用，就需要有良好的设计。当然，想要在国际税收事务中拥有足够的软实力，必须要积极融入国际社会，扩大其在国际税收领域的影响力，要能够代表大多数国家的利益，反映国际社会的共同诉求。

5.3.2 不足与国际借鉴

5.3.2.1 我国参与国际税收规则竞争的不足之处

我国参与国际税收规则竞争最大的问题是如何把我国不断增强的硬实力（经济实力）转化为促进国际税收规则变革的软实力（话语权或影响力）。

（1）经济实力仍需增强

虽然我国已成为世界第二大经济体，经济增长速度长期位居世界前列，但很多方面还存在不足；经过多年发展，人力成本等经济比较优势也在逐渐减弱，而在资本、技术等方面也不占优。目前针对需求管理的短期刺激政策效果已大不如前，着力于供给侧的改革措施尚未完全发挥效力，我国亟须通过科技创新、鼓励企业积极向外投资等措施实施产业转型升级、提高国内生产率，以培育新的经济增长点。总而言之，我国的经济增长发展道路仍然任重道远。

（2）需大力提升国际税收领域的话语权

国际税收话语权作为一国在国际税收领域软实力的代表，由代表该国硬实力的经济实力转化而来，但除了经济实力之外，还有一些因素决定他国对该国的需要程度，如丰富的税收理论知识储备可产生税收思想的扩散作用，完善的税收法制环境、税收制度和征管经验可对别国税务管理人员产生吸引力，利用多种渠道广泛参与国际税收合作、广泛代表大多数国家共同利益可以获得广泛支持；此外，高素质的税收人才队伍是保障国际税收权提升的基础。因此，从这些角度入手，我国提升国际税收领域话语权亟须破解的问题在于：

①维护我国税收权益和赢得发展中国家支持的取舍

随着我国经济快速发展和"走出去"企业日益增多，我国逐渐由资本输入国向资本输出国转变，这就涉及我国对外投资税收利益分配问题，亦即主要是与发展中国家签订税收协定中是否包含税收饶让问题，发达国家中美国不认可税收饶让，欧洲国家大多实行免税制，也基本不涉及该问题，日、韩、新等亚洲发达国家也都给予我国税收饶让待遇，但近年来由于我国从资本输出国角度出发使得我国与发展中国家新签订的协定中税收饶让条款有淡出的迹象。这种迹象虽然有利于保护我国对外投资税收权益，但不利于缔约对方的发展中国家吸引我国企业，难免对其发展造成影响。这种矛盾不利于维护我国在发展中国家中的国际形象，对我国获得发展中国家在国际税收领域的支持造成阻碍。

②根据经济发展新形态提出相应征管措施的能力

要想最大限度地提高国际税收话语权，除赢得发展中国家支持外，发达国家的态度也很重要。由于发达国家经历了长期的发展，各方面条件的成熟为经济新形态的出现提供了良好的土壤，这就对国际税收征管提出了新要求。我国虽然发展时间较短，但三十年来的高速发展也促成了互联网等新经济形态的巨大进步，在一定程度上与发达国家有着相似的征管困境，双方有着共同的国际税收话题。这就要求我们在深入研究相关经济新形态的基础上，根据税收理论提出我国的税收思想，与发达国家一起处理好经济发展新变化给双方共同造成的税收问题，从而赢得发达国家的尊重与支持。

③税收征管链条向外延伸不足导致存在感下降

要想扩大对他国的影响力，保持一定的出现频率具有良好的效果。现今主要发达国家都积极向外派驻税务官员，积极进行包含税收援助在内的对外援助，面对面就近宣扬其税收思想。我国虽然也踊跃帮助发展中国家提高税收征管能力，积极参与 OECD、国际联合反避税中心等多边税收合作平台事务，但还没有税务人员在我国经贸往来重要国家中直接展现中国税务的身姿，我国在签订的多边国际税收条约中也对文书送达和税款追索国际协助进行了保留，这使得我国征管链条向外延伸不够，不利于扩大我国在国际税收事务中的影响力。

5.3.2.2 各国国际税收规则竞争的实践

（1）美国和英国

作为传统发达国家，美英两国深谙利用规则红利实现自身在国际税收领域的目的和本国权益最大化，并通过强力推行单边行动推动国际税收规则的变革。

①利用税收协定积极维护本国利益

由于美国单独制定了税收协定范本，在对外签署税收协定时多引用美国范本或 OECD 范本作为谈判的基础，尽量保护本国作为居民国和资本输出国的税收权益；并积极在已有协定中增添反滥用条款、征管互助条款、税收保全条款等对本国有利的内容。此外，美国还与有着悠久银行保密传统的瑞士、列支敦士登等避税地国家签订了数量众多的情报交换协议，获取了至关重要的金融账户信息和税收检察权。

英国是税收协定的诞生地，目前也是对外签署双边税收协定最多的国家。与美国一样，英国也与包括瑞士和列支敦士登在内的许多避税天堂签订了情报交换协议。到 2016 年，根据与列支敦士登达成的五年税收合作工作计划，英国已经补征了 10 亿英镑的税款，收到了超过 5000 份自动披露报告。英国还加入了 G8 集团建立的情报自动交换网络，协助 OECD 起草情报自动交换标准并第一时间开展金融账户涉税信息自动交换。此外，英国作为宗主国与众多海外殖民地签署了海外账户信息交换协议。

②利用国际多边机制扩大话语权

首先，在国际税收相关国际组织中，美国和英国都是 OECD、国际反避税信息中心等全球性国际组织成员，并以派遣专家等形式全力参与区域性国际组织的活动。其次，美英人士都在众多国际组织中任职，许多国际组织都设于这两个国家。美国一方面向 OECD、税收征管论坛等众多国家组织和多边税收协调平台派出代表人员；另一方面又主动为联合国、国际货币基金组织等国际机构提供办公场地，邀请其总部进驻美国。英国税务部门官员也担任了欧盟、OECD 等组织的重要职务并参与日常管理工作；国际粮食协会、国际糖组织等具有国际影响力的国际组织把英国设为常驻地。

③积极参与国际税收合作事务

目前，作为国际主要反避税平台的国际联合反避税信息中心仅有的两个联合办公室就分别设在美国华盛顿和英国伦敦。该组织于 2004 年由美、英、加、澳四国联合创立。立足该平台，美英等国发起了世界范围内针对避税港避税行为的联合打击行动，并在平台内部共享打击行动获得的情报信息，推动该组织全体成员共同参与。美国将 OECD 组织下属税收征管论坛所有成员纳入国际联合反避税信息中心的提议得到热烈回应，美英都表示愿无偿提供相应办公场所。

④单边行动得到国际认可

除美国 FATCA 法案带来的巨大影响外，2010 年英国政府自己估算每年因避税造成流失金额超 50 亿英镑，为挽回损失，不惜投入巨资（如 2010 年追加财政投入 9 亿英镑），并推行了众多反避税措施以提高打击避税工作中信息透明度，其中如中介机构税收筹划披露制度等多数被国际同行吸收借鉴。在充裕财力支持下，英国税务部门进行了人员扩张，投入大量人力物力参与调查跨国公司和高收入人群。2015 年，为防止跨国公司将源自本国利润转移到避税天堂的避税行为，英国率先开征了税率为 25% 的惩罚性税收——转移利润税，首次尝试东道国对跨国所得课征高额税收，并在国际上得到良好回应和积极效仿，作为在区域合作典范的欧盟表示将在成员国之间推行英国的成功经验。

多国取经和学习英国推行的多项国内避税打击措施提示我们，国际范围内大规模借鉴本国成功征管经验，有助于扩大本国在国际税收事务中的影响力，为自身提高国际税收话语权赢得主动，通过苦练内功也可收获外部声誉。

⑤紧跟对外投资步伐，延伸征管链条

美英都积极向外延伸税收征管，美国曾在英、法、德、中等国的驻外使领馆中加入本国税务官员（后因预算紧张，于 2015 年撤回），直接沟通协调与驻扎国和周围国家税务当局，开展相关国家的税收情报交换和协商工作，为当地美国纳税人提供纳税服务。除在外常驻人员外，美国还根据实际需要灵活向德、墨、英、澳等相关国家派出税务工作人员，以解决临时突发案件。为实时处理跨境交易信息交换事务，英国目前共有 32 名税务人员驻扎在 24 个重点经贸往来国家（地区）。通过人员的外派，美英两国税务部门得以就近获取本国对外投资企业和境外人员的税收信息，既加强与东道国的税收征管协作，又为本国居民管辖权的行使提供了保障，还有助于维护本国纳税人的权利，扩大国际影响力和相关合作事务中的话语权。

（2）日本和韩国

日韩两国都是从战后的废墟上建设起来的发达国家，同为 OECD 成员国，积极参与国际税收规则的制定和运用，影响力和话语权与日俱增，国际地位显著提高。

①利用税收协定和预约定价安排，营造良好的对外投资环境

目前日韩两国依托 OECD 范本和联合国范本等国际税收规则基础性文件，分别对外签署了 64 个和 86 个税收协定，为其国内企业向相关国家直接投资奠定了良好基础。2003 年以来，日本以修订后的美日税收协定为典范开展了日德、日英等十多份税收协定的更新工作。通过新修订税收协定中对股息、利息和特许权使用费预提所得税税率的大幅调低，免征对方缔约国企业获得的本国知识产权使用费和对方金融机构来源于本国利息的预提所得税，免征对方缔约国持有 50%以上股权的本国子公司所派股息的预提所得税等措施，致力于扩大协定签署双方相互资金往来和相互投资。韩国近年来也陆续开始修订已有税收协定，并且在协定条款的运用中，取得了比较有利的地位。例如，在与我国签订的协定中规定东道国对股息征收 5%的预提所得税，众所周知，我国一般在对外签订的协定中规定股息的预提所得税税率是 10%，这样优惠的条件在我国的税收协定中几乎没有。

日本以 OECD 发布的转让定价指南（以下简称"指南"）为基础积极处理与其他国家和企业之间的反避税事务，比如日美双方就根据指南为双方企业扩大经贸往来打开渠道，通过规定指南效力高于两国国内法，让两国的税务部门与跨国企业间出现税收争议的可能性降到最低，大大方便了"走出去"企业走向对方国家。在与企业的沟通中，日本税务部门充分利用已有的转让定价安排机制，尽可能解决跨国企业涉及的转让定价问题，同时为税企双方提供了相关税收的确定性。数据显示，到 2013 年日本税务部门 10 年间共受理转让定价安排申请超过 1000 件，谈签完成率 83%。同时，韩国跨国纳税人也受到使用转让定价安排的鼓励，韩国税务部门 2006—2013 年共受理驻韩跨国企业的预约定价安排超过 400 件，其中完成

谈签的为 261 件。为实现完善的跨境税源监管，打破境外企业信息采集困难的局面，韩国税务当局与国际同行紧密合作，在税收信息交换、征管互助和同期税务检查等方面开展了扎实有效的工作，不仅与维尔京群岛、巴拿马等避税地就税收情报交换达成协议，还和马来西亚、瑞士等注重保护金融客户隐私的国家就相互银行账户信息达成一致。

②广泛利用多边国际合作平台，为修改和完善国际税收规则建言献策

国际税收组织作为各国在国际税收领域表达自身意见的场所和就国际税收事务共同协商、合作的平台，在国际税收规则的制定和变革中有着举足轻重的作用。日韩两国不仅参加了几乎所有对国际税收规则具有影响力的国际组织，还在其中发挥着重要作用。

第一，积极利用 OECD 平台。OECD 几乎包含了所有的发达国家，代表发达国家的集体意见参与制定了许多重要的国际税收规则，OECD 范本、BEPS 行动计划等 OECD 成果直接代表了主流的国际税收规则。在 OECD 平台上，日韩的声音得到充分表达和展现。作为老牌资本主义列强之一，日本是 OECD 在亚洲地区最早的成员国，早在 1964 年就加入其中，OECD 中不仅拥有许多日本籍官员和专业人士，这些人中的相当一部分还担任了很多重要管理职务，比如 OECD 专门负责国际财税事务的财政事务委员会现任委员长就来自日本。在 G20 税改和 OECD 范本的修订工作人员中都出现了众多日本人的身影，这就使得这些人背后的日本得以直接参与国际税收规则的制定与变革工作，为日本的利益得到重视和尊重提供保障。韩国虽然加入 OECD 较晚（1996 年），但也在 OECD 总部设立了联络处，积极参加 OECD 组织各层级工作会议，不断发出韩国声音，将韩国利益体现在国际税收规则之中。

第二，积极参与 G20 税改，践行 BEPS 行动计划。作为 G20 成员，日韩两国不仅投入大量人力参与 G20 税改，利用国际税收规则变革的良机集中体现本国利益，也积极根据 BEPS 行动计划修改其国内税收法规。BEPS 15 项行动计划刚刚发布，日本就根据其中在经济活动发生地和价值创造地对数字经济产生利润征税的原则，于 2015 年 10 月开始实施了修订后的《消费税法》。在新法中，对提供音乐、电子书籍等跨境电子服务的课征执行

是否在日本交易的认定标准，对于交易地点在日本国内的跨境电子服务将征收 8% 的消费税，并根据征税需要提前 3 个月实施相关税务登记制度。韩国也与日本同步修订了国内增值税征税规则，要求从 2015 年 6 月 30 日以后所有外国电子服务商通过任何媒介向韩国提供任何形式的跨境电子服务，只要交易地点在韩国境内，都必须进行韩国税务登记并征收 10% 的增值税，韩国还根据 BEPS 行动计划的其他成果，要求韩国境内跨国公司向韩国税务当局同时提供包含主文档和分国别报告的同期资料文档，以获取跨国公司与国外关联交易的完整信息，对于不能按照要求提供资料的，将被处以最高限额 1000 万韩元的罚款。

第三，通过国际联合反避税信息中心平台参与国际反避税一线工作。日韩两国都是国际联合反避税信息中心的成员国，在该平台的国际反避税工作中都有着日韩人士活跃的身影。通过国际联合反避税信息中心，日韩两国与其他成员国家分享税收情报和相关资产、账户信息，积极交流反避税经验和税务调查方法，共同实施对国际逃避税的打击行动，从国际反避税联合行动的最前沿积极维护本国的税收权益。韩国还分别建立了海外逃税举报中心和海外遵从执行中心，高举"胡萝卜与大棒"，在打击国际逃避税工作中恩威并施、奖罚分明，最大限度地提高跨国纳税人的遵从度。

第四，参与亚洲税收管理与研究组织事务。亚洲税收管理与研究组织成立于 1971 年，该组织没有正式机构，主要通过开展层次丰富的会议形式为亚太地区国际税收管理事务提供平台，在推进区域税收管理合作中发挥着积极重要的作用。日本作为该组织的创始成员国，积极利用该平台在亚太地区的影响力，向外推广日本的税收管理经验；韩国虽然加入稍晚，但也在该组织中发挥了重要的影响力。日韩两国均担任过亚洲税收管理与研究组织的轮值主席并积极承办该组织举办的综合性年会，就组织成员共同关切的税收征管话题传播本国反避税实践经验，为提高各国的税收征管能力提供借鉴，有效扩大了两国在亚太区域税收领域的影响力。

③通过政府开发援助（ODA）项目，利用经济外交手段扩大国际影响力

政府开发援助兴起于"二战"之后，是发达国家为帮助发展中国家提

高经济发展水平和福利水平，向发展中国家及多边国际机构所提供的援助，虽然经济援助是其主要方式，但往往带有政治层面的目的。日韩两国通过各自的政府开发援助项目，积极向广大发展中国家输出本国税收征管经验，有效增强在发展中国家间税收事务的话语权。

作为发展援助委员会（DAC）的第二大对外援助成员，日本积极利用政府开发援助项目推动外交工作，实现其国家利益。日本政府开发援助的重点区域由 20 世纪的东亚地区现今已延伸到包括南亚、中亚在内的亚洲地区，通过多年努力，已建立起完善的对外援助的规划、实施和评价体系，促进了相关区域发展中国家的经济发展，改善了日本的国家形象，提高了日本的国际地位。日本税务部门在日本的政府开发援助中发挥了积极的作用，增强了日本在税收领域的国际影响力。一方面，日本税务当局通过在援助区域国家存在的大量税务专家，通过"走出去"开设课程和讲座的形式普及跨国征税方面的知识和经验，就当地的税收管理工作提出建议；并利用向被援助国派驻的税收官员加强与当地税务当局的沟通协调，在积极维护当地日本投资者权益的同时大量收集税务信息，同时促进了本国和被援助国税收管理效率的提高。另一方面，日本积极邀请发展中国家税务人员和留学生参与本国举办的税收主题研修活动。数据显示，1999—2013年，日本税务部门开设的国际税收讲座培训外国人员共计 326 人次，分别来自 49 个国家；举办的纳税服务和税收征管讲座共吸引了来自东亚和东南亚地区的 445 名税务官员参加。

韩国也热衷于参与政府开发援助项目，专门成立了国际开发合作委员会，2014 年对外援助资金达 130 亿元人民币，同比增长 11%，并且时任韩国总理郑烘原认为将进一步积极扩大政府开发援助的规模。受此鼓励，韩国税务部门对于推动税收事务国际交流的热情还在日本之上，而且交流的对象大多来自第三世界国家等税收征管经验不足的国家和地区，其交流资金主要受到韩国国际协力事业团等政府开发援助专业机构的支持，设立了大量的交流项目并积极邀请国际同行访问韩国。2008—2014 年，韩国共到访 1100 多人次的他国税务官员，分别来自 39 个国家；其中仅 2014 年就有来自中国、蒙古、柬埔寨等近 10 个国家的税务部门同行拜访韩国。通过面对面地与他国税务人员就税收征管、纳税服务等共同话题进行深入探讨，韩国税收思想和实践经验得到广泛传播。

④设立国际税收专门管理机构，加大人力资源投入

强有力的国际税收管理部门和人才建设对于该国在国际税收舞台上展现本国身姿、发出本国声音起到至关重要的作用，日韩两国深谙此道，大力推进本国国际税收管理机构建设，不断加大国际税收专业人力资源投入，为两国积极利用现有国际税收规则维护自身权益、推动国际税收规则朝着自身发展方向实现有利变革奠定了坚实的基础。

面对经济全球化不断深入带来的加强国际税收管理需要，日本国际税收管理部门和人员设置不断得到强化。首先，在总揽全局的国税厅中分别设立了国际业务科、国际税收调查和情报科及相互协议室，分别负责与外国税务部门的国际税收征管合作、国际情报交换、双多边转让定价安排谈签等事务，并不断扩充其人员编制。其次，在负责税收征管和稽查事务的地方税务部门中对口增设相关科室，具体操作打击国际避税、执行税收协定和情报交换协议、消除国际双重征税等实务；在相对重要的地方税务署中配备了国际税务专职人员，从各个层面实现了国际税收管理机制的完善。日本充分重视大企业在国际税收工作中的重要性，在中央层次由国际调查管理官负责大企业国际税收事务的指导、监督工作；在地方层面则由调查稽查部具体执行大企业国际业务的审计、检查等工作，多部门共同发挥维护本国海外税收利益的作用。

在人才建设方面，日本国际税收高级人员编制由1999年的209人增加到2009年的334人，扩充率接近60%，人员的充实保证了国际税收工作的顺利开展。同时，日本国际税务专门人才的培养立足于税务大学的在校培训，通过在国际税法、国际税收业务等方面的集中强化培训，再辅以资深税务官员专题分享、派出到别国实地锻炼等方式，实现了国际税收人才队伍的高素质建设，为扩大本国的国际税收影响力奠定了坚实的人力基础。

韩国国际税收管理部门的机构设置也分为中央和地方两个层面，作为中央层面的国税厅本部的国际税收管理机构包括两个部门，国际租税管理局负责国际双重征税的消除和国际税收合作事务；调查局承担国际税收调

查事务。地方大区国税局作为韩国国税厅的地方派出机构负责跨国企业的征税、稽查等工作，6个大区国税局中有2个因为辖区跨国企业较多而专门成立了国际调查局，其余4个大区国税局则分别设有调查局附属科室来处理国际税收事务。韩国税务部门通过附属的教育院开展各种培训，每年大约为具备3~5年的税务管理经验和相当的信息收集与分析能力的国际税收业务骨干提供150人次、6周以上的培训课程。

（3）各国经验对我国的启示

我们看到，不管是美英的领导型，还是日韩的追赶型，各国都在不断扩大自身在国际税收事务中的影响力，积极推动国际税收规则朝着有利于自身的方向变革。总结起来：一是积极利用税收协定规范和维护本国利益，灵活运用协定条款实现本国税收权益的最大化，同时利用税收情报交换协议广泛收集涉税信息；二是充分发挥本国优势，积极推动国际税收规则变革，这其中既有强力的单边方式，也有广泛利用多边平台，多管齐下、多措并举对国际税收规则施加影响力；三是推动国际税收合作，利用多种渠道积极分享本国成熟征管经验，通过帮助他国提升税收征管能力助推扩大本国影响力；四是向外延伸征管链条，通过外派税务人员就地协调沟通税务事宜，既凸显在东道国的存在感，又为"走出去"企业提供安全感，而且对于获取税收情报、打击跨国逃避税行为大有裨益；五是加强国际税收管理部门和后备人才建设，为开展国际税收工作和提升国际税收话语权与影响力夯实基础。

5.4 本章小结

通过本章的分析我们发现，由国家税收主权带来的管辖权的交叉重叠和税制差异给企业"走出去"决策带来了国际双重征税、税收激励、不了解他国税收信息、产生税收纠纷等问题和干扰，同时为企业提供了国际避税的空间。为解决这些问题，促进和鼓励企业积极向外投资，首先需要通过国际税收合作与协调尽量消除各国对跨国投资的征税差异，并通过国际税收话语权竞争促使国际税收规则向有利于我国税收利益和企业"走出去"方向发展，为"走出去"企业营造良好的竞争环境，减少"走出去"企业利用税收制度差异进行避税的概率；其次要消除企业"走出去"的国际双重征税，辅以有竞争力的税收激励政策；最后完善"走出去"企业的征收管理机制和提供优质的税收服务，在切实帮助企业解决涉外税收难题的同时实现国家税款的应征尽征。但通过与主要资本输出国家的比较发现在这些方面我国的税务管理都存在不足：第一，我国的经济实力地位还未转化为相应的国际税收领域的话语权，对国际税收规则变革的影响力不足；第二，我国的"走出去"企业税制严重缺乏国际竞争力，不管是对国际双重征税的消除效果还是税收激励政策都严重滞后于主要资本输出国家，不利于企业在投资目的国展开公平竞争；第三，我国的"走出去"企业税收征管和服务也都存在着缺陷，不仅税收协定网络覆盖面不够、落实宣传不足、税收争议机制还需完善，国内税收征管体系建设和国际征管协作机制也亟须完善。

第6章 加强"一带一路"背景下"走出去"企业 税务管理的政策建议

6.1 "走出去"企业税务管理的目标和原则

6.1.1 "走出去"企业税务管理的目标

一般说来，只要是管理，则必然要求成本最小化和收益最大化。所谓税务管理，顾名思义就是对税收的管理。① "走出去"企业税务管理是广义的税务管理概念，包括税收制度和税收征管两个方面，接下来我们从这两方面分别探寻"走出去"企业税务管理的成本和收益。

首先，税收制度的收益是税收收入最大化和税收扭曲最小化；成本则是税收制度对经济运行产生干扰，给市场主体带来超额成本。因此税收制度的目标应该是在尽量减少对经济运行和市场机制的干扰和扭曲，避免对纳税人产生超额税收负担的同时，实现财政收入目标和促进经济良性、可持续发展。其次，税收征管的收益是纳税人纳税成本最小化和税务部门管理成本最小化；其成本则是纳税人纳税遵从成本的上升和税务机关管理成本的增加。所以税收征管的目标应该是尽可能降低征纳双方的纳税成本，在促进纳税人依法纳税的同时减少税务部门的管理费用开支。进而我们可以得出税务管理的目标应该是实现税收对国民收入分配和再分配过程的有效、高效组织，充分发挥税收的促进资源合理配置、收入分配调节、推动经济发展等各项职能作用，以及提供优质纳税服务和保持良好的征纳关系。

---

① 梁俊娇，孙亦军. 税务管理［M］. 北京：中国人民大学出版社，2014.

以上所说的税务管理目标是一个宽泛的概念，我们还应看到，"走出去"是跨境投资的出境交易部分，其所属的国际税收领域对税务管理有着特殊的要求。如果一国的国际税收管理是规范的，就应包含两个层次：第一个层次是对跨境纳税人产生的跨境交易税收，主要税种包括所得税和财产税，并且从跨境流动方向上来看，存在"出境交易征税"和"入境交易征税"之分，即对本国居民纳税人（法人）来自境外的所得或财产征税和对本国非居民纳税人（法人）源自境内的所得或财产征税；第二个层次是由于各国都对本国的跨境交易征税，从而产生的国家之间的税收分配与税收协调关系。① 国际税收是国家税收在国际方面的延伸，国家通过国际税收协调国家之间的税收关系。因此，对于国际税收的职能定位是：第一，筹集财政收入并非国际税收的主要职能，国际税收应从管理好国家税收的国际方面出发维护好国家权益，通过消除跨境投资税收障碍促进生产要素优化配置和国际经济合作；第二，国际税收需要对所有跨境经济活动相关的税务问题进行管理，这里面既有出境产生的税务问题，也有入境产生的税务问题，跨境交易包含跨境投资的内容；第三，国际税收的执法依据分别来自国内税收法律和国际税收协定（条约）。②

图 6-1 说明了税务管理、国际税收税务管理和"走出去"企业税务管理三者之间的包含关系。结合税务管理的目标和国际税收的特殊要求，"走出去"企业税务管理的总目标为：增强推动国际税收规则变革的实力，同时依据现有国内税收法律和国际税收条约，消除企业"走出去"税收障碍，促进生产要素在国际范围内优化配置，维护国家税收权益，提供优质"走出去"税收服务，确保"走出去"纳税人依法纳税；具体可将其划分为促进企业"走出去"和实现国家税款的应征尽征两个分目标，当然，也可说成是：实现"走出去"税务管理的公平与效率。

---

① 张志勇. 继往开来　锐意进取　全力打造中国国际税收升级版（讲话稿）. 2013.
② 高阳. 国际税收规则重塑背景下中国国际税收的定位与发展——访国家税务总局国际税务司司长廖体忠［J］. 国际税收，2014（4）.

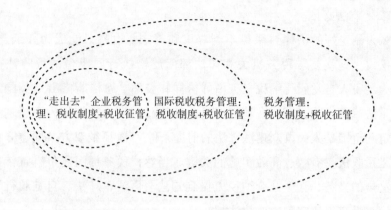

图6-1 "走出去"企业税务管理、国际税收税务管理、税务管理三者间的包含关系

6.1.2 "走出去"企业税务管理遵循的原则

6.1.2.1 法制原则

目前，我国正在向法治社会迈进，税收领域也不例外。国家颁布的各种税法和税收征管法为国家的税务管理提供了依据和规范，征税是一种依照相关法律法规强制性参与国民收入分配和再分配的国家行为，在税收分配的全过程中都要进行税务管理，必须贯彻法制原则。具体而言，税务管理法制原则有四个集中体现：有法可依、有法必依、执法必严、违法必究。

（1）有法可依

健全、完备、与时俱进的法律法规制度体系是税务管理部门对"走出去"纳税人进行税务管理的前提和基础，"走出去"纳税人必然要求在税务管理中对其合法权益的保护并要求保持较高的透明度，有法可依对于加强"走出去"企业税务管理极为重要。除国内的相关税法外，还涉及双边、多边税收协定等国际税收条约，虽然目前我国已对外签订了 102 个双边税收条约和 1 个多边税收条约，但相对于全球 200 多个国家（地区）和我国境外企业遍布全世界，我国国际税收相关法律体系建设任重道远，未来还需要逐步提高纳税人对税收条约的认知度，积极利用协定维护在东道国的合法税收权益。完备、统一、参与度高、认同感强的税收法律体系，将为税务机关依法进行税务管理和纳税人自觉守法纳税打下坚实的基础。

（2）有法必依

如果制定好的法律体系得不到尊重和遵守，也就只能成为一纸空文、成为摆设。这就要求税务机关和司法部门严格执行已出台的税收法律法规，为纳税人自觉履行纳税义务做好榜样和表率。恩格斯指出"英国人是最尊重法律的民族，即使在他们那里，其他权力机关所作所为不超越法律所规定的范围是人民群众遵法守法的前提条件"。① 征纳双方共同遵守税法规范是税收法律有效、高效实施的关键。当然，税务部门还负有宣传税收法律法规的义务，让全社会纳税人做到知法、懂法、守法、自觉履行纳税义务、自动自发遵守税收法律法规。

（3）执法必严

税法面前人人平等，所有税务管理都应以税收法律法规为准绳。涉税各方严格执行税收法律法规，避免各种"人情税""空头税"，同时对违反税收法律、逃避纳税责任的行为，严肃进行查处和纠正，税务部门和纳税人都应自觉维护税收法律法规的权威和在税收领域至高无上的地位。一方面需要加强对税务人员的法律意识培训和素质教育，提高有法必依、执法必严的自觉性和规范性；另一方面在全社会大力开展税收法律法规的遵法守法教育，通过建立科学有效的管理体制，清除税法中含糊不明的条款表述，提升税务管理的透明度，在税务部门内部形成相互制衡的权力结构，辅以优质、高水平的纳税服务，充分保障纳税人的各项权利，降低纳税遵从成本、提高纳税人依法履行纳税义务的主动性和主人翁意识。

（4）违法必究

目前我国的市场经济建设正在高速前进，整个社会都在经历快速、复杂的发展和变化过程，规则建设有时会出现跟不上社会发展步伐的现象，各种违反税法和利用税收法律法规漏洞进行投机取巧的事件层出不穷、时有发生，尤其是"走出去"涉及地理空间巨大，各种法系、各国法律的要求与规范相差极大，税务部门也难以全面掌握我国境外企业的税收事项。这不仅要求税务机关和国内相关部门紧密配合，更需要在国际范围内加强与他国税务部门的密切合作，切实维护国家正当税收权益和我国税收司法

---

① 马克思，恩格斯．马克思恩格斯全集（第22卷）［M］．北京：人民出版社，1971.

体系的权威性，保证税法得到贯彻执行。

6.1.2.2　公平原则

税务管理的公平原则一般是指对全体社会成员公平合理地分配税收负担，公平、公正的待遇应在税务管理中给予每一个纳税主体和每一个纳税人，该原则也可被认为是瓦格纳提出的"社会正义原则"。当代理论界和研究学者们始终认为公平原则是实施税务管理的首要原则。在"走出去"企业税务管理中，公平原则应至少包含以下内容：

（1）税法公平

即在税收立法层面，对所有"走出去"企业通过公平分配税收负担来体现公平原则。企业要发展壮大、要在全球范围内展开激烈竞争，国内的公平环境能有效地提供支持和助力。"走出去"企业税务管理的立法公平要求国家在制定相关税收法律法规和选择税种、税率时，尽可能消除"走出去"企业的国际双重征税，让"走出去"企业在投资目的地与其他竞争对手公平地展开竞争。

（2）执法公平

这是从执法和执行层面出发，税务部门要做到对"走出去"企业税款的应征尽征，严格依照税收协定和国内税法的要求征收税款，给予税收优惠待遇和税收鼓励政策，平等提供优质纳税服务，一视同仁解决境外税收争端和困难；同时对逃避纳税义务等违反税收法律行为处理公开公正，坚决排除人为因素和特权思想对税法执行的干扰。

（3）财政公平

这是站在政府层面而言，是指国家为"走出去"企业提供了纳税服务、有利的对外投资环境等公共产品，因此要保证国家的税收权益以补偿提供公共产品的财政开支。由于跨境所得的征税涉及两个或两个以上的国家，财政公平原则要求税收收益在相关国家之间得到公平分配。

6.1.2.3　效率原则

任何管理活动都是追求效率的，如果放弃效率目标也就没有管理存在的必要性，"走出去"税务管理也概莫能外。税收本身就有着效率的要求，现代经济学的鼻祖亚当·斯密就在其提出的税收中性思想和确实、便利、最少征收费用三原则中蕴含了效率的因素;① 此外，管理的效率一般是指投入最小化而收益最大化，并且在现代市场中企业的竞争实质上是效率竞争，那么，"走出去"企业税务管理所追求的效率就可以理解为以较少的人力、物力、财力投入，实现消除"走出去"税收障碍（如国际双重征税）、促进生产要素在国际范围内优化配置、维护国家税收权益、提供优质"走出去"企业税收服务、确保"走出去"纳税人依法纳税等目标。在"走出去"企业税务管理中，实现有效、高效管理既可以说是目的，也可以看作保证和实现相关税务管理科学性的基础和前提。对有效、高效税务管理原则的追求和遵循，不仅可以发挥"走出去"企业税务管理的主动性和制度导向，还有助于杜绝无效、低效率的管理，克服被动工作和盲目工作，进而从经济上真正体现管理的效率原则。

6.1.2.4 规范、优化管理原则

"走出去"税务管理是面向全球的管理，管理的对象遍布全世界，既有管理先进规范的发达国家（地区）中的"走出去"企业，也有在相对落后、执法随意性较强的发展中国家（地区）投资的境外企业，同时我国也面临税务管理现代化的要求。因此既需要借鉴世界对外投资强国的成熟管理经验和规范，又可以积极向欠发达国家（地区）输出我们在税务管理中的实践经验总结，从而推动区域范围乃至世界范围的税制协调和税收征管协调，有利于对广泛存在于不同国家（地区）的"走出去"企业加强税务管理。规范税务管理也应同时从国内现行的税收征管模式、业务流程和相关涉税表格、文书方面进行加强，通过向外学习和苦练内功，在实现自身税务管理规范化的同时努力推动更大范围内税务管理的规范化。此外，"走出去"的形式和方法是不断发展的，要求相应的税务管理也应不断进步、持续优化。但由于"走出去"企业税务管理涉及面复杂，对其进行优化将是一个繁杂、持久的系统性工程。一般而言，应从以下几个角度出发对"走出去"企业税务管理的系统和机制进行再造：一是整体的角度，这要求税收制度需要结合管理模式和管理方法技术，实现税务管理的整体优

---

① 亚当·斯密. 国民财富的性质和原因的研究 [M]. 郭大力，王亚南，译. 北京：商务印书馆，1974.

化，需要对各个子系统分别优化，从而促进全系统的整体性效益的提高；二是配套的角度，有效、高效的"走出去"企业税务管理仅靠税务部门一家之力难以做到，这就需要搭建相应的协税、护税平台和机制，实行部门联动，共同维护国家税收权益、促进企业对外投资；三是问题导向的角度，"走出去"企业税务管理过程中会累积很多的问题，有的是企业反映的，有的是税务部门自己发现的，还有的是相关部门、单位发现后通报的，这些问题往往反映了相应税务管理中存在的薄弱环节，以问题为导向能快速、及时地对税务管理工作进行优化。

6.2　总体政策思路

通过前面的分析我们发现，国际税收领域存在着激烈的国际竞争，在"走出去"企业税务管理中同样适用竞争的思想来促进企业通过对外投资实现发展壮大，并带动企业背后国家的综合国力增强。我国正处于对外直接投资发展跃升的关键阶段，相比世界主要资本输出国家还存在很大差距，需要大力推动和鼓励企业积极走向海外，实现国家经济发展和综合国力增强的战略目标。"走出去"战略和"一带一路"倡议的提出，就包含着通过鼓励企业向外投资来拓展我国发展的战略空间，达到国家综合国力提升的目的。但现实中由国家税收主权带来的管辖权的交叉重叠和税制差异给企业"走出去"决策带来了国际双重征税、是否享受税收激励、不了解他国税收信息、产生税收纠纷等问题和干扰，同时也为企业提供了国际避税的空间。为解决这些问题，实现"走出去"企业税务管理之促进和鼓励企业积极向外投资，首先需要通过国际税收合作与协调尽量消除各国对跨国投资的征税差异，并通过国际税收话语权竞争促使国际税收规则向有利于我国税收利益和企业"走出去"方向发展，为"走出去"企业营造良好的竞争环境，减小"走出去"企业利用税收制度差异进行避税的概率；其次要消除企业"走出去"的国际双重征税，辅以有竞争力的税收激励政策。此外，"走出去"企业税务管理的总目标要求我们完善"走出去"企业的征收管理机制和提供优质的税收服务，在切实帮助企业解决涉外税收难题的同时实现国家税款的应征尽征，但通过与主要资本输出国家的比较发现在这些方面我国的税务管理都存在不足：第一，我国的经济实力地位还未转化为相应的国际税收领域的话语权，对国际税收规则变革的影响力不足；第二，我国的"走出去"企业税制严重缺乏国际竞争力，不管是对国际双重征税的消除效果还是税收激励政策都严重滞后于主要资本输出国家，不利于企业在投资目的国展开公平竞争；第三，我国的"走出去"企业税收征管和服务也都存在缺陷，不能系统全面地收集境外企业的生产经营信息，由于反避税规则的不足也不能有效防范企业的国际避税。

因此，在"一带一路"倡议背景下加强我国"走出去"企业税务管理需要从国际税收规则、"走出去"企业税制和征收管理三方面同时发力，宏观上，提升我国的国际税收话语权，在激烈的国际税收规则竞争中推动国际税收规则的相对协调和统一，减少国家间税制差异对"走出去"企业的影响；中观上，构建具有国际竞争力的"走出去"企业税制，完善税收征管和服务机制，既从税收的角度促进企业向外投资，又实现国家税款的应征尽征，同时根据国家发展战略的需要建立导向明确的区域性、行业性"走出去"企业税收激励政策体系和税收服务体系，服务于国家的对外开放战略；微观上，"走出去"企业也需要主动作为，积极防范和应对对外投资中蕴藏的税收风险，尤其是"一带一路"沿线发展中国家导致的不熟悉情况、容易受到不公平待遇等。

6.3 具体政策措施

6.3.1 宏观上——推动国际税收规则向统一方向变革

6.3.1.1 通过促进企业"走出去"，继续增强我国的经济实力和国际影响力

经济基础决定上层建筑，国际税收规则变革的核心要素是一国的经济实力。目前我国的经济发展进入了"新常态"，面临"中等收入国家陷阱"、优质产能过剩、发展急需的战略资源相对短缺、发展纵深不足和国家安全受到威胁等系列问题。国内企业积极"走出去"可以进一步开拓国际市场，集中资源促进创新，推动产业转型升级和生产效率提高来促使经

济保持继续增长所需要的动力；企业积极"走出去"，在投资目的国生根发芽、发展壮大，不仅可以给国家创造丰厚的投资利润，提升我国对东道国的影响力，还可提振东道国就业水平，推动经济发展。

因此，需要立足"一带一路"区域，在全球范围内广泛推动国际税收合作与协调，促使跨国投资征税标准走向一致，消除各国税收差异给相互之间跨国企业带来的困扰和税收风险，降低税收争议出现的概率；同时尽量消除国际双重征税，去除不同国家税收管辖权交叉重叠对企业"走出去"的消极影响，让市场在国际资源配置中发挥主导作用；并且针对企业"走出去"实行具有国际竞争力的税收激励政策，分担国际投资风险，助推企业成功向外投资。

6.3.1.2　增强国际税收话语权，获取国际税收规则变革的软实力

（1）让发展惠及广大发展中国家，赢得尊重与信任

①代表发展中国家利益，为发展中国家争取国际税收权益

发展中国家往往是资本输入国，经济力量上一般比较弱小，需要引进外来资金和先进技术带动本地发展，相对而言，对作为资本流出国的经济实力较强国家的需要程度更高，因此在与资本输出国的谈判中经常处于不利的地位。中国作为世界上最大的发展中国家，经过40多年的改革开放历程取得了巨大的经济发展成就，应在国际税收舞台上以"一带一路"区域的发展中国家为基础，积极为广大发展中国家的利益代言，实现自身利益和发展中国家利益的有机统一。

第一，积极邀请发展中国家尤其是"一带一路"沿线国家参与国际税收活动，共同发出发展中国家声音。由于发展中国家分布在世界各地，各国经济社会制度差异较大，对发展的诉求各不相同，难以作为一个整体参与国际税收事务。随着我国加速融入世界经济，广泛参与国际分工合作，目前已经参与了众多国际税收组织的活动，在众多国际税收平台上就我国所关切的事宜发表了自身的意见。但这还不够，我国应在参加或主办国际税收活动的同时，利用国家影响力，利用"一带一路"沿线国家距离我国较近、具有深厚历史渊源的优势，邀请相关发展中国家一起参与。

一是在我国主办的各种国际税收活动中，向广大发展中国家发出邀

请,例如在 2016 年我国主办的 G20 峰会中,我国就邀请了发展中国家代表参加,今后应继续利用主办国享有的机会和权利,让更多的发展中国家加入进来;二是在参加的各种国际税收组织中,发挥我国在其中的影响力,促使出现更多的发展中国家身影,例如对国际税收事务有着巨大影响力的 OECD 组织现有 35 个成员国中几乎全是发达国家,中国、巴西、南非、印度、印度尼西亚等 5 个发展中国家是其观察员国,我国应积极发挥作用,让更多的发展中国家参与其中。

第二,设立发展中国家交流税收事务的平台,广泛听取发展中国家的意见和建议。虽然发展中国家大都是资本输入国,对于国际税收目前合作的主要工作——打击国际逃避税,还没有太多迫切的需求,但基于来源国的地位也为发展中国家推进国际税收合作奠定了一定的基础,那就是统一行动,在与居民国的博弈中争取合理的国际税收利益。随着"一带一路"建设的推进,我国企业会向更多的发展中国家投资,这有利于这些发展中国家以我国为纽带,开展国际税收协调。我国可以通过设立发展中国家国际税收协调组织,在对发展中国家的国际税收事务进行协调的基础上,了解各国对国际税收的看法,形成综合意见,要么和发展中国家代表一起在国际税收活动中展示,要么在我国独自作为发展中国家参加的活动中进行宣讲。

第三,积极向发展中国家传授成熟税收征管经验,帮助发展中国家提高税收征管能力。可以同时采用"请进来"和"送出去"两种方式,"请进来"是我国可以邀请发展中国家税务人员来国内留学或参加培训;"送出去"是利用国家的对外援助项目让我国的税务部门走出国门,去发展中国家就地了解当地税收实务,提出改进征管效率的意见建议。通过双方人员之间的交流和实地考察,既能宣传我国的改革开放和税收管理的成就,也能就发展中国家的实际困难提出有针对性的建议。

②鼓励企业积极向发展中国家投资,带动当地经济发展

过去我国企业投资的对象大多位于发达国家,这与企业急于获取发展所需的先进技术和管理经营有关,今后要利用"一带一路"倡议的契机,鼓励我国发展成熟和具有国际竞争优势的企业积极走向发展中国家,利用当地资源发展壮大,提升当地就业,带动当地发展,惠及当地民生。

　　从税收角度看，一是要消除企业走向发展中国家的税收障碍，即消除我国与发展中国家的国际双重征税问题；二是可针对发展中国家的具体情况，根据企业投资项目的不同采取相应的税收鼓励措施或设立国家保险制度，实现国家与企业共担投资风险；三是加快与发展中国家谈签税收协定，适当依照联合国范本，并采取较低的预提所得税税率，体现鼓励向发展中国家的投资并有利于双方相互之间的资金往来；四是由于发展中国家往往采取税收优惠的方式来吸引外国资金，我国可在与发展中国家签订的税收协定中包含税收饶让条款，对投资于发展中国家企业所享受的税收减免也视同在当地已经纳税，让企业切实享受到发展中国家税收优惠的好处；五是当我国"走出去"企业在当地受到税收歧视性待遇或对方不严格执行税收协定时，我国税务部门要积极响应企业的求助，依照相互协商程序或双方税务当局之间的沟通渠道，坚决维护我国企业的合理税收权益，做好"走出去"企业的坚实后盾。

　　（2）完善国内税收制度，提出契合经济发展新形态的税收征管建议

　　一是针对数字经济等新经济形态发展给各国税收征管带来的冲击，在总结我国税收征管经验教训的基础上，摸清其中的一般规律，提出相应的解决方案以供各国参考；二是我国是由计划经济体制转向市场经济体制的国家，在转型过程中我国的税收制度和征管体制建设取得了巨大的成就，通过"营改增"改革和征收环境保护税建立了符合市场经济发展要求的绿色税收体制，正在讨论酝酿中的房地产税和遗产税也代表了我国税收制度未来的发展方向，我们应总结其中的宝贵经验，提供给数量众多的转型国家作为参照；三是根据BEPS行动计划完善国内税制，总结我国在税收征管和反避税工作中的经验教训，既可作为下一步工作的参考，也可提供给其他国家相互交流。

　　（3）大力开展国际税收理论研究和人才建设，增强我国税收思想的吸引力

　　丰富的税收理论储备可有效增强我国税收思想的吸引力，扩大我国在税收领域的国际影响力；专业化的国际税收人才队伍是对外展示我国税务形象、实现国际税收话语权的基础保障。为此，一是应设立国际税收研究中心，就当前普遍的国际税收问题展开研究，加深我国作为后来国家的国

际税收理论储备；二是广泛参与国际税收事务，与各国税务人员就共同遇到的问题进行深入交流，通过各国不同的国际税收观点探寻背后的本质，形成具有我国特色的国际税收理论体系；三是增加税务部门中的国际税收人员编制，定期举行培训和国际税收前沿问题专题讲座，向重要国际税收组织和主要资本输出国家派遣国际税收精英人才，既直接获取国际税收管理经验，又方便展示我国的观点和看法，还有利于获取国际税收情报和维护当地"走出去"企业、人员的税收权益。

（4）利用各种国际税收平台，充分展示中国税务身姿

一是在 G20 峰会上继续参与国际税收事务，立足于我国对 BEPS 行动计划的工作成果继续参与后 BEPS 的相关工作，既为构建新的国际税收秩序贡献中国力量，又通过不断参与国际税收规则的变革获取增强话语权的宝贵经验；二是积极参与 OECD 组织的各种活动和工作会议，寻找各成员国（主要是发达国家）之间的国际税收共同话题和矛盾冲突，通过展现中国智慧和作为发展中国家代表来扩大我国的影响力；三是继续发挥我国在联合国国际税收事务中的领导地位，将其打造成为代表发展中国家向世界表达共同观点和意见的主要舞台；四是利用金砖国家组织中的各国税务局长会晤机制推进与主要发展中国家的国际税收合作，在主要国际税收事务中形成合力，一起推动发展中国家的国际税收合作与协调，并立足于金砖国家开发银行的财力支持，帮助发展中国家提高税收征管能力；五是在我国参加的亚洲税收论坛（SGATAR）等区域性税收协调组织中，就推动区域税收合作提出中国方案，共同面对区域国家的税务问题；六是通过国际联合反避税中心（JITSIC）推动国际反避税工作合作，汲取主要发达国家的反避税经验，在相应提供中国税务部门反避税工作成果的同时为国际社会共同打击国际逃避税建言献策。

（5）探索建立"一带一路"区域税收协调机构

"一带一路"倡议得到了国际社会的热烈回应，不仅区域内国家表态参与，不少区域外的发达国家也想借"一带一路"之力增进发展。可以预见，我国和"一带一路"相关国家的相互投资、经贸往来将迅速增加，与之密切相关的税收事务理应得到关注，我国应借此机会成立区域国际税收

协调机构，推进相关国家间的国际税收合作，提升我国的国际税收话语权。丝路基金和亚洲基础设施投资银行的成立也可为"一带一路"区域税收协调机构提供财力物力支持。

6.3.2　中观上——构建具有国际竞争力的"走出去"企业税制

6.3.2.1　我国"走出去"企业所得税制竞争力综合比较

表 6-1　各国"走出去"企业所得税制一览

国家	中国	美国	英国	法国	德国	日本	韩国
政策	分国限额抵免	区分所得性质的综合抵免	免税法	免税法	有协定免税法，无协定抵免法	排除亏损国的综合抵免法	综合抵免法
	三层间接抵免，持股要求20%、无时间要求	六层间接抵免，层间持股10%，美国母公司最终持股5%	无层数限制的多层间接抵免	免税法，持股比例10%	免税法，持股比例10%、免税95%	免税法，免税95%，持股要求25%、时间6个月	股息低税法（税率减半），2015年后为一层间接抵免，持股比例25%
税率	25%	35%	20%	34.43%	15.83%	23.4%	22%
风险准备金	无	无	无	有	有	有	有
迟延纳税	无	有	无	有	无	有	无
亏损结转	向后5年	向前2年，向后20年	向前1年，向后无限期	向前3年，向后5年；或向后无限期	向前，向后无限期	向前1年，向后7年	向前1年，向后5年
税收饶让	逐渐淡出	无	有	有	有	有	有
税收减免优惠	高新技术企业优惠税率、石油企业抵免方法二选一	关税减免	专利盒（免税法），税率10%	总部优惠、专利盒（税率15%）	投资发展中国家12~18年免征公司资产税、资产增值免征增值税	无	10年免税、发展中国家双重减税、股息税率减半

资料来源：http：//www.oecd.org/tax/tax-policy/tax-database.htm.；其他资料根据荷兰文献局（IBFD）数据库整理而得。

如果说国际双重征税是企业"走出去"的拦路虎，税收激励政策是企业"走出去"的助推器，那么由表 6-1 我们可以看出：我国企业（如果不是石油企业或高新技术企业）在"走出去"的路上不仅有一只很大的拦路虎，还没有助推器可以帮忙，身上的负担（税率）一点也不轻松。如果我们可以把表 6-1 中的税制竞争力做一个排名的话，第一名（竞争力最佳）是采用免税法、为企业提供风险准备金、迟延纳税、企业在国外享受的税收优惠可以视同纳税（当然，免税法制度下无所谓有无饶让抵免）、企业亏损可以最多向后无限期结转、企业总部可以享受总部优惠、高科技企业就专利转让所得纳税 15% 的法国。而显然我国的税收制度只能排在最后一名，原因是：分国限额抵免对于分布于多个国家并且互有盈亏的企业消除国际双重征税效果最差、三层间接抵免层级太短（韩国仅限一层但税率减半）、无风险准备金、无迟延纳税、亏损结转要求最严、无单方面税收饶让义务且税收饶让有淡出迹象；并且在实行限额抵免法的中、美、日、韩 4 国中，只有我国是分国限额抵免法，这种制度要求按照国别分别计算抵免限额，当同属一家母公司的"走出去"企业分布在不同国家并且互有盈亏的时候，综合抵免法因把所有国家的同属一家母公司的企业的海外所得汇总计算抵免限额，可以让不同国家间企业的盈亏互抵，有利于降低企业整体税负，鼓励企业"走出去"。

6.3.2.2 建设具有国际竞争力的"走出去"企业所得税制度

（1）为改变我国"走出去"企业所得税制度缺少竞争力的现象，我们可以做出一些制度上的选择

选择一：实行免税法（参与免税①、严格限制），辅以风险准备金、迟延纳税、放宽亏损结转。

选择二：实行综合限额抵免法，辅以风险准备金、迟延纳税、放宽亏损结转、税收抵免。

选择三：继续实行分国限额抵免法，辅以风险准备金、迟延纳税、放

----

① 是指企业只要在国外企业中持有满足要求的一定比例的持股数量和时间要求，本国税法规定一般就不需要对来自这些外国企业的所得征税。

宽亏损结转、税收抵免。

选择四：维持原状。

（2）各种选项评述

①选择一

在这种制度下，好处是"走出去"企业的国际双重征税可以完全被消除，并且税收激励效果全面，对企业"走出去"投资决策刺激作用最大。

②选择二

在该选项下，由于限额抵免法要求按本国税率计算外国所得的抵免限额，因此在实行限额抵免法制度的情况下如果外国（来源国）的税率高于本国，那么国际双重征税不能完全消除，但好于企业分布在不同国家且互有盈亏出现时的分国限额抵免法，因此，从鼓励企业"走出去"的角度来看，此选项的竞争力排在第二名。

③选择三

分国限额抵免法是我国现行制度，但由于采用了风险准备金、迟延纳税、放宽亏损结转、税收饶让等制度安排，此项选择的竞争力排在第三名。

④选择四

此项选择的竞争力排在最后一名。

（3）我国的"走出去"企业所得税制度选择

从鼓励企业"走出去"角度：

①最优选择：选择一

在该选项下，税收制度对企业"走出去"的鼓励效果最佳，但由于免税法对来自国外的所得完全免税，有可能会引发税收流失的担忧。但如果我们注意到免税法在吸引资本流入方面的优势所导致的相当数量原本实行抵免法国家纷纷改为采用免税法的潮流，以及未来我国降低企业所得税税率趋势的话，我国采用免税法实际上对税收收入的影响将是微乎其微的，况且免税并非无条件免税，对免税法加以一定限制条件将会为我国的税收收入提供有效保障。

第一，免税法相比抵免法在促进国际资本流动中的优势。

　　首先，免税法能更好地促进企业"走出去"，这是因为免税法相比限额抵免法能更好地消除国际双重征税，能更好地降低企业对外投资的总体税负；基于资本输入中性的免税法有利于企业在投资目的国与当地竞争对手保持税负一致，能为一国企业"走出去"创造公平的外部竞争环境，而从资本输出中性出发采取的抵免法强调的是对企业投资境外还是投资境内的决策不加干扰，追求为企业"走出去"创造公平的内部环境，对于"走出去"企业来说，当然实现外部（投资目的国）环境的公平更能激发企业对外投资的积极性；我们都知道，抵免法由于需要计算抵免限额，尤其是间接抵免的计算更是相当复杂，对于企业会计核算能力和税务部门专业程度的要求都非常高，而免税法就不会存在烦琐的计算过程，有利于降低企业税收遵从成本，提高企业竞争力，并提高税务部门行政效率，此外，抵免法要求外国税法规定的税目和本国税法保持一致，当两国税目差异较大时需要纳税人做出相应调整，对于不能调整的就不能抵免，这既增大了消除国际双重征税的操作难度，又降低了对企业国际双重征税的消除效果。

　　其次，免税法也能更好地吸引企业总部流入。由于免税法对跨国企业的海外所得提供免税待遇，企业只需就来自国内的收入履行纳税义务；而抵免法尤其是限额抵免法使得跨国企业必须按照企业总部所在国的税率来承担相应的税负，一旦总部所在国税率较高，那么对于整个企业在世界范围内的竞争是不利的，因此，跨国企业的总部往往倾向于设在税率较有竞争力且对国外收入免税的国家。比如，根据是否采用免税法或实行纯粹的抵免法，我们可以将 OECD 的成员国划分为免税法国家和抵免法国家，在1985—2012 年福布斯世界 500 强的公司总部地址的变化就清晰地反映出，免税法国家对跨国公司总部的吸引力。

　　从表 6-2 中我们可以看到，抵免法国家中跨国公司总部数量呈现出不断下降的趋势，1985 年，世界 500 强中有 481 家总部位于 OECD 国家，其中有 415 家（86.3%）位于抵免法国家，2012 年下降到只有 164 家（39%）；而在同一时期中，免税法国家中的世界 500 强总部由 66 家（13.7%）增长到261 家（61%）。

表 6-2　OECD 国家中世界 500 强总部数量　　　　　　单位：家

年份	总部位于抵免法 OECD 国家的世界 500 强公司数量	总部位于免税法 OECD 国家的世界 500 强公司数量
1985	415	66
1995	407	88
2000	402	85
2005	335	143
2010	161	280
2011	160	271
2012	164	261

数据来源：1985—2012 年福布斯世界 500 强、福布斯全球 2000 大上市企业。

因此，由于免税法既能为企业"走出去"创造公平的外部竞争环境，又能有效降低企业的纳税负担、提高税务部门的行政效率、增强服务质量，还能发挥吸引跨国企业将总部设在国内的作用，一定程度上有利于引进国外资源和先进管理经验，从我国改革开放的实际情况来看，实行免税法有利于实现对"走出去"和"引进来"的统筹规划。

第二，由抵免法转变为免税法的世界潮流。

正是由于免税法具有促进企业积极对外投资和吸引跨国企业总部流入的优势，目前世界上存在着原本实行抵免法的国家纷纷转而采用免税法的潮流。

在 21 世纪以前，我们可根据消除国际双重征税方法的不同把主要资本输出国家分为两大流派，一派是以美、日、英、澳等国家为代表的追求资本输出中性、采用抵免法的国家；另一派主要是以法国、比利时、荷兰等国为代表的从资本输入中性出发实行免税法的欧洲大陆国家，两大流派泾渭分明，相互之间存在着激烈竞争。但从 20 世纪末开始，跨国企业出于对自身税负最小化的追求，纷纷将企业总部从实行抵免法的国家迁出，形成了一股"公司倒置"的潮流，也就是跨国企业将原本设在抵免法国家中的企业总部迁移到境外，形成了原本的企业总部变成了跨国企业的国内子公司，设在海外的子公司反而变成了母公司的局面，这种企业组织结构有利于降低整个跨国公司集团的总体税负。例如，美国跨国企业在过去十年间有 50 家左右将企业总部搬到了美国境外;[①] 英国著名的跨国制药企业夏尔(Share) 在 2008 年宣布将把公司总部由英国国内迁往爱尔兰。

为扭转跨国企业纷纷将企业总部迁移到海外的趋势，这些原本实行抵免法的国家开始采取行动，从而掀起了由抵免法走向免税法的浪潮。2001年，西班牙和德国宣布对来自国外子公司的股息收入免税;2002 年，意大利对境内居民企业来自欧盟国家的海外子公司的股息实行免税 95%（非欧盟国家免税 60%）;2004 年，澳大利亚开始实行彻底的免税法，一改以前只对来自与澳方签有税收协定的国家的所得免税的态度，转为既对来自国外（不区分高税国还是低税国）分公司的积极经营所得免税，也对持股比例达到 10% 的境外子公司的股息免税;2009 年，英国和日本也开始接纳参与免税，其中英国更彻底一些，对境外分公司汇回利润免税，对来自海外子公司的股息红利则实行无层级限制的间接抵免，日本则是对持股比例25%、时间 6 个月的海外子公司分配的股息免税 95%,[②] 而对境外分公司的跨国所得仍然实行抵免法;即使是一贯追求资本输出中性，从 1914 年以来就一直坚持抵免法的美国，在其国内也出现了放弃抵免法改用免税法的呼声，例如美国小布什总统的联邦税制改革顾问小组在其 2005 年的研究报告中就建议对美国公司来自海外的积极投资所得免税，美国国会筹款委员会在 2014 年公布的税法改革讨论稿中列出了对来自海外分支机构和持股比例 10% 以上的海外子公司的所得免税 95% 的改革建议。在目前的 OECD 35个成员国中，既在国内法中也在签订的税收协定中都坚持使用抵免法的国家只有美国、以色列、墨西哥、韩国、智利和爱尔兰等 6 个国家。

第三，我国未来存在降低企业所得税税率的可能性。

由于限额抵免法制度下我国"走出去"企业需要最终按照我国税率纳税，如果转而实行免税法则只有当我国税率高于外国税率时，才会带来税收收入损失。目前我国 25% 的税率与 2014 年世界企业所得税税率 22.6%

---

① http://www.benzinga.com/news/14/08/4758999/5-companies-that-have-moved-overseas-for-lower-taxes.

② 体现了对投资的费用不予免税的态度。

的平均水平相比，显得稍高。如果从吸引外资的角度来考虑，未来我国企业所得税税率有下调的可能性和空间。

一是高税率会对 FDI 流入我国带来阻碍。

从图 6-2 中可以看出，2008 年以来我国外国直接投资流入的速度相比之前大大下降，基本上都是保持个位数增长的水平，与前几年动辄百分之十几乃至几十的增长率相比下降明显，这与我国过高的企业所得税税率有着直接关系。而周边的东盟国家就利用较低的税率和与相互之间存在的自由贸易区协定，替代我国吸引了大量的外来投资。数据显示，2011—2013年，日本对东盟的直接投资由 97. 1 亿美元增加为 229 亿美元；韩国对东盟的直接投资由 17. 4 亿美元增长到 35. 2 亿美元，两年间两国分别实现了2. 35 倍和 2. 03 倍的增长。[①] 而同期日韩对我国的直接投资在 2011 年分别为 63. 48 亿美元和 25. 51 亿美元，2013 年则分别为 70. 64 亿美元和 30. 59亿美元，可见并没有太大的增幅。

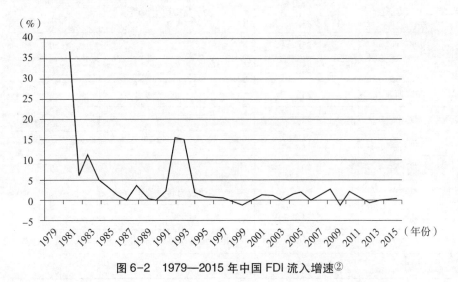

图 6-2 1979—2015 年中国 FDI 流入增速[②]

二是高税率会导致外商投资企业将利润转移到国外。由于我国企业所得税税率稍高于世界平均水平，在我国的外国跨国企业为逃避我国相对较

---

① 数据来源：http://www. asean. org/news/item/foreign-direct-investment-statistics.
② 数据来源：联合国贸发会议（UNCTAD）数据库。

高的税负水平，利用转让定价手段将利润转移到低税国家的现象时有发生。2006 年时我国税务部门办结的转让定价案件平均补税金额为 383.62 万元，到 2014 年，这一金额已增长到 3068 万元，在 2014 年，反避税措施对我国税收收入的贡献超过 520 亿元。①

从 2014 年公司所得税税率的平均水平来看，亚洲为 20.8%、欧洲为 18.6%、北美为 24.1%、南美为 27.5%、非洲为 29.1%、大洋洲为 21%，并且从我国在"一带一路"区域目前的主要投资对象——东盟来看，大部分东盟国家的税率都在 20% 以上。如果我国转向实行免税法，并将企业所得税税率下调到 20% 以下，这时无论从保持吸引外国投资的角度，还是从鼓励企业"走出去"采用免税法的角度来说，都不会造成太大的财政收入冲击（见表 6-3）。

表 6-3　东南亚国家企业所得税税率一览

国家	公司所得税标准税率（%）	公司所得税税率说明	分支机构利润汇回税率（%）
印度尼西亚	25		20
泰国	20		10
马来西亚	24		
越南	22		
新加坡	17		
菲律宾	30		15
柬埔寨	20	该税为利得税	
老挝	24		
文莱	18.5	2012—2014 纳税年度为 20%	
缅甸	25		

数据来源：荷兰财政文献局（IBFD）数据库。

第四，对免税法加以严格限制。

从实行免税法的国家实践来看，各国都对来自外国的所得免税带有严

---

① 数据来源：http://news.xinhuanet.com/2015-02/03/c_ 1114241537.htm.

格的限制条件，一般对来自不征收所得税或税率很低的"避税天堂"国家的所得不免税；能享受免税待遇的往往是积极所得，而对消极所得不免税；如果想要享受免税还需满足一定持股比例和时间的要求（见表6-4）。

表6-4　免税法国家享受免税限制条件一览表

国家	免税比例（%）	持股比例	其他限制
澳大利亚	100	10%	
奥地利	100	10%	
比利时	95	10%或120万欧元	避税地排除
加拿大	100	10%	签署协定国家、积极所得
丹麦	100	欧盟母子公司指令标准	外国金融公司不适用比丹麦低得多的税率
芬兰	100	欧盟母子公司指令标准	
法国	95	5%	
德国	95	10%	
意大利	95	无	黑名单排除
卢森堡	100	10%或120万欧元	来源国税率10%以上
荷兰	100	欧盟母子公司指令标准	已在来源国纳税
葡萄牙	95	欧盟联属公司10%或2000万欧元	非欧盟公司股息使用抵免法
西班牙	100	5%	已在来源国按可比税率纳税；有协定国家；85%为积极所得
瑞典	100	10%	
日本	95	25%	

数据来源：荷兰文献局（IBFD）数据库。

因此，我国可借鉴以上国家做法，在采用免税法的同时对能享受免税待遇的外国所得加以限制：

一是限定外国所得来源类型。区分积极经营所得和消极投资所得，积极经营所得是指境外企业从生产经营产生的利润中分配的股息、红利；消极投资所得是指利息、特许权使用费和其他所得以及不能满足持股比例要求和时间要求的股息。对积极经营所得适用免税法；对消极投资所得仍然执行间接抵免的规定。关于持股比例，可以执行我国现有税收协定中10%的标准，对于没有协定的国家可规定高一些的持股比例；对于持股时间，可参照日本标准，规定为6个月。

二是限定外国所得来源国家。应明确规定对来源于无企业所得税制度或低税率的"避税天堂"国家不适用免税法。可参照我国CFC条款中的规定，对来自税率低于我国税率50%标准国家的所得不适用免税法，而继续执行抵免法，以避免投资大量涌向避税地，给国内带来效率损失和财政压力。

三是其他特殊要求。可规定一定的免税比例，比如日本、法国、德国执行的95%的标准，以达到将投资费用排除在免税范围之外的目的，因为这些费用一般来自国内，对其免税相当于让国内部分所得也享受了免税待遇。

综上所述，选择一既鼓励了企业积极"走出去"，又避免对财政收入带来过大冲击，是最佳选择。

②最稳妥选择：选择三

当选择该选项时，消除国际双重征税的效果没有改变，相对于选择二和选择一，减少了纳税人因实行综合抵免法和免税法而避税的可能性，相对而言对财政收入的影响最小，从稳妥的角度，该选项是最现实的选择。

但该选择仍然让我国"走出去"企业税制在消除国际双重征税的效果上缺乏竞争力，不利于鼓励企业"走出去"。

③次优选择：选择二

选择二和选择一、选择三的区别在于消除国际双重征税的方法不同，综合抵免法在对国际双重征税的消除效果上介于免税法和分国抵免法之间，在对税收流失的可能性上也好于免税法但低于分国抵免法。如果不考虑我国企业所得税税率降低的可能性，那么这种选择将是我国近期最好的选择，既在一定程度上减轻了国际双重征税对企业"走出去"的负面影响，又不会对税收收入带来太大的冲击，实施的迟延纳税、风险准备金、税收饶让和放宽亏损结转限制都有利于企业积极向外投资，但弊端在于会影响到我国对FDI流入的吸引力并加大我国税务部门在反避税工作中的压力，不利于实现国家对"走出去"和"引进来"的统筹规划。

另外，如果执行该选项，我国应对现行间接抵免制度做出修改，应适当放宽间接抵免要求的公司层级和持股比例，以提升我国税制的国际竞争力。在我国企业"走出去"的过程中，为规避一些国家的政策限制，可能会设置多层公司架构来实现公司发展的战略目标，对比英国的无限层数间接抵免和美国的六层间接抵免制度，我国仅限三层抵免的规定缺乏竞争力，不利于我国企业在东道国与上述国家企业展开公平竞争。而且这些国家要求的持股比例都远低于我国 20% 的要求，为鼓励企业积极通过海外并购的方式"走出去"，获得发展所需的先进技术和管理经验，应参照我国在税收协定中对间接抵免的持股比例要求，将现行的 20% 标准放宽到 10%。

（4）实行税收激励政策的必要性——风险共担和鼓励企业"走出去"

一般说来，由于对各国税制不了解，各国风土人情、语言环境、政治经济社会制度各不相同，企业赴海外投资所要遭遇和面对的风险远比在国内投资要大得多，尤其是随着"一带一路"建设的逐步推进，我国企业将更多地走向这些区域国家，而这些国家中以发展中国家居多，一些国家长期处于政治社会不稳定的状态，风险就比在一般国家投资巨大，"走出去"企业想要在当地生存下来都十分不易，遑论利用当地资源和市场实现发展壮大；再加上企业是响应国家的号召"走出去"的，背负着国家增强综合国力、开拓战略发展空间和扩大国际影响力的战略意图，因此，国家应当和"走出去"企业一起分担境外投资风险，特别是在企业赴外投资初期的风险。当然，除了风险分担之外，还需要利用税收手段帮助企业在海外发展壮大，从而既在企业"走出去"初期提供保护伞，又在企业初步站稳脚跟、扭亏为盈时提供帮助，这将极大地鼓舞企业走向海外的积极性。

有一些税收激励措施能够达到国家与企业分担风险、鼓励企业"走出去"的目的，比如投资风险准备金、放宽对"走出去"企业亏损弥补的限制；也有一些税收工具能在企业获得利润时对"走出去"企业提供帮助，比如迟延纳税、税收饶让。当然，鼓励企业积极"走出去"是国家的战略意图，但大的战略意图中也可包含小的战略目标，国家发改委在 2006 年发布的《境外投资产业指导政策》就明确了哪些境外投资项目会受到鼓励和支持;"一带一路"倡议又为鼓励政策的实施划定了一定的地域范围。我国可在实行普惠型税收激励政策的同时,在"一带一路"区域寻找能够支持战略意图实现的战略支点,根据战略发展要求和《境外投资产业指导政策》对一定区域和部分行业提供导向性明确的税收激励政策。

①对外投资风险准备金

对外投资风险准备金的建立可有效降低企业"走出去"初期巨大的投资风险,充分体现了国家与企业共担投资风险的精神,对于鼓励企业"走出去"十分重要。从各国的实践来看,一般规定从企业正式经营开始即可从营业收入中提取税前扣除的准备金,该准备金专门用作弥补亏损,营业初期是企业最容易发生亏损的时期,如果企业在初期经营良好没有亏损出现,那么该准备金将在企业渡过营业初期这段最艰难的时期后(往往是3~5年),再将其纳入利润合并征税。

我国首先应建立普惠型对外投资风险准备金,再对需要鼓励的行业根据风险的高低和需要的投入大小,实行差异化的投资准备金制度。允许"走出去"企业在经营的初期计提一定比例的准备金,在税前扣除并专做弥补亏损之用,待5年后将准备金余额计入一定期限内与当年所获利润合并征税。在此基础上,可对开发自然资源或战略物资的项目,允许计提项目投资金额100%~150%的准备金;对高新技术企业的海外投资项目,允许计提80%的准备金;或对投资于"一带一路"区域发展中国家的项目,允许计提50%的准备金,对于普通商业目的的投资项目,可允许计提20%的准备金,并允许地域区别项目与投资目的项目的准备金额度相加或适用较高的额度。

②放宽对"走出去"企业亏损结转的限制

我国对"走出去"企业亏损结转的规定是境外分支机构的亏损不能弥补境内企业的盈利,企业发生的亏损可向后结转,但最长不得超过5年。首先,从结转时间上来看,美、英、法、德、日、韩等主要资本输出国家都允许企业亏损向前结转,向后结转的年限也比较长,如美国可向后结转20年,英、法、德均规定可向后无限期结转,相比而言,我国对企业亏损结转的时限最短,不利于企业将真实发生的亏损弥补彻底,削弱了企业的竞争力。可初步参照日本的做法,以 7 年为标准适当向后推迟结转的年限,并允许向前结转 1 年;同时,对参与"一带一路"建设的开发自然资源和基础设施建设的企业,考虑到这些项目初期固定资产投入较大,要经历一段较长的时期才能获得盈利,可规定相对更长的比如 10 年的亏损弥补时间。

其次,境内外企业的盈亏不能互抵的规定虽然有利于保护我国国内的税基,却会让境外发生的亏损有可能得不到弥补(如果境外机构在今后 5 年的盈利不足以弥补当年亏损的话),会加重"走出去"企业的纳税负担,严重影响企业在境外的竞争力。目前,凡是实行居民管辖权的国家都将境外分支机构的盈亏与境内机构并表计算,允许境内外机构的盈亏相互抵销,我国的做法与国际惯例不符,更多的原因可能是出于方便征管的考虑。同为实行抵免法的国家,美国的"追补课税"制度为我国提供了良好借鉴,我国可允许境内企业的盈利可用于弥补境外机构在当年发生的亏损,待境外机构扭亏为盈后再对其盈利中与过往亏损相等但已得到境内企业盈利弥补的部分进行扣除,使之与境内企业当年盈利合并征税,并不再享受税收抵免。

③迟延纳税

迟延纳税制度起源于美国,但实行全球税收管辖权的美国所执行的迟延纳税和实行地域管辖权的法国的迟延纳税制度存在着重要的区别,美国的迟延纳税更趋向于为海外子公司提供一笔无息贷款,促进海外子公司利用投资利润进行再投资,扩大在东道国的生产规模;而法国迟延纳税的作用类似于对外投资风险准备金,体现了政府对拥有境外企业的本国母公司投资于境外的风险进行共同负担的精神。虽然迟延纳税制度在美国国内不断遭受质疑,美国也通过 CFC 条款来对迟延纳税进行了限制和修正,但美国财政部于 2001 年公布的研究报告表明,迟延纳税制度让美国跨国公司保持了与实行免税法的欧洲跨国公司之间的竞争力。[1] 我国目前与美国同样都实行抵免法，并且都设立了 CFC 规则来防止境外企业将利润滞留在海外而逃避本国纳税义务的现象，但延迟纳税的缺失不利于我国境外企业利用海外利润再投资，阻碍了企业在当地做大做强，既丧失了与实行免税法国家跨国公司的竞争力，又在与同样采用抵免法但有迟延纳税支持的美国跨国公司的竞争中先天不足。为挽回这种局面，减少税务机关片面强调征管而削弱对外投资企业的竞争力的情况发生，如果我们不采用免税法，就有必要参照美国对企业的跨境投资提供迟延纳税的支持。具体操作中，可对持股比例满足 50% 要求且设立在非避税地国家的独立境外子公司，在其向国内母公司分配利润之前，就该笔所得暂缓履行我国的纳税义务，待汇回利润时进行补税，鼓励境外子公司利用海外利润实现自身发展。

④允许按照境外税法和会计制度确认所得

一般而言，"走出去"企业在东道国开展经营活动，受到当地法律制度的直接管辖，必须依照当地会计制度进行会计核算，也必须遵循当地税法的要求履行在投资目的国的纳税义务。但我国境外居民企业在履行我国纳税义务时被要求按照我国税法确认所得、成本、费用，进而计算应纳税所得额。但我国"走出去"企业遍布全球，各国的税法要求和会计制度相差极大，甚至企业所得税在某些国家就不存在，这不仅给企业回国履行纳税义务带来了极大的困扰，也对税务部门的执法水平提出了极高要求。我国应借鉴同为实行抵免法的美国和新加坡的做法，允许企业按照东道国税法对利润、成本等项目进行确认，但需提供经当地会计师事务所审计后的财务报表。

⑤税收饶让

目前，除美国外的其他主要资本输出国家均在与发展中国家签订的税收协定中出现了税收饶让条款的身影，发展中国家在谈签税收协定时也积极对税收饶让条款提出要求，因为发展中国家本身缺乏区位优势和所有权

---

① Department of the Treasury, Dffice of Tax Policy, The Deferral of Income Earned Through U. S. Controlled Foreign Corporations A Policy Study, 2000, December.

优势，不得不实行税收优惠来保持对外国投资的吸引力，如果没有税收饶让则税收优惠就不能发挥作用。但近年来发达国家对税收饶让是否具有促进发展中国家经济增长的作用产生了怀疑，最具代表性的是 OECD 在 1998年公布的《税收饶让：再思考》的报告，集中阐述了发达国家的这种怀疑，并通过报告指出，税收饶让待遇应给予经济发展水平低于自身水平的国家。①

我国过去由于企业"走出去"较少而外来投资较多，在对外税收协定谈判中也积极争取税收饶让条款，许多发达国家如日本、英国、新加坡等国也单方面对我国承担税收饶让义务。经过四十多年的发展，我国的经济已经取得了举世瞩目的成就，目前我国不仅超越了很多发展中国家的经济发展，"一带一路"区域中也有很多国家的经济实力远远不如我国，如果我国对这些国家不提供税收饶让待遇，不仅将增大这些国家吸引我国"走出去"企业前去投资的难度，我国在当地的已有企业的竞争力也会因需要按我国较高的税率纳税而受到影响，当然，如果我国将现有的抵免法改为免税法，对来自境外的所得免税的话，这种影响将不复存在。鉴于我国目前的状况，从鼓励企业"走出去"和增强我国国际地位的角度，一是可对所有发展中国家（当然，对我国抱有敌意的除外）在签署和修订税收协定时纳入税收饶让条款；二是"一带一路"区域作为我国企业今后投资的重点对象，我国应与在区域内的发展中国家签订（修订）税收协定时纳入税收饶让条款，必要时可考虑我国单方面承担税收饶让义务，让"走出去"企业能够通过享受当地税收减免优惠来增强竞争力。

⑥降低税收协定中预提所得税税率

对于预提所得税税率的设定，我国税收协定一般按 10% 标准来征收预提所得税，而美国、日本以及欧洲国家对经贸往来密切、相互之间投资较多的国家设置了较低的预提所得税税率，甚至免征预提所得税，比如美日、美英等协定规定对双方之间的股息、利息和特许权使用费免征预提所得税；再如欧盟国家大多依据《母子公司指令》和《利息和特许权使用费

---

① OECD. Tax Sparing：A Reconsideration. OECD Publications，1998.

指令》，对来自欧盟范围内的股息、利息和特许权使用费免税。相对而言，我国的预提所得税税率显得较高，不利于我国与重点投资区域和国家的经济融合（见表6-5）。

表6-5　我国与东盟十国和中亚五国预提税一览

国家	股息预提税税率	利息预提税税率	特许权使用费预提税税率
菲律宾	10%（持股10%及以上）；15%	10%	10%（文学艺术类）；15%（专利类）
老挝	5%	在老挝：5%；在中国：10% 政府间免税	在老挝：5%；在中国：10%
马来西亚	10%	10%	15%（文学艺术类）；10%（专利类）
泰国	15%（持股25%及以上）；20%	10%；政府间免税	15%
文莱	5%	10%	10%
新加坡	5%（持股25%及以上）；10%	7%（银行或金融机构）；10%	10%
印度尼西亚	10%	10%	10%
越南	10%	10%；政府及政府全资金融机构免税	10%
柬埔寨	10%	10%	10%
缅甸	10%（无协定）	10%（无协定）	10%（无协定）
乌兹别克斯坦	10%	10%；政府及政府全资金融机构免税	10%
土库曼斯坦	5%（持股25%及以上）；10%	10%；政府及政府全资金融机构免税	10%
塔吉克斯坦	5%（持股25%及以上）；10%	8%；政府及政府全资金融机构免税	8%
哈萨克斯坦	10%	10%	10%
吉尔吉斯斯坦	10%	10%	10%

数据来源：国家税务总局网站。

"一带一路"沿线国家是今后我国企业"走出去"的重点对象，其中东盟国家和中亚五国距离我国较近,物产和自然资源丰富,分别作为"一路"和"一带"的倡议建设的支点和桥头堡,地缘政治地位十分重要,而且又是我国企业过往对外投资的密集区域,建议我国首先降低与这些国家间的股息预提税税率甚至免税,然后再视情况降低对这些国家利息和特许权使用费的预提所得税税率,构建相互投资的免税区,促进我国与这些区域的相互融合,增强我国在其中的影响力和话语权。

⑦规定较低税率

对企业来自境外所得降低税率。我们知道,税率一般是衡量企业税负多少的标准,如果对企业来自境外的所得单独制定比较优惠的税率,就可以对企业对外投资起到刺激作用。目前也确实有一些国家实行了这样的政策,比如韩国就规定对来自境外子公司的股息降低一半税率征税;英国规定无论企业来自境外的所得是否汇回国内,境外所得的 1/4 免税;比利时则对本国企业来自境外所得的 4/5 免税,即降低了税率的 80%。我国可对鼓励"走出去"的部分产业和项目,就其来自"一带一路"区域内的重点国家的所得,单独制定较低的税率或减征比例,降低其税收负担,增强其竞争力。

6.3.3 中观上——完善"走出去"企业税收征管与服务机制

由于我国在国际税收事务中除了行使来源地管辖权外,还对我国居民的全球所得行使居民管辖权,为保障对"走出去"企业的征收管理和提供良好服务,我们必须从国内和国外两个方向同时着手。

6.3.3.1 完善国内"走出去"企业税收征管和服务机制

(1)日常管理和服务

"走出去"企业日常征收管理和服务可分为三个层面,分别是制度层面、保障层面和外部环境,其中制度层面主要是构建"走出去"企业税款征收和服务的程序性制度,并通过加强保障层面的措施来为"走出去"企业日常征收管理和服务提供人力和机构方面的保障;加强获取外部环境中的税务信息,同时为有效缓解征纳双方的信息不对称提供帮助(如图 6-3 所示)。

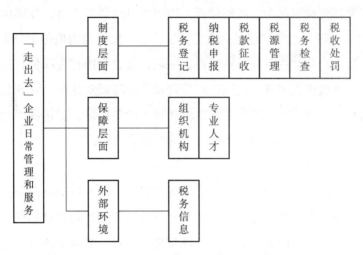

图6-3 "走出去"企业日常征收管理和服务基本框架

①构建"走出去"企业征收管理和服务制度

第一，设立"走出去"企业税务登记制度。税务登记在税务机关的征收管理和服务工作中的重要性不言而喻，税务登记制度的缺失将从源头上使税款的征收和纳税服务失去目标。因部门间分工的不同，企业对外直接投资项目的备案登记一般是集中在商务部门和国有资产管理部门，过去由于"走出去"企业较少导致我国税务部门把工作重心主要放在国内，但随着走向海外的企业增多需要税务工作掌握更多境外企业的信息，从而更好地为这些企业提供税收上的帮助，也就凸显了专门为"走出去"企业建立税务登记的必要性。应明确规定我国企业在"走出去"的同时（参照国内标准为30天内），不管是设立境外分支机构，还是并购、成立海外子公司，都应向我国税务部门履行新设税务登记备案义务；境外企业发生股权变动、对经营范围做出重大调整或停业清算的，应从变化出现之日起30天内向主管税务部门履行变更或注销税务登记义务；同时，通过要求企业提供相应的赴外投资文书（如得到其他部门的批文；并购协议；成立分支机构或海外子公司的文件、章程等），税务部门建立专门的"走出去"企业税务档案，从企业办理税务登记开始掌握相关信息。同时，为防止出现遗漏，税务部门应及时对相关税务登记情况开展检查工作，保障登记的真实、有效。

第二，改进境外所得专项申报方法。在明确"走出去"企业的申报义务、举证责任、时限、地点等规定的基础上，按不同性质细化来自境外的所得并做出相关准确定义，通过内容丰富、问题全面的申报表格和企业提供的财务报表来尽可能掌握企业的境外生产信息，同时规定对未能履行纳税申报义务的处罚措施。建议可将附属的境外企业涉税信息明细项目内容增添进我国企业年度纳税申报表所附"境外所得抵免计算明细表"中，区分国别、项目采集企业来自境外的所得信息；或单独设立境外居民企业税务信息申报表。应要求企业在进行年度纳税申报的同时，提供能反映企业组织结构、经营状况、所采用的财务会计制度的财务报表和东道国当地的会计师事务所审计报告等相关资料。

此外，完善对境外完税凭证的管理方法，首先应通过企业提供的审计报告和现有的国际征管协作渠道，来对境外完税凭证的真实性加以确认。然后在抵免操作实务中，对难以提供境外完税凭证的纳税人，根据其所在国家的税收制度，在经过与对方国家税务部门沟通确认其真实性后，允许使用复印件或电子形式的完税凭证来作为税收抵免证据；对于确实无法提供境外完税凭证的，可参照国内对增值税小规模纳税人的管理办法，对其进行核定抵免。

第三，改进境外所得税款征收制度。可在目前正在修订中的《税收征管法》中对"走出去"企业纳税申报时将境外所得与人民币之间的折合关系做出明确；同时鉴于境外较大的风险，可在延期纳税规定上予以放宽，但仍需境外企业就此事项单独进行申报。若发现有境外所得但未进行境外投资税务登记的，不仅应立刻补充办理相关登记手续，而且要就其所得如实申报纳税。

第四，提高境外税源监控管理能力。在充分采集信息建立"走出去"企业税务档案的基础上，建立境外税源分析和纳税评估制度，起到税务风险提示的作用，并在全国范围内建立统一的税务审计规章制度，作为税源分析和评估制度的后续管理手段。一旦境外税源分析评估系统做出重大风险提示，即可作为启动税务审计程序的重要参考。

第五，建立境外所得税务检查制度。在现有税务检查制度基础上，对企业来自国外所得的税务检查操作程序形成规章制度，防止企业通过"走出去"达到逃避税的目的，将通过税务检查发现的企业洗钱、走私等不法行为通报给相关部门；在我国的国际税收征管协作机制中加入国际税务协查的内容并做出相应明确规范，扩大我国的税务检查网络，建立与跨国税源监控相符合的税务检查制度。

第六，设立相应的税收处罚措施。对于"走出去"企业纳税人不能遵守税务登记备案制度、就境外所得没有纳税申报以及未能按照税务部门要求提供相应文书材料的行为，依据《税收征管法》的规定做出相应处罚；对于拒绝提供纳税证明材料或提交的材料无法证明其纳税申报的真实有效性的，可对其来自境外所得的应纳税所得额和应纳税额做出相应核定或调整；对在申报材料中弄虚作假使得实际纳税金额少于真实纳税金额的，可参照《税收征管法》中对偷税行为的规定处理。

②做好"走出去"企业征税管理和服务的保障工作

第一，完善机构设置，理顺部门职能。可借鉴美日等国家通过设立专门的国际税收管理部门，对国家的国际税收业务进行统一管理的经验，将我国现行按税种设置部门的做法转变为以纳税人为中心、按税收管理流程来搭建税务部门机构设置，将原有分属于各税种管理部门的跨境征收管理业务，全部交给国际税收管理部门进行统一管理，这样不仅有利于形成专业化的国际税收人才的培养和使用机制，也使得国际税收管理部门能够真正代表国家对外开展国际税收合作，全面、系统地掌握跨境税源的真实信息，保证税收协定的有效执行，更好地维护国家和"走出去"企业税收权益。

由于我国现在对"走出去"企业实行属地管理，国、地税管理部门都在对各自辖区和管理范围内的"走出去"企业进行征收管理和服务，为应对国际税收管理的高度专业性和复杂性，提升管理和服务的效率，建议在现有国地税沟通渠道之间增设国际税收沟通机制，增强两部门之间的相互配合，并在适当时机推进国地税管理部门的融合。

第二，探索驻外税务人员派驻机制。向重要国家和国际税收组织派驻税务人员是国际通行做法，有利于加强与当地税务当局的沟通合作，就地了解"走出去"企业和人员的税务信息，及时解决相关税务争议和纠纷。我国可向境外企业较多或我国的重要经贸伙伴国家以及"一带一路"重点国家的驻外使领馆中以税务参赞的形式派出常驻人员，也可让现有商务参赞通过国际税收培训发挥维护企业境外税收权益的作用。

第三，设立半官方的纳税人援助服务中心。可参照国外成熟经验，由税务部门和企业代表共同组成具有一定独立性的纳税人援助服务机构，通过开设专题知识讲座、服务热线、网络税务信息和交流平台等方法，促进经验交流、加强税收政策宣传和知识培训，在官方正常程序之外发挥其自身的独到作用。

第四，推进专业化国际税收人才建设。在现有税收领军人才的培养机制中突出对国际税收专业人才的培养，可通过向外派驻、交流培训等手段增强其一线业务能力；同时针对我国企业"走出去"的地域分布特点和"一带一路"倡议要求，集中培训避税地国家（地区）和发展中国家的税收制度、财务制度、法律制度等领域相关知识；打造包括税收协定谈判专家、税收争议处理专家、反避税专家在内的国际税收专业人才队伍，并对于重点"走出去"项目组建包含专业税务人员在内的专门工作小组，提供高效"走出去"服务。

第五，鼓励中介服务机构"走出去"。成熟发达的税务中介市场能有效地增进税务管理部门与企业之间的联系，随着"走出去"企业的增多，我们应鼓励税务中介机构也要"走出去"，特别要培养和提高我国注册税务师事务所为"走出去"企业服务的能力，通过在国外设立分支机构，实现就地为企业提供风险评估、信息咨询、法律援助、财务审计等综合性服务。

③外部环境——解决税企双方的信息问题

第一，建立第三方信息报告制度——解决税务部门的信息问题。在税务部门的征收管理中，及时、全面、系统地获取企业的生产经营信息始终是困扰税务部门的最大难题，"走出去"企业由于远在海外，国内征管链条鞭长莫及，信息不对称问题愈加突出。但国内对"走出去"企业其他管理部门中掌握了大量的相关涉税信息，为此需要加强税务部门与这些机构的沟通合作，实现对"走出去"企业的信息共享。我国应尽快建立"走出去"企业信息的第三方报告制度，通过立法要求银行、保险等金融部门向税务部门通报企业"走出去"的信息，并建立政府信息共享平台，促进商务、外汇管理、税务等管理部门之间的信息沟通，借助社会信用体系建设的东风，将申报纳税信息纳入全社会的信用管理体系之中，从而实现税务部门对"走出去"企业生产、经营信息的掌握，使之融入正常征管秩序之中。并且还可在加强信息沟通基础上探索多部门对"走出去"企业的联合管理机制，现阶段可建立"走出去"企业管理协调小组，由税务、商务、外管、银监等各部门分别派出人员，定期会晤，就"走出去"企业的管理事宜做出联合管理意见。

此外，还需要加强"走出去"企业数据库建设，实现对通过各种渠道采集信息的分析应用，既能够满足征管实际需要，实现对"走出去"涉税风险管理和提醒功能，又为企业对外投资决策提供参考，为其在涉税事项处理中起到警示和参照作用。

第二，加强国际税务信息发布和风险提示——解决"走出去"企业的信息问题。一是在"走出去"企业涉外税务信息发布方面，在对"走出去"国家（地区）的税收、法律、政策信息的采集基础上，根据对口税务部门的工作加快发布对外投资国别信息指南和风险提示指南；相应编写不同行业、不同投资组织形式、不同业务类型的分类指南，提供基础性的办税指导；各级地方税务部门也要因地制宜配合本地区企业"走出去"的具体情况，发布相应的税务信息指引。同时建立完善的信息发布平台，通过网络、热线电话、微信公众号推送等形式让"走出去"企业方便地了解投资税收指南、投资风险指南、税收协定、目的国税收政策等相关具体信息。二是在税收政策的宣传与辅导方面，要积极拓宽"走出去"税收宣传渠道，立足办税大厅一站式办税服务优势，免费发放境外投资税收指南宣传材料；在电视电台、报刊等媒体中介中开辟"走出去"税收专栏，主动宣传相关税务政策信息，并通过诸如国际会计业务等相关境外投资涉税业务培训，让企业掌握相关涉税业务知识，提高企业应对境外涉税事项的处理能力。

（2）加强"走出去"企业反避税管理

①完善受控外国企业（CFC）规则

第一，细化和明确相关规定。

一是明确 CFC 实质控制标准。除股份控制标准外，应明确对受控外国企业构成实质控制的规定。通过持有股份形成的实质控制，是指尽管中国居民股东持股比例达不到现有 CFC 规则中规定的两条标准，但由于外国企业股权比较分散，持有的不够控制标准的股份已经足以对该企业的股东大会实现控制，对企业决策产生影响；在资金、购销、经营方面形成实质性控制，是指通过债权投资、销售渠道、技术控制、原材料、零部件供应以及通过委派高层管理人员等途径对外国企业的生产经营活动实现控制。

二是对"合理经营需要"进行明确。现有 CFC 规则并未对"合理经营需要"进行明确规定，可规定即使中国居民全资拥有设立在避税地的企业，但该企业只要不同时满足以下标准，就将被认定为受控外国企业：首先是场所标准，即该企业的生产经营场所在避税地；其次是人的标准，即董事会经常在避税地召开，或大部分从业人员工作、居住地点在避税地；再次是企业的业务往来主要是在非关联企业之间进行；最后是该企业的主要财务资料、账册凭证都保存在避税地。当然，为避免税务部门从严对"并非出于合理经营需要"进行解释伤及真实的商业活动，可参照 2006 年欧洲法院对 Cadbury 的判例，对其中的"完全人为安排①"加以借鉴，从而保持"走出去"企业的竞争力。

三是对"主要取得积极经营活动所得"进行明确。目前我国的 CFC 规则采用实体法来确定课税对象，同时提供豁免条款对企业的正常商业行为加以保护。因此，被排除在 CFC 规则之外的主要是从事工商经营活动或主要经营范围是此类积极营业活动的海外"走出去"企业。对于"主要取得积极经营活动所得"的认定，可参照国际流行的对营利性所得在总所得中必须达到一定比例要求的做法，规定如果企业能够证明在本纳税年度内的

---

① Cadbury Schweppes and Cadbury Schweppes Overseas，Judgment of 12. 9. 2006‐Case C‐196/04. para 63‐69.

真实积极所得占到该企业总所得 50% 以上，即可不受 CFC 规则限制。

第二，扩大对单个居民持有 CFC 股权比例的认定规则。目前我国 CFC 规则中认为只要单个居民持有外国企业股权达到 10%，即构成对该企业的控制。这一规定过于简单，使得纳税人可能通过分散其持有的股权来规避 CFC 规则。可在现有的持股计算规则之中，加入推定持股认定标准，将与我国居民股东具有特定关系的个人或实体所持有的股份在该居民身上实现归集。

第三，实现企业所得税和个人所得税的衔接。我国现有 CFC 规则中认为受控外国企业的控制人可以是居民企业，也可以是居民个人和居民企业。设在海外的"走出去"企业要被认定为受控外国企业，就必须在持股股东中包含境内居民企业。即使我国的居民个人全资拥有海外企业，该企业也不会被认定为受控外国企业，但目前我国的个税税法中并没有 CFC 相关规定，两大税法之中存在的差异给我国居民个人通过在海外成立基地公司逃避我国纳税义务提供了空间，给我的高价值人群将资产转移到海外提供了便利。因此，我国应对现有个税税法进行修订，增添包括 CFC 规则在内的反避税条款，可参照美国做法，认定只要居民个人持股比例满足 10% 标准即可构成股份控制。

第四，调整当期归属所得的计算公式。我国 CFC 规则中对中国居民当期所得的归属计算公式中有着"视同股息分配额"的表述，但没有对视同股息分配额做出明确定义，没有指出视同股息分配额是否包含以前年度未分配的利润。这种模糊处理不利于开展对"走出去"企业的反避税工作，因为仅仅只是对被认定为受控外国企业的当年度未分配利润进行征税，而放弃了对以前年度未分配利润中包含税款的追偿。因此，可在区分是否发生控制权变动的情况下对调整当期归属所得的计算公式进行变更。当受控外国公司的控制权发生变动时，如果该企业被我国税务部门认定为受控外国企业，则在计算中国居民当期归属所得时应计入在控制权变动之后的未分配利润；如果受控外国企业一直没有发生控制权变动，就可直接在当年未分配利润的基础上增加过往的该企业未分配利润金额。当然，还有一种方法，就是税务部门可对受控外国企业构成控制的时间进行追溯，从构成外国受控企业的年度起,对此后的未分配利润统一合并进行归集计算。

第五,改变按照 CFC 规则征税时的税收抵免规定。我们知道,国家对于我国居民利用在避税地设立基地公司积累利润逃避我国纳税义务的行为是持反对态度的,CFC 规则的设立正是体现了这种思想。而我国税法规定,对境外企业被认定为受控外国企业的,我国居民从该受控外国企业调整归属的股息红利,可以在国内纳税时享受抵免待遇。这种规定虽然消除了受控外国企业的国际双重征税,却没有反映出国家反对利用避税地进行避税的精神,起不到促使"走出去"企业将利润及时汇回国内的作用。因此,应将上述规定更改为:只有当受控外国企业对我国居民股东实际分配利润,且将其汇回国内时才可对该部分利润在国外缴纳的税款进行抵免。

②完善转让定价制度

第一,细化转让定价规则。我国虽然构建了转让定价的基本规则,但其中的有些规定不够具体,会给实际的反避税工作带来困扰。比如,在通过计算一方对另一方的间接持股比例是否达到25%来判断是否构成关联公司时,对于间接持股比例的计算就没有规定国际通行的股权连乘法。建议在现行间接持股比例认定规则中除继续保留原有的"只要对中间方的持股比例达到25%以上,就可以将中间方对另一方的持股比例认定为一方对另一方的持股比例"的规定,再加入股权连乘法的相关规定。同样,对《特别纳税调整实施办法(试行)》(简称《实施办法》)第二十九条"与避税港关联方发生业务往来的企业"相关规定中的"避税港",可通过列举名单或设定税率标准的方式来加以明确。此外,对《实施办法》中第九条的"家族、亲属关系"参照国际通行规则予以明确。

第二,细化对无形资产和劳务费转让定价进行调整的标准。无形资产转让和劳务提供交易中往往由于转让商品的独特性和不可参考性而导致难以应用正常交易原则,是目前转让定价税务处理中最让税务部门感到头痛的两个问题。建议在我国的无形资产转让定价调整中适用可比利润法的同时建立事后调整制度。这是因为对无形资产的创造利润能力很多时候都只是一种估算,存在出现很大偏差的可能性,因此事后调整制度能提高对无形资产转让定价调整的准确性,在打击利用无形资产转让定价进行避税的同时保证了企业之间竞争的公平性。在对劳务费转让定价的调整中我国经常使用成本加成法，但由于没有对加成的比例做出具体规定，往往引发税企之间的矛盾。有些国家在实践中对劳务费规定了加成比例，例如，新加坡规定了关联企业之间劳务提供适用5%的加成比例；日本的加成比例为10%。为提高税务部门工作效率、缓解税企之间因加成比例引发的巨大争议，可比照日本做法，规定我国对劳务费转让定价的加成比例为10%。

第三，规定相应的处罚措施。我国对企业采用转让定价转移利润的做法还没有出台处罚措施，而只需要纳税人进行补税和支付利息，处罚措施的缺位降低了纳税人的避税成本，刺激了其利用转让定价进行避税的冲动。事实上，近年来对转让定价规定处罚措施的国家越来越多，有的国家单独针对转让定价制定了处罚条款，比如美国对转让定价行为罚款金额为补税金额的20%或40%；也有的国家将一般税收处罚措施适用到转让定价反避税中，比如新加坡的罚款金额为补税额度的1~3倍，泰国除了需按照补税金额缴纳1~2倍的罚款外，纳税人还需承担每月1.5%的滞纳金，但滞纳金上限为补税金额的1倍。我国可参照《税收征管法》中对偷税行为的论处来出台对转让定价行为的处罚措施，规定纳税人需承担补税金额的50%到5倍罚款。

第四，促使更多"走出去"企业申请预约定价安排。预约定价安排对于税企双方都是有利的，税务部门可以加强对跨国企业的监管，防止税收流失；企业可以稳定对未来转让定价的预期。但对于跨国企业来说，有时候预约定价安排的申请是一个艰难的选择，原因是申请过程中需要披露大量的内部信息，容易导致企业商业机密的泄露，并且申请的过程费时费力，企业需要付出较高的时间成本和申请费用。于是真正申请预约定价安排的往往是纳税信用较好的跨国企业，而意图通过转让定价进行避税的纳税人则不会对申请预约定价安排产生热情。为此，我国税务部门可要求跨国企业提高报告关联交易信息的数量和频率，严厉处罚故意提供不真实信息的纳税人，要求纳税人对双方争议负有举证责任；或通过采用某种方式奖励那些积极申请的纳税人；当然，税务部门也需要对企业提供的机密信息承担必要的保密义务。

6.3.3.2　完善外部税收征管协作和服务机制

（1）完善税收协定网络

完善我国外部税收征管协作和服务机制首要的是加快税收协定的签署和修订工作，从我国"走出去"分布的国家数量来看，2015 年底为 188 个国家，大大超过我国现有的 102 个协定数量，因此为更好地为"走出去"企业提供税收服务，还应大力拓展我国的现有税收协定网络。此外，我国的大部分协定（92 个）[1] 签署于 2008 年《企业所得税法》颁布之前，目前只有与法国、英国、比利时、德国、丹麦、芬兰、荷兰、瑞士、马耳他、罗马尼亚、俄罗斯等 11 个国家之间的税收协定在 2008 年之后得到修订，[2] 作为协定基础的税法已经发生了变化，这也对相关协定的修订工作提出了要求。

（2）加强税收情报交换工作

①立足"一带一路"区域，拓展情报交换网络

目前"一带一路"区域国家中，还有 10 个国家[3]未与我国签订税收协定，承诺最迟到 2018 年实施税收情报全球统一标准的只有克罗地亚、捷克、土耳其等 20 个国家，[4] 未与我国签订税收协定的十国均不在其中。"一带一路"区域作为我国企业未来"走出去"的热点地区，为尽量实现对境外企业涉税信息的掌握，我国拓展税收情报交换网络的工作应首先从这 10 个国家着手。

此外，我国的企业在"走出去"的过程中大量以避税地为中转站，这些地区吸引了我国对外投资中的绝大部分，在 2015 年，占据我国对外投资流量前 5 位的均是避税地或税率较低的国家（地区），[5] 它们共吸引我国

---

[1]　包含与香港、澳门签署的避免双重征税安排。

[2]　中新税收协定修订于 2007 年 11 月，故排除。

[3]　这 10 个国家分别是缅甸、阿富汗、不丹、东帝汶、马尔代夫、伊拉克、黎巴嫩、也门、约旦、巴勒斯坦。

[4]　这 20 国中包括承诺到 2017 年实施税收情报自动交换全球统一标准的克罗地亚、捷克、爱沙尼亚、匈牙利、印度、拉脱维亚、立陶宛、罗马尼亚、斯洛伐克、斯洛文尼亚等 10 个国家。

[5]　这 5 个国家和地区是中国香港、荷兰、开曼群岛、英属维尔京群岛和百慕大群岛。

79.9%的对外直接投资，达 1164.4 亿美元；到 2015 年底，占据我国对外直接投资存量前三名的还是低税地区，① 共吸引我国 70.2%的 OFDI 存量，达 7709.31 亿美元。② 虽然我国已与 10 个避税地签署了情报交换协议，但由于避税地数量众多，余下的避税地国家（地区）也少有加入《国际税收征管互助公约》和金融账户涉税信息自动交换协议的，因此，我国的税收情报交换网络还存在很大的空白，我国应提速与余下国际避税地谈签税收情报交换协议工作。

②完善情报交换制度

从情报交换范围来看，存在着"必需的"标准和"可预见的相关"标准，后者比前者规定的情报交换范围要宽泛许多，尽管最新修订的中俄税收协定中采用了"可预见的相关"标准，但我国的国内制度和绝大多数税收协定中都执行的是"必需的"标准，不利于实现税务部门对境外企业税收信息的全面掌握。因此，未来我国应通过扩大"可预见的相关"标准的使用范围来拓展情报交换的广度，但也要明确情报交换的范围、类型，防止该标准被滥用。另外，我国的情报交换国内制度中没有对同期税务检查、授权代表访问、行业范围情报交换这三种方式做出明确规定，但这三种方式都对反避税工作有着重要的意义，比如行业范围情报交换和同期税务检查都可对转让定价行为产生足够的威慑力，建议对其制定实施细则，让我国税收情报交换的深度得到拓展。

③完善情报交换规程

我国的《税收情报交换规程》中规定，当基层税务部门需要与国外税务同行提供税收情报协助时，需要经历烦琐的审批过程，时间周期往往长达 1 年以上，时效性很差。容易造成情报到手，但相关企业已不在的局面。应尽量简化申请审批流程，当发生必须要快速、及时追交税款等特殊事件时，应允许基层税务部门直接向国家税务总局提出情报交互申请。

---

① 分别为中国香港、开曼群岛和英属维尔京群岛。
② 数据来源：2015 年对外直接投资统计公报。

（3）建立税款国际追偿协助制度

以往国际社会对税款国际追偿协助制度存在争议，认为其对国家的征税主权构成了侵犯，我国在税收征管实践中也没有操作税款国际追偿协助的先例。

①建立税款国际追偿制度的必要性

我们知道，一国的税收管辖权受到领土范围的限制，导致税务部门对跨国征税无能为力，但这恰恰为税款国际追偿协助制度的诞生提供了现实的土壤。事实上，税款国际追偿制度作为有限税收主权的补充和延伸，保证了国家利益的实现，并且这是基于国家之间的对等原则达成的协议，是国际社会实现共赢的一种机制。打击国际逃避税需要国际税收合作，税款国际追偿制度正是深度开展国际税收合作的表现，但由于各国在国际资本流动中地位不对等，可能出现义务与权利不匹配的情况，资本输出国可能更多地请求资本输入国提供税款国际追偿协助，而资本输入国可能很少有机会享受税款国际追偿制度的权利。但随着我国"走出去"企业的迅速增加，我国已在飞速地向净资本输出国前进，这就为我国建立税款国际追偿制度提供了现实的必要性。

当然，在建立税款国际追偿制度时需要从我国基本国情出发，对建立税款国际追偿制度的国家和制度模式应当有所选择和区别。我国应首先根据国家间经贸往来的频繁程度和相互信任程度来寻找建立税款国际追偿制度的合作伙伴，以试点的方式吸取经验教训，为税款国际追偿制度网络的逐步扩大打下良好的基础。此外，各国税法、征管规则方面存在的巨大差异和经济发展水平不一致的情况都使得在建立税款国际追偿制度时不能适用一套单一的规则，因此，我国可在借鉴他国实践经验的基础上，准备相关税款国际追偿制度的草案或范本，边实践边修订，对不同的国家可保持一定的差别。同时，在行使税款国际追偿时还需注意保护纳税人的合法权利，避免对本国纳税人和外国纳税人实行差别待遇。

②具体措施建议

第一，确定税款国际追偿协助的范围。首先，税款国际追偿应涵盖我国领土内的所有居民纳税人和非居民纳税人；其次，应根据我国在税收协定中所包含的税种来作为建立税款国际追偿制度的税种基础，并根据实际工作的需要进行灵活调整。

第二，确定税款请求权的构成。目前大多数国家在征收管理中规定了税款、滞纳金和罚款，我国的《税收征管法》中的规定符合这一国际惯例，应在税款请求权的内容中包含这三项金额。

第三，明确例外情况。一是公共秩序例外，即当请求国的协助请求与被请求国的公共秩序相抵触时，被请求国可拒绝提供协助。这项例外的规定可起到对被请求国利益和当事人利益的保护作用，可促使请求国遵守最低限度的国际标准，比如非歧视、有效通知等。我国应根据实际情况对公共秩序进行界定，但考虑到为保证税款国际追偿制度的有效性，公共秩序例外应作为国家在不得已的情况下最后的选择。二是用尽当地程序例外，即如果请求国没有用尽国内税法规定的所有程序，被请求国可以选择拒绝提供协助。因为税款国际追偿是使用其他国家的资源来保障本国的利益，如果请求国还有合法的保留选项可用，对被请求国将是极大的不公平。三是与缔约国法律和行政惯例相违背例外，请求国当然不能要求被请求国超越本国法律和行政惯例来提供税款追偿协助。

（4）完善境外税收争议解决机制——适时引入仲裁机制

随着我国"走出去"企业增多，在海外遭遇税收争议时有发生，当纳税人与当地税务部门发生争议时，请求我国税务部门启动相互协商程序来解决争端能有效帮助企业维护自身权益，但双方税务部门之间的沟通往往需要较长的时间，建议相应延长我国一般在相互协商程序中规定的两年时限。OECD 国家税收争议相互协商程序平均耗时见表 6-6。

表 6-6　OECD 国家税收争议相互协商程序平均耗时

年份	2006	2007	2008	2009	2010	2011	2012	2013
月数	22.1	18.93	22.42	22.82	27.3	25.59	25.46	22.58

数据来源：http.//www.oecd.org/tax/.

除了延长相互协商程序中的最长时限要求外，还有一种规则能快速解决"走出去"企业的涉外税收争议，即国际税收仲裁机制。相对相互协商程序耗时较长，还存在着双方税务机关就争议解决不能达成一致的概率给纳税人带来的损失而言，仲裁机制具有决定程序比较高效（如 OECD 仲裁条款规定仲裁时限一般为 6 个月）的优点，此外，仲裁裁决是由独立第三方做出，在仲裁过程中纳税人拥有更多的参与权和表决权，有利于对纳税人权利的保护。国际上也早有将国际税务争议交由仲裁裁决的惯例，欧盟于 1995 年发布了欧盟仲裁协议，规定成员国可对转让定价引发的争议提请仲裁裁决，对于政府间相互协商两年内没有解决的，必须经过仲裁裁决；OECD 的仲裁条款发布于 2008 年；美国虽然没有在其协定范本中引入仲裁条款，但在与德国、加拿大等国的税收协定中加入了对税收争议的仲裁规定。

　　我国应适时在税收协定的谈签和修订中加入仲裁条款，但前提是要做好争议协商人员队伍的建设。除此之外，由于国际税收争议中由转让定价调整引发的概率最大，这类争议因涉案金额巨大而给企业带来较大的负面影响，我国可参照欧盟的做法，将需要仲裁裁决的争议限定于由转让定价调整所引发的范围内，并相应规定若相互协商程序在两年内仍未能达成一致的国际税收争议，必须由仲裁来加以解决，以促进争议双方国家税务部门相互协商效率的提高。

6.3.4　微观上——"走出去"企业应主动防范税收风险

　　"走出去"对于企业而言，既是机遇，也充满着挑战和风险，企业在"走出去"的过程中应对即将面对的各种困难做好准备，充分发挥主观能动性，将相关风险降到最低；此外，"走出去"企业也要充分利用各国税收制度的差异，做好投资税收筹划，合理合法地实现自身利益最大化。

6.3.4.1　"走出去"企业税收风险

　　我们知道，风险是与损失相关的，风险是指在特定的环境中和时间内，出现损失的可能性。"走出去"企业税收风险，也就是在企业"走出去"的过程中由于税收的原因，给企业带来损失的可能性，这些损失既然与税收相关，那么往往给企业带来税负增加的后果。因此，尽管企业在对外投资当中的税收风险可能有许多种表现形式，如果应对不当，这些不同形式的风险都会有一定的概率使得企业付出税负增加的代价。

究其原因，其中有的来自制度因素，比如由于国家之间税收管辖权重叠引发国际双重征税，但居住国的税收制度不能对企业来自国外的税款进行足额抵免，使得企业来自国外的所得比来自国内的所得税负更重；又如母国税务部门依据该国的反避税制度认为企业存在国际避税行为，从而要求企业补税甚至对企业进行处罚。有的税收风险来自人为因素，比如"一带一路"沿线国家中有很多的发展中国家，这些国家在税收执法中随意性较强，对本国企业和外国企业执法尺度不一致，从而使得"走出去"企业在当地遭受歧视待遇；又如有的企业在对外投资中对税收因素不重视，没有掌握投资目的国税收制度和税收征管相关信息，因此导致企业遭受投资损失甚至投资失败；或者是人为忽视我国与东道国之间签署的税收协定，从而不能依据协定享受优惠待遇。此外，也有很多"走出去"企业遇到的税收风险中既有人为原因也有制度因素，例如，有的国家税法十分复杂（澳大利亚的企业所得税法有 8000 多页），企业税务人员难以做到很快熟悉和全面掌握，因此在企业的实际经营中就可能出现与当地税法出现偏差的情况，也就会被罚款或被要求补税。

但无论境外税收风险由什么原因引起，企业的对外投资总要经历诸如前期准备、开业经营、利润汇回或再投资等过程。

6.3.4.2 "走出去"企业对税收风险的防范要点

（1）"走出去"前期准备的税收风险防范要点

首先，从企业对外投资伊始，就需要高度重视税收因素对投资带来的影响，建立完善的税务风险控制体系，应从建立专门的税务风险管理部门着手，从整个集团的高度来建立税务风险防控制度，对企业向海外投资和生产经营中的涉税环节进行跟踪，及时发现问题，提出反馈和整改意见。

其次，企业需要对"走出去"企业的相关税务信息有全面的了解，比如我国税收制度中对国际双重征税消除的规定、是否有鼓励措施；东道国的征税要求；双方国家之间是否存在税收协定以及协定的详细信息；如果是以并购的方式进行对外投资的，还需要对投资对象过往经营中的税收风险进行评估和防范，以防在收购完成后替代原企业承担以前遗留的税务问题。

最后，在对相关税收信息进行系统掌握后，企业需要对投资架构进行合理设计。就"走出去"企业的组织形式而言，要注意区分我国的抵免制度对总分机构和母子公司的适用方法不同，让企业遭受的国际双重征税尽量最小化，比如我国的间接抵免制度规定只对三层以内海外子公司分配股息中包含的外国税款进行抵免，并且要求持股比例20%以上，因此企业在成立海外子公司时就需要避免中间层级过多或不满足持股比例要求，以免已缴纳外国税款不能享受抵免给企业带来的损失。

在选择投资地点时，一是要注意我国CFC规则中对企业所在国家税率的要求，从"一带一路"区域来说，按照低于我国税率50%（即当地企业所得税单一税率低于12.5%）的标准，有摩尔多瓦、阿曼、保加利亚等11个国家（具体国家名单见表6-7），如果企业设在上述国家或税率过低的避税地，就有被认为不向国内分配利润是出于不合理的生产经营需要，从而被要求就该部分未分配利润进行纳税的风险，这可能对企业正常商业行为带来一定干扰。二是要加强对税收协定的研究。如果东道国提供税收优惠能吸引我国企业向当地投资，还需关注有无税收协定且是否包含税收饶让条款，只有在税收饶让条款的保护下，企业在东道国享受的税收减免优惠才不会在回国纳税申报时被要求补税。目前，我国对外承担税收饶让义务的国家有29个，其中有16个位于"一带一路"区域，① 企业在进行投资决策时可将其纳入考虑因素。三是人力资源成本是企业成本的重要组成部分，企业需要关注派驻在当地我国管理人员的涉税问题。

---

① 这些国家是：泰国、马来西亚、越南、文莱、印度、巴基斯坦、斯里兰卡、阿曼、科威特、斯洛伐克、保加利亚、塞尔维亚、马其顿、波黑、黑山、柬埔寨。

表6-7 "一带一路"区域企业所得税单一税率低于12.5%国家一览

国家	东帝汶	摩尔多瓦	阿曼	卡塔尔	保加利亚	马其顿	波黑	黑山	乌兹别克斯坦①	土库曼斯坦	吉尔吉斯斯坦
税率	10%	12%	12%②	10%③	10%	10%	10%	9%	7.5%	8%	10%

（2）生产经营中的税收风险防范

企业在外经营首先要解决的是融资问题，如果采用债权融资方式就需要关注当地的资本弱化条款中对债券融资的限定比例，在"一带一路"沿线国家中只有印度尼西亚和中东欧国家④在税法中设立了资本弱化条款，常见的债资限制比例为3∶1或4∶1，可以说为我国企业提供了通过债务融资进行筹划的空间，还要考虑利息的税前扣除标准和国家间利息的预提税税率等因素。当"走出去"企业与国内存在产销链条时，一是注意流转税的退税问题；二是尽量避免因转让定价问题引发的税收争议，条件成熟的可向税务部门申请单、双边预约定价安排。同时，企业要注意保存从"走出去"开始就涉及的各种涉税文件，如各种合同、财务报表、完税凭证等，既符合税务部门的要求，也为取得利润汇回国内进行抵免做好准备。当然，各国税法、适用的财务会计制度有时会差异很大，比如在"一带一路"沿线国家中，阿联酋、巴林和马尔代夫3国没有企业所得税法；对折旧处理采用直线法的就有阿富汗、保加利亚、新加坡等20个国家；采用余额递减法的有巴基斯坦、哈萨克斯坦、爱沙尼亚等6国；同时采用直线法和余额递减法的有泰国、捷克、印度等19个国家；对直线法、余额递减法和年数总和法都适用的有菲律宾和乌克兰，⑤ 如果企业在不同国家进行投资，在年终汇总时需要根据不同国家要求进行相应调整，尽量避免其中的纳税调整风险。

---

① 乌兹别克斯坦虽然企业所得税率为7.5%，但还征收10%的分支结构利润汇回税。

② 阿曼对石油企业征收55%的税率。

③ 卡塔尔对油气企业适用35%的税率。

④ 这些中东欧国家包括：波兰、罗马尼亚、捷克、斯洛伐克、匈牙利、保加利亚、立陶宛、拉脱维亚、爱沙尼亚、斯洛文尼亚、克罗地亚、塞尔维亚、波黑、马其顿、黑山、阿尔巴尼亚。

⑤ 刘鹏. "一带一路"沿线国家的公司税制比较 [J]. 上海经济研究，2016（1）.

（3）利润回收中的税收风险防范

对企业的投资利润回收影响最大的当数我国的国际双重征税消除制度，由于我国采用分国限额抵免法，"走出去"企业的汇回利润需要按照我国税法计算抵免限额，在国外纳税额低于抵免限额的部分需要补税，但高于抵免限额的那部分外国税款只能最多向后结转 5 年。因此，企业在做出对外投资决策时要考虑到如果对方国家的真实税负高于我国，很可能境外企业的汇回利润要承担多余的国际双重征税，例如，在不考虑税收优惠的情况下，未来我国企业投资的重点区域——"一带一路"沿线国家中不仅有菲律宾（30%）、印度（33.99%）、巴基斯坦（33%）、巴林（46%）、孟加拉国（27.5%）①、斯里兰卡（28%）、不丹（30%）、以色列（26.5%）② 等 8 个采用单一税率的国家的税率要高于我国（见表 6-8）；阿联酋、埃及、叙利亚等 3 国的累进税率的最高边际税率高于我国的25%；如果再考虑印度尼西亚、巴基斯坦、菲律宾等 13 个国家征收了利润汇回税的因素，当"走出去"企业向国内汇回利润时，就会导致在 16 个国家中缴纳的实际税负要高于我国；从 2014 年洲际企业所得税税率水平来看，南美洲平均水平为 27.5%，非洲平均水平为 29.1%，因此企业在获得从这些区域国家汇回的利润时可能就要承担国际双重征税。

表 6-8 利润汇回总税率高于我国"一带一路"沿线国家一览③

国家	公司所得税税率	利润汇回税率	利润汇回总税率
印度尼西亚	25%	20%	40%
泰国	20%	10%	28%
菲律宾	30%	15%	40.5%
印度	33.99%	0	33.99%

① 不同行业企业所适用的税率不同，共有 27.5%、35%、37.5%、40%、42.5%、45% 六档税率。

② 中国注册税务师同心服务团．"一带一路"发展战略涉税问题概览［M］．北京：中国税务出版社，2015.

③ 假设利润全部汇回，公司所得税税率为 t_1，利润汇回税率为 t_2，则汇回利润总税率＝（1－t_1）× t_2＋t_1。

续表

国家	公司所得税税率	利润汇回税率	利润汇回总税率
巴基斯坦	33%	10%	39.7%
孟加拉国	27.5%	20%	42.5%
斯里兰卡	28%	10%	35.2%
不丹	30%	0	30%
阿塞拜疆	20%	10%	28%
蒙古	25%（最高边际税率）	20%	32.5%
阿联酋	50%（最高边际税率）	0	50%
土耳其	20%	15%	32%
以色列	26.5%	0	26.5%
巴林	46%（仅对石油企业征收）	0	46%
埃及	25%、30%两档累进税率	0	最高30%
哈萨克斯坦	20%	15%	32%

数据来源：荷兰文献局（IBFD）数据库。

另外，分国别计算抵免限额的规定不允许企业分布在不同国家间的分支机构或子公司实现盈亏互抵，在这种情况下，只有企业分散在所有国家的境外企业没有出现互有盈亏的时候，对企业才是最有利的。如果在不同的国家进行投资，要尽量让分布在这些不同国家中的所有境外企业都不要在同一纳税年度出现互有盈亏，才能使得在当期回国申报纳税时将国际双重征税对企业总利润的影响降到最低；当然，即使有的境外企业产生了亏损，但可以用今后5年内该企业的盈利来进行弥补，也能在一定程度上消除国际双重征税对企业的影响。

此外，预提所得税税率也会对利润汇回产生影响，我国对于来自没有签订税收协定的国家的股息、利息和特许权使用费执行10%的预提所得税税率，但即使在我国的已有协定中，对来自不同国家的股息、利息和特许权使用费规定的预提税税率的规定是不统一的，以"一带一路"沿线国家为例，股息的预提税税率低于10%的有马其顿、沙特阿拉伯、埃及等14个国家；利息的预提税税率低于10%的有科威特（5%）和阿联酋（7%）；

特许权使用费低于10%的有格鲁吉亚（5%）、埃及（8%）和塔吉克斯坦（8%）。因此，当企业有着来自上述国家的相应所得时，尽管在国内申报纳税时需要按照我国税率进行抵免，但可以结合东道国的企业所得税有效税率来加以综合考虑。

另外，"一带一路"倡议目前主要着眼于基础设施建设，我国建筑工程企业在沿线许多国家都以总包的形式开展项目建设，这就需要考虑到我国与这些国家的税收协定中的"常设机构"认定问题。一旦在税率高于我国的国家中被认定为常设机构，就需要按照当地税法进行纳税，因为我国的限额抵免，就会给企业带来利润的双重征税。前面我们列举的16个利润汇回总税率高于我国的"一带一路"沿线国家中，除不丹我国没有与之缔结税收协定外，其余各国在与我国的税收协定中对于认定常设机构的时间标准各不相同，企业需要在这方面加以注意。各国对于常设机构的时间认定标准见表6-9。

表6-9　"一带一路"区域利润汇回总税率高于25%国家常设机构时间标准一览

时间界限	国家
183 天	印度、斯里兰卡
6 个月	印度尼西亚、泰国、菲律宾、孟加拉国、巴基斯坦
12 个月	阿塞拜疆、土耳其、以色列、埃及、巴林、哈萨克斯坦
18 个月	蒙古
24 个月	阿联酋

资料来源：国家税务总局网站。

6.3.4.3　税收风险发生后的应对

制度性的税收风险往往难以采用事后应对的方法来进行风险损失的弥补，而事后应对大多都是针对由于人为因素引发的税收风险。"走出去"企业除了加强对税收风险的重视，建立企业内部的税收风险管控体系之外，还需要大力引进专业化的国际税收人才，提高应对海外投资和生产经营中的高风险能力。

除此之外，很多税收风险最终发展成了税务争议，比如企业在当地遭遇歧视性税收执法时,这时就需要"走出去"企业主动向我国税务机关请求援助。根据我国税务部门颁布的《税收协定相互协商程序实施办法》,凡对于协定中规定的常设机构认定及其利润归属、征税适用税率等事项存在争议,或遭受歧视性待遇的,可以申请启动相互协商程序。

6.4 本章小结

在本章中,根据"走出去"企业税务管理的目标和原则,我们提出了从推动国际税收规则变革、"走出去"企业税收制度、税收征管三个方向加强"一带一路"背景下"走出去"企业税务管理,在宏观角度,要增强我国在国际税收领域的话语权和影响力,推进国际税收规则的统一和协调。在中观角度,一是要通过改革现有消除国际双重征税制度和构建兼具普惠性和导向性的税收激励政策体系,提升我国"走出去"企业税制的国际竞争力,鼓励更多的企业积极对外投资。二是在"走出去"企业征管机制上,首先是完善国内征管机制,包括日常征收管理和反避税管理,既要保障"走出去"企业税款的征收,又要加强对外投资服务工作;其次是国际征收协作方面,主要是在国际税收情报交换和税款国际追偿协助以及在国际税收争议解决中适时引入国际仲裁条款。在微观角度,"走出去"企业应充分认识到税收风险的危害性,主动对投资过程中的税收风险加以防范,并在发生税收争议后,积极向我国税务部门请求援助。

参 考 文 献

［1］蔡伟年．英国企业所得税税制及最新发展［J］．国际税收，2016（6）．

［2］曹明星，于海，李娜．跨境所得的国际税收筹划与管理：以中国现行税法体系为基础［M］．北京：中国税务出版社，2014．

［3］常世旺，韩仁月．中国企业"走出去"的税收政策取向：山东证据［J］．改革，2007（12）：37-41．

［4］陈国进，方颖，洪永淼．中国经济学研究的现代化与国际化探讨——第十五届中国青年经济学者论坛综述［J］．经济研究，2015（10）：178-190．

［5］陈捷．构建税收服务体系支持中国企业"走出去"［J］．涉外税务，2011（12）：22-24．

［6］陈文裕．"走出去"企业涉税风险的现状与应对［J］．税收经济研究，2016（3）．

［7］成思危．中国境外投资的战略与管理［M］．北京：民主与建设出版社，2001．

［8］程永明．"一带一路"与中国企业"走出去"——日本企业海外发展的启示［J］．东北亚学刊，2015（4）：21-24．

［9］崔志坤，孟莹莹．激励企业"走出去"：税收制度有所作为［J］．地方财政研究，2009（3）：56-59．

［10］戴芳，陆芳．论"一带一路"视角下税收优惠政策优化［J］．地方财政研究，2015（11）：21-27+42．

［11］戴翔，韩剑，张二震．集聚优势与中国企业"走出去"［J］．中

国工业经济，2013（2）：117-129.

[12] 戴翔. 中国企业"走出去"的生产率悖论及其解释——基于行业面板数据的实证分析 [J]. 南开经济研究，2013（2）：44-59.

[13] 邓力平. 国际税收竞争：基本分析、不对称性与政策启示 [M]. 北京：经济科学出版社，2009.

[14] 董晓岩. 海外投资的税收激励政策研究 [D]. 大连：东北财经大学，2003.

[15] 董晓岩. 中国对外直接投资的税收制度与管理研究 [D]. 大连：东北财经大学，2012.

[16] 对外投资税收政策研究课题组. 对外投资税收服务与管理的国际借鉴 [J]. 国际税收，2016（3）：6-12.

[17] 福建省地税局课题组，汪茂昌，李斌. 关于"走出去"企业税收风险和应对的探讨 [J]. 发展研究，2016（2）：44-51.

[18] 高铁梅. 计量经济分析方法与建模 [M]. 北京：清华大学出版社，2006.

[19] 高阳. 国际税收规则重塑背景下中国国际税收的定位与发展——访国家税务总局国际税务司司长廖体忠 [J]. 国际税收，2014（4）.

[20] 葛顺奇，罗伟. 中国制造业企业对外直接投资和母公司竞争优势 [J]. 管理世界，2013（6）：28-42.

[21] 龚辉文. 加强中国—东盟税收协调与合作的若干认识 [J]. 税务研究，2016（3）：11-17.

[22] 龚辉文. 税制竞争力初探 [J]. 税务研究，2004（2）.

[23] 谷口和繁. 国际税收竞争与OECD实施对策 [J]. 顾红，译. 税收译丛，1999（1）.

[24] 郭庆旺，苑新丽，夏文丽. 当代西方税收学 [M]. 大连：东北财经大学出版社，1994.

[25] 郭瑞轩. 税收服务"一带一路"促进企业"走出去" [N]. 中国税务报，2016-02-03（A01）.

[26] 国家发展改革委员会，外交部，商务部. 推动共建丝绸之路经

济带和 21 世纪海上丝绸之路的愿景与行动［Z］. 2015-03.

［27］国家税务局国际税务司. 中国避免双重征税协定执行指南［M］. 北京：中国税务出版社，2013.

［28］国家税务总局教材编写组. 税收基础知识［M］. 北京：中国税务出版社，2002.

［29］国家税务总局征收管理司. 新税收征收管理法及其实施细则释义［M］. 北京：中国税务出版社，2002.

［30］韩霖，高阳. 中国企业"走出去"的税收管理策略——专访跨国税收管理专家詹清荣博士［J］. 涉外税务，2008（12）：18-24.

［31］何倩. 关于鼓励和规范我国企业对外投资税收问题的思考［J］. 税务研究，2007（10）.

［32］何望. 中国企业"走出去"战略的区域格局与产业选择［J］. 经济研究参考，2012（70）：71-73.

［33］何杨，马宏伟. 中国对外直接投资企业的税收负担探究［J］. 税务研究，2013（7）：75-78.

［34］何杨，杨武. 税收激励与跨国公司在华利润转移的实证研究［J］. 税收经济研究，2014（1）：1-8.

［35］何杨，张国承，卜权政. 我国最新税收协定发展解读［J］. 国际税收，2014（5）：45-49.

［36］贺晓琴. 中国企业"走出去"的发展态势及其目标［J］. 世界经济研究，2008（10）：14-19+87.

［37］洪俊杰，黄薇，张蕙，陶攀. 中国企业"走出去"的理论解读［J］. 国际经济评论，2012（4）：121-134+8.

［38］霍军. "走出去"企业税收管理：税收服务和税收执法［J］. 涉外税务，2013（5）：33-37.

［39］计金标，庞淑芬. 亚太地区税收合作新动向与中国在其中的作用［N］. 中国税务报，2014-11-05（B01）.

［40］计金标，张磊，陈洪宛. 浅析 OECD 各国近年来个人所得税改革及其对我国的借鉴意义［J］. 中央财经大学学报，2009（10）：66-72+90.

［41］计金标．国际金融危机背景下我国税收政策调整分析［J］．会计师，2008（12）：7-9．

［42］江小涓．中国开放三十年的回顾与展望［J］．中国社会科学，2008（6）：66-85+206．

［43］姜跃生．携手发展中国家完善"一带一路"税收政策［J］．国际税收，2015（8）：38-43．

［44］李晓，李俊久．"一带一路"与中国地缘政治经济战略的重构［J］．世界经济与政治，2015（10）：30-59+156-157．

［45］蒋冠宏，蒋殿春．中国企业对外直接投资的"出口效应"［J］．经济研究，2014（5）：160-173．

［46］蒋冠宏，蒋殿春．中国企业对外直接投资与企业生产率进步［J］．世界经济，2014（9）．

［47］靳东升．论国际税收竞争与竞争性的中国税制［J］．财贸经济，2003（9）．

［48］孔德海．中央企业国际战略定位与风险控制研究［D］．长春：吉林大学，2013．

［49］李彩娥，王献军．加强我国"走出去"企业税收征管的思考［J］．山西财税，2011（4）．

［50］理查德·A.马斯格雷夫，佩吉·B.马斯格雷夫.财政理论与实践［M］．北京：中国财政经济出版社，2003．

［51］李飞．中央企业境外投资风险控制研究［D］．北京：财政部财政科学研究所，2012．

［52］李钢.21世纪"走出去"战略丛书［M］．北京：中国对外经济贸易出版社，2000．

［53］李海舰．中国的企业国际化战略［J］．新视野，2002（2）．

［54］李鸿阶．中国企业"走出去"发展特征及其相关政策研究［J］．亚太经济，2015（5）：114-120．

［55］李磊，白道欢，冼国明．对外直接投资如何影响了母国就业？——基于中国微观企业数据的研究［J］．经济研究，2016（8）．

［56］李娜．税收饶让制度与推动对外投资［J］．国际税收，2016（7）．

［57］李琦，朱泉．"走出去"企业税收支持政策研究［J］．长春市委党校学报，2014（6）．

［58］李时．对外投资企业所得税制问题研究［D］．大连：东北财经大学，2013．

［59］李时．境外投资所得税制的理论与实践［J］．税务研究，2013（4）：52-56．

［60］李文杰．湖南省"走出去"企业税源监控与税收征管的调研报告［D］．长沙：湖南大学，2013．

［61］李晓晖，林珏．中国企业对外承包工程的税务风险与管理［J］．南方能源建设，2016（1）：6-9．

［62］李旭红，王瑛琦．"走出去"国有企业面临的税务风险及应对［J］．国际税收，2013（2）．

［63］李卓，刘杨，陈永清．发展中国家跨国公司的国际化战略选择：针对中国企业实施"走出去"战略的模型分析［J］．世界经济，2006（11）．

［64］林杏光（审定），倪文杰，张卫国，冀小军（主编）．现代汉语辞海［M］．北京：人民中国出版社，1994．

［65］梁俊娇，孙亦军．税务管理［M］．北京：中国人民大学出版社，2014．

［66］廖体忠，冯立增．"走出去"企业需关注哪些税收问题？［J］．中国税务，2010（6）．

［67］廖体忠，李俊生．税基侵蚀与利润转移：解析与应对［M］．北京：中国税务出版社，2015．

［68］林江，曹越．推进"一带一路"建设的财税协调机制探讨［J］．税务研究，2016（3）：28-33．

［69］林治洪，陈岩，秦学志．中国对外投资决定因素——基于整合资源观与制度视角的实证分析［J］．管理世界，2012（8）．

[70] 刘芳，陶忠元．国际税收饶让制度探析［J］．对外经贸实务，2011（6）．

[71] 刘红艳，崔耕．中国企业如何从"引进来"到"走出去"——企业内向国际化模式对外向国际化绩效的影响［J］．财贸经济，2013（4）：89-97+110.

[72] 刘磊，赵德芳．企业境外所得税收抵免制度研究［J］．涉外税务，2011（7）：11-15.

[73] 刘鹏."一带一路"沿线国家的公司税制比较［J］．上海经济研究，2016（1）：52-60.

[74] 刘英奎．中国企业实施"走出去"战略研究［D］．北京：中国社会科学院研究生院，2003.

[75] 卢进勇．入世与中国企业的"走出去"战略［J］．国际贸易问题，2001（6）：1-5.

[76] 卢进勇．入世与中国利用外资和海外投资［M］．北京：对外经济贸易大学出版社，2001.

[77] 罗伊·罗哈吉．国际税收基础［M］．林海宁，范文祥，译．北京：北京大学出版社，2006.

[78] 马捷，李飞．出口退税是一项稳健的贸易政策吗？［J］．经济研究，2008（4）：78-87.

[79] 马克思，恩格斯．马克思恩格斯全集（第22卷）［M］．北京：人民出版社，1971.

[80] 毛其淋，许家云．中国企业对外直接投资是否促进了企业创新［J］．世界经济，2014（8）．

[81] 孟玉明．中国企业"走出去"发展战略的制定与实施［J］．国际经济合作，2012（2）：14-21.

[82] 穆兴媛．中国企业"走出去"研究［D］．北京：清华大学，2004.

[83] 裴长洪，于燕."一带一路"建设与我国扩大开放［J］．国际经贸探索，2015（10）：4-17.

[84] 钱明光．论中国企业实施"走出去"战略遇到的问题及对策

［D］．北京：对外经济贸易大学，2006．

［85］钱淑萍．我国经济发展方式的转变及其财税政策研究［D］．南昌：江西财经大学，2009．

［86］申燕．后危机时代的中国对外投资税收：问题及对策［J］．上海金融学院学报，2010（3）：53-59．

［87］深圳"走出去"企业税收服务研究课题组．对"走出去"企业税收服务现状及需求的调查与思考［J］．涉外税务，2010（4）．

［88］沈国华，王红霞．国际税收协定的相关问题探讨［J］．国际工程与劳务，2015（5）：70-73．

［89］石静霞．国际贸易投资规则的再构建及中国的因应［J］．中国社会科学，2015（9）：128-145+206．

［90］宋康乐．"走出去"战略的财税支持政策体系研究［J］．财政研究，2013（2）．

［91］宋维佳．基于FDI的我国企业"走出去"战略研究［D］．大连：东北财经大学，2006．

［92］汤贡亮．2012中国税收发展报告［M］．北京：中国税务出版社，2013．

［93］田雅琼．中国企业对外直接投资宏观经济绩效的分析与评价［D］．天津：天津财经大学，2012．

［94］汪树民．中国企业"走出去"存在的问题及原因［J］．湛江海洋大学学报，2005（2）：50-53．

［95］王蓓，计金标．政府间横向税收分配的理论基础：内涵与原则［J］．经济体制改革，2013（6）：122-126．

［96］王镭．国际投资中的涉外企业所得税收问题研究［D］．北京：中国社会科学院研究生院，2003．

［97］王仁荣．跨国公司跨境并购法律问题研究［D］．上海：复旦大学，2012．

［98］王茹．中国企业"走出去"面临的风险及管控对策［J］．经济研究参考，2012（38）：69-75．

［99］王素平．服务"走出去"企业税务中介破题［J］．中国税务，2015（7）：69-71.

［100］王伟．中国企业对外直接投资（ODI）的税收环境研究［D］．成都：西南财经大学，2009.

［101］王研．企业境外生产经营税收政策研究［D］．大连：东北财经大学，2007.

［102］王逸．跨国直接投资公司所得税激励机制优化研究［D］．成都：西南财经大学，2008.

［103］王永钦，杜巨澜，王凯．中国对外直接投资区位选择的决定因素：制度、税负和资源禀赋［J］．经济研究，2014（12）：126-142.

［104］威廉·配第．赋税论［M］．邱霞，原磊，译．北京：华夏出版社，2013.

［105］魏志梅，刘建．中国境外所得税制的回顾、借鉴与展望［J］．税务研究，2011（7）：89-95.

［106］文胄．美国对外税收协定出现新变化［N］．中国税务报，2004-01-30.

［107］吴频．中国企业"走出去"与开展国际产能合作［J］．对外经贸实务，2015（5）：4-6.

［108］吴中南．中国企业跨国经营与"走出去"战略［J］．管理世界，2004（2）：139-140.

［109］夏先良．构筑"一带一路"国际产能合作体制机制与政策体系［J］．国际贸易，2015（11）：26-33.

［110］亚当·斯密．国民财富的性质和原因的研究［M］．北京：商务印书馆，2016.

［111］亚当·斯密．国民财富的性质和原因的研究［M］．郭大力，王亚南，译．北京：商务印书馆，1974.

［112］杨邦杰，徐晓兰，郑业鹭，卢光明，祁晓红．加快推进中国企业"走出去"战略对策研究［J］．中国发展，2013（6）：7-10.

［113］杨宏恩，孟庆强，王晶，李浩．双边投资协定对中国对外直接

投资的影响：基于投资协定异质性的视角［J］. 管理世界，2016（4）.

［114］杨志清. 国际税收［M］. 北京：北京大学出版社，2010.

［115］易纲. 中国企业"走出去"的机遇、风险与政策支持［J］. 中国市场，2012（37）：31-37.

［116］伊特韦尔，等. 新帕尔格雷夫经济学大辞典［M］. 北京：经济科学出版社，1996.

［117］尹音频."走出去"，税收激励与制度优化［J］. 涉外税务，2009（3）.

［118］张建红，卫新江，海柯·艾伯斯. 决定中国企业海外收购成败的因素分析［J］. 管理世界，2010（3）：97-107.

［119］张建红，周朝鸿. 中国企业"走出去"的制度障碍研究——以海外收购为例［J］. 经济研究，2010（6）：80-91+119.

［120］张京萍，李敏. 对外投资税收政策的国际比较［J］. 税务研究，2006（4）.

［121］张娜. 中国对外投资税收激励政策研究［D］. 保定：河北大学，2010.

［122］张仁杰. 中国企业对外直接投资经验探析［D］. 成都：西南财经大学，2011.

［123］张怡. 促进我国对外直接投资的税收政策研究［D］. 厦门：集美大学，2012.

［124］张怡. 税收保障——协助"走出去"企业扬帆远航［J］. 经济研究导刊，2011（32）：107-109.

［125］张翼飞. 中国对外直接投资财政支持问题研究［D］. 厦门：厦门大学，2007.

［126］张泽平. 数字经济背景下国际税收管辖权划分原则［J］. 学术月刊，2015（2）.

［127］张志勇. 继往开来 锐意进取 全力打造中国国际税收升级版（讲话稿）. 2013.

［128］赵杰. 中国企业海外投资研究［D］. 北京：中共中央党校. 2014.

［129］赵龙跃，李家胜.WTO 与中国参与全球经济治理［J］.国际贸易，2016（2）：18-23.

［130］赵薇薇."走出去"税收服务管理三人谈［J］.国际税收，2014（3）：56-60.

［131］珍妮特·V. 登哈特，罗伯特·B. 登哈特.新公共服务：服务，而不是掌舵［M］.丁煌，译.北京：中国人民大学出版社，2016.

［132］中国国际税收研究会."走出去"企业税源监控及税收征管能力研究［M］.北京：中国税务出版社，2013.

［133］中国国际税收研究会.企业跨境重组与投资税收问题研究［M］.北京：中国税务出版社，2010.

［134］中国国际税收研究会.世界税收发展研究报告（2012—2013）［M］.北京：中国税务出版社，2013.

［135］中国国际税收研究会.世界税收发展研究报告（2014）［M］.北京：中国税务出版社，2014.

［136］中国国际税收研究会.世界税收发展研究报告（2015）［M］.北京：中国税务出版社，2015.

［137］中国国际税收研究会.中国国际税收走向现代化的回顾与展望：纪念 1994 年税制改革 20 年［M］.北京：中国税务出版社，2015.

［138］中国国际税收研究会.中国居民企业对外投资与劳务税收研究报告：企业所得税征管与服务体系研究［M］.北京：中国税务出版社，2015.

［139］计金标.税收政策要坚持目标导向和问题导向［N］.中国税务报，2016-03-02（B02）.

［140］周五七."一带一路"沿线直接投资分布与挑战应对［J］.改革，2015（8）：39-47.

［141］周跃振.九成"走出去"企业未享受税收协定待遇［N］.中国税务报，2015-04-17.

［142］朱桉，周颖."走出去"企业如何加强国际税务合规管理［J］.中国税务，2015（7）.

［143］朱青.国际税收（第六版）［M］.北京：中国人民大学出版

社，2014.

［144］朱青．中国企业"走出去"面临的税收问题［J］．涉外税务，2012（1）：34-38.

［145］朱青．鼓励企业"走出去"与改革我国避免双重征税方法［J］．国际税收，2015（4）.

［146］朱青．中国企业"走出去"面临的税收问题［J］．涉外税务，2012（1）.

［147］Ault J. and D. Bradford. Taxing International Income: An Analysis of the U. S. System and Its Economic Premises. Taxation in the Global Economy, 1990.

［148］Altshuler R. , Newlon T. S. and Randolph W. C. Do Repatriation Taxes Matter? Evidence from the Tax Returns of U. S. Multinationals, 1995.

［149］Azémar, Desbordes and Mucchielli. Do Tax Sparing Agreements Contribute to the Attraction of FDI in Developing Countries［J］. International Tax Public Finance, 2007（14）.

［150］Bénassy-Quéré A. and L. Fontagné. Tax Competition and Foreign Investment［EB/OL］. http: //www. webmeets. com/eea/prog.

［151］Bond E. and Samuelson L. Strategic Behavior and the Rules For International Taxation of Capital［J］. Economic Journal, 1989（99）.

［152］Cadbury Schweppes and Cadbury Schweppes Overseas, Judgment of 12. 9. 2006-Case C-196/04. para 63-69.

［153］Céline Azémar and Andrew Delios. The Tax Sparing Provision Influence: A Credit versus Exempt Investors Analysis, Discussion Paper 2007-31, Department of Economics, University of Glasgow.

［154］David G. Hartman. Domestic Tax Policy and Foreign Investment: Some Evidence［R］. NBER Working Paper No. 784, 1981.

［155］David G. Hartman. Tax Policy and Foreign Investment in the United States［J］. National Tax Journal, 1984（37）: 475-488.

［156］David G. Hartman. Tax Policy and Foreign Direct Investment［J］.

Journal of Public Economics, 1985 (26): 107-121.

[157] Davies Ronald B. and Gresik Thomas A. Tax Competition and Foreign Capital, International Tax and Public Finance [J]. Springer, 2003, 10 (2).

[158] Department of the Treasury, Dffice of Tax Policy, The Deferral of Income Earned Through U. S. Controlled Foreign Corporations A Policy Study, 2000, December.

[159] Devereux M. and R. Griffith. Tax and the Location of Production-Evidence from a Panel of US Multinationals [J]. Journal of Public Economics, 1998 (68).

[160] Devereux M. and H. Freeman. The Impact of Tax on Foreign Direct Investment: Empirical Evidence and the Implications for Tax Intergration Schemes [J]. International Tax and Public Finance, 1995 (2).

[161] Diamond P. and J. Mirrlees. Optimal Taxation and Public Production I: Production Efficiency [J]. American Economic Review, 1971, 61 (1): 8-27.

[162] Dirk Willem te Velde, OECD (UK&EU) Home Country Measures and FDI in Developing Countries: A Preliminary Analysis, Case study commissioned by the Department for International Development, UK, A Contribute to WDR 2005 on Investment Climate, Growth and Poverty, 2003.

[163] Gerschenkron A. Economic Backwardness in Historical Perspective [M]. Cambridge: Harvard University Press, 1962.

[164] Gordon R. H. Can Capital Income Taxes Survive in Open Economics? [J]. Journal of Finance, 1992, 47 (3).

[165] Hines James and Glenn Hubbard. Coming Home to America: Dividend Repatriations by U. S. Multinationals. Taxation in a Global Economy, 1990.

[166] James R. Hines. Credit and Deferral as International Investment Incentives [R]. NBER Working Paper 4191, 1994.

[167] James R. Hines. Altered States: Taxes and the Location of Foreign Direct Investment in America [J]. American Economic Review, 1996, 86 (5).

[168] James R. Hines. Tax Sparing and Direct Investment in Developing

Countries [R]. NBER Working Paper 6728, 1998.

[169] Janeba Eckhard. Corporate Income Tax Competition, Double Taxation Treaties and Foreign Direct Investment [J]. Journal of Public Economics, 1995 (56).

[170] Janeba E. 1998, Tax Competition in Imperfectly Competitive Markets [J]. Journal of International Economics, 1998 (44).

[171] Joel B. Slemrod. Tax Effects on Foreign Direct Investment in the United States: Evidence from a Cross-Country Comparison [R]. NBER Working Paper No. W3042, 1991.

[172] Joosung Jun. How Taxation Affects Foreign Direct Investment (Country-specific Evidence) [R]. The World Bank, Policy Research Working Paper 1307, 1994.

[173] Joseph P. Daniels, Patrick O'Brien and Marc B. von der Ruhr. Bilateral Tax Treaties and US Foreign Direct Investment Financing Modes. Int Tax Public Finance, 2015.

[174] Kemsley D. The Effect of Taxes on Production Location [J]. Journal of Accounting Research, 1998 (36): 321-341.

[175] Kwang-Yeol Yoo. Corporate Taxation of Foreign Investment Income 1991-2001 [R]. OECD Economics Department Working Paper 365, 2003.

[176] Leechor C. and J. Mintz. Taxation of International Income by a Capital-Importing Country: The Perspectives of Thailand, Tax Policy in Developing Countries, the World Bank, 1991.

[177] Matthew Haag and Andrew B. Lyon. Optimality of the Foreign Tax Credit System: Separate VS. Overall Limitations, http://ssrn.com/abstract=497382.

[178] Musgrave P. Taxation of Foreign Income: An Economic Analysis. Baltimore, Johns Hopkins Press, 1963.

[179] Musgrave P. United States Taxation of Foreign Investment: Issues and Arguments, Cambridge (Mass.). International Tax Program, Harvard Law

School, 1969.

[180] OECD. Tax Sparing: A Reconsideration. OECD Publications, 1998.

[181] Ozawa T. Foreign Direct Investment and Economic development [J]. Transnational Corporations, 1992, 1 (1): 27-54.

[182] Peter Egger, Simon Loretz, Michael Pfaffermayr and Hannes Winner. Bilateral Effective Tax Rates and Foreign Direct Investment [R]. Oxford University Centre for Business Taxation Working Papers No. 802, 2007.

[183] Peter Egger, Simon Loretz, Michael Pfaffermayr, Hannes Winner. Bilateral Effective Tax Rates and Foreign Direct Investment. International Tax and Public Finance, 2009: 822-849.

[184] Ponlapat Kaewsumrit. The Effect of Tax Sparing Credit on Foreign Direct Investment, Paper at 2004 Pulic Choice Society and Economic Science Association Sessions.

[185] Rasin A. and E. Sadak. Efficiency Investment Incentives in the Presence of Capital Flight [J]. Journal of International Economics, 1991 (31).

[186] Reint Gropp and Kristina Kostial. The Disappearing Tax Base: Is Foreign Direct Investment Eroding Income Taxes? [R]. European Central Bank Working Papei No. 31, 2000.

[187] Ronald B. Davies. Tax Treaties and Foreign Direct Investment: Potential versus Performance, International Tax and Public Finance, 2004.

[188] Rasmussen B. S. On the Scope of International Tax Cooperation: The Role of Capital Controls [J]. Open Economics Review, 1999 (10).

[189] Salvador B. and Harry H. International Taxation and Multinational Firm Location Decisions [J]. Journal of Public Economics, 2012, 96 (11-12): 946-958.

[190] Sasatra Sudsawasd. Tax Policy and Foreign Direct Investment of a Home Country. Presented at Singapore Economic Review Conference, 2007.

[191] Scholes M. and M. Wolfson. Taxes and Business Strategy: A Planning Approach Englewood Cliffs. NJ: Prentice Hall, 1992.

［192］ Tolentino P. E. Technological Innovation and Third World Multinationals ［M］. London & New York: Routledge, 1993.

［193］ Wells L. J. Third World Multinational: The Rise of Foreign Investments from Developing Countries ［M］. Cambridge: MIT Press, 1983.

［194］ Wilson J. D. A Theory of Interregional Tax Competition ［J］. Journal of Urban Economics, 1986 (19).